강좌 한국선

김호귀

생각의 바른 길잡이

TOPAMIN

강좌 한국선

김 호 귀

머리말

　한국선이라면 한국이라는 지역에서 그리고 한국의 역사에서 전개되고 전승된 일반의 선을 중심으로 하고, 기타 한국선이 형성되기 이전에 수용된 선법과 한국인에 의해 한국을 떠나 이국에서 전개된 선법까지 두루 포함된 경우를 아우른 개념이다. 이러한 한국선을 이야기할 때는 특정한 시대와 지역과 주제와 인물과 종파와 사상과 문화 등을 별도로 설정하여 살펴보는 것도 편리한 방법이다.

　본서에서는 주제를 자유롭게 설정하고, 그 제한된 주제를 둘러싼 배경과 사상과 인물 등에 대하여 다양한 방면에서 접근하고자 하였다. 이들 다양한 주제에 대한 이해를 통해서 넓게는 한국선의 전체적인 경향과 그 정체성을 도출해볼 수가 있을 것이고, 좁게는 특정의 분야에 대하여 심화시켜 그 내용에 접근할 수가 있었다. 27가지 작은 주제의 설정은 가능한 한 한국의 선종사에서 관심을 기울여볼 필요가 있는 것으로 국한한 것이므로 그 속성에 따라서는 시대를 넘나드는 경우도 포함되어 있다.

　특히 한국선의 시대구분은 한국선에 대한 전반적인 조감을 위해서는 편리한 방안이기도 하다. 그러나 딱히 시대구분에 따라 논의할 수 없는 경우에는 오히려 주어진 주제에 충실한 내용으로 전개할 수밖에 없었다. 선과 교의 관계라든가, 선의 수행법에 대한 이해, 법맥을 중심으로 한 중국선법의 수입 등에 대해서는 특정한 시기만이 아니라 오랜 시대에 걸친 종풍의 전승과 무관하지 않기 때문이다.

　본서의 편성은 처음의 주제에 해당하는 한국선의 원류로부터 마지막 주제인 한국선의 정체성에 이르기까지 대개는 한국선종사의 전개에 따랐지만, 굳이 시대적인 추이에 국한시키지는 않았다. 그 까닭은 오히려 천이백여 년의 역사를 지니고 있는 한국선에 대하여 세부의 주제에 따라서 통시적인 안목을 염두에 두고 읽어보는 것도 본서를 이해하는 하나의 방법이 될 것이기 때문이다.

　본서 내용의 대부분은 2021년 1월부터 12월까지 격주간으로 현대불교 신문에 연재된 「한국선 톺아보기」의 원고를 바탕으로 하여, 약간의 수정과 보완을 가하였으며, 기타 몇 가지 주제를 첨가하여 주석을 붙이고 간략한 개념의 정리를 덧붙인 것이다. 지면을 빌어 현대불교신문사에 감사의 마음을 전한다.

2022년 5월

| 차례 |

1. 한국선의 원류

한국선의 시대구분

선학(禪學)에서 선의 종류를 분류하는 기준은 시대, 지역, 선풍, 수행법, 선리, 인물 등 다양하다. 우선 불교의 시대구분에 따른 분류로는 초기불교시대의 선, 아비달마불교시대의 선, 대승불교시대의 선 등으로 인도선(印度禪)을 분류하기도 한다. 인도선의 일반적인 특징으로는 불교수행법 가운데 하나로서 이해하기도 하지만, 더욱이 불교의 전반에 걸친 공통적인 요소로서 선이 언급되는 경향이 강하다. 따라서 인도선의 경우에 선은 특수한 학파 내지 교단의 모습으로 형성된 것이 아니라 불교 자체와 더불어 존속되어 왔다.

또한 선의 심천(深淺)에 따른 분류로는 『능가경(楞伽經)』에서는 외도와 소승의 선인 우부소행선(愚夫所行禪), 객체는 모두 실체가 없다는 의미를 관찰하는 관찰의선(觀察義禪), 모든 반연을 벗어난 반연여선(攀緣如禪), 일체중생의 제도에 전념하는 여래선(如來禪) 등으로 분류하기도 한다. 한편 인도선의 경우에 수행하는 차제에 따라 치밀한 분류로 사선팔정(四禪八定)의 개념으로 정착되었다. 색계(色界)에 속하는 것으로 초선(初禪), 제이선

(第二禪), 제삼선(第三禪), 제사선(第四禪), 그리고 무색계(無色界)에 속하는 것으로 식무변처정(識無邊處定), 공무변처정(空無邊處定), 무소유처정(無所有處定), 비상비비상처정(非想非非想處定) 등 그 심천에 따른 분류도 보편적이었다.

그런데 불교가 동아시아에 전래되면서 선의 성격은 크게 변화한다. 선이 중국불교에서는 불교의 특수한 종파로 형성되었기 때문이다. 그 결과 일개 종파이면서 인도선의 경우와 달리 선만을 위주로 하는 역사와 교리를 중심으로 소위 선종(禪宗)이 출현하였다. 중국에서 출현한 선종은 보리달마(菩提達磨)를 시작으로 하는 소위 조사선(祖師禪)이 가풍으로 전승되었다. 조사선이 크게 전개되면서 송대의 12세기에는 새롭게 수행방식에 따라서는 묵조선(黙照禪)과 간화선(看話禪)이 출현하였다.

한편 중국의 조사선풍이 8세기 중반에 한국에 전승되면서 한국선의 역사는 시작된다. 한국선이란 한국에서 형성되고 전개되며 발전한 선풍을 통칭하는 용어로서, 그 성격은 중국 조사선풍의 전승으로 말미암아 시작되었지만, 한국이라는 지역적이고 역사적인 특수성을 담고 있는 선의 일반을 의미한다.

중국의 조사선풍으로 소위 동산법문(東山法門)이 전승된 이래로 약 천 삼백여 년에 걸친 한국의 선종사에 대하여 효과적으로 이해하는 방법 가운데 하나는 우선 통시적인 흐름을 중심으로 구분해 보는 경우가 있다. 일반적으로 왕조의 형성과 소멸에 따라서 선종사의 시대를 구분하는 방식이 여기에 속한다. 가령 한기두는 『한국선사상연구』에서 다음과 같이 말한다. 초기선은 신라시대의 산문선(山門禪), 중기선은 고려시대의 선교화회선(禪敎和會禪), 후기선은 조선시대의 조사선(祖師禪)의 세 시기로 구분하였다.[1] 이 경우는 한국선종사의 종합적인 면모라기보다는 시대적인 주제에 따라 전개된 내용으로 채워져 있는 특징을 보여주고 있다.

또한 대한불교조계종 교육원 불학연구소에서 종단본으로 펴낸 『조계종사』는 크게 『고·중세편』 및 『근·현대편』으로 구분하였다.[2] 『고·중세편』에서는 한국불교의 초전을 출발점으로 삼고 이어서 19세기 후반까지 걸쳐서 불교의 수용과 발전, 선의 전래와 조계종의 성립, 조계종의 발전과 사상적 특징, 조계종의 시련과 극복의 네 단계로 구분하였다. 『근·현대편』에서는 19세기 후반을 그 출발점으로 삼아 현대까지 걸쳐 근대교단의 태동, 민족불교의 시련과 극복, 불교의 자주화와 교단개혁, 대한불교조계종의 성립과 발전의 네 단계로 구분하였다.[3] 이

---

1) 韓基斗, 『韓國禪思想研究』, 서울: 일지사, 1991. pp.14-18.
2) 대한불교조계종교육원 편, 『고·중세편』, 서울: 조계종출판사, 2004 ; 『근·현대편』, 서울: 조계종출판사, 2015.
3) 대한불교조계종교육원 편, 『고·중세편』, (서울: 조계종출판사,

처럼 종단본에서는 조계종사를 조계종의 교단에 초점을 맞추면서도 더욱 널리 한국불교의 형성부터 삼국시대의 불교에 대한 전반적인 개론을 비롯하여 이후 한국에서 전개된 대부분의 불교사건을 조계종사의 범주 가운데 아우르는 특징을 보여주었다.

기타 시대구분의 기준은 다양하겠지만, 여기에서는 『인물한국선종사』에서 제시했던 방식을 따라서 네 단계에 근거하여 한국선법의 원류, 태동, 발전, 계승의 범주로 구분한다.4) 한국선법의 원류라는 시대의 설정에 대해서는 8세기 후반 통일신라시대에 최초로 한국에 전래된 선법의 경우를 일컫는다. 태동의 시대설정에 대해서는 중국선의 영향을 받았으면서도 나말여초의 9세기 중반부터 10세기 중반에 걸쳐 동시대에 중국의 선종오가와 별도로 한국에서 독자적으로 형성되고 전개되었던 구산문의 교단, 그리고 구산문에 속하지 않는 기타 교단으로 전개된 시기를 가리킨다. 발전의 시대에 대해서는 본격적인 선종의 전개에 따른 한국선의 사상적인 측면에서 중국 선종오가의 수입과 발전 및 새로운 수행법의 도입과 그 영향에 따른 시기를 가리킨다. 계승의 시대에 대해서는 한국선법의 초기부터 전승되었던 선과 교학의 유동적인 관계를 비롯하여, 선종의 입장에서 경전과 선어

2004) pp.14-15.
4) 김호귀, 『인물한국선종사』, (경기도: 한국학술정보, 2010)

록에 대한 이해의 관점, 그리고 선리의 논쟁에 대한 모습을 보여주었던 조선시대의 선법을 가리킨다.

따라서 한국선에 대한 이해의 방법으로 여기에서는 한국불교의 역사와 한국선의 역사를 구별함으로써 선법의 정체성에 대한 구명에 초점을 맞추고자 한다. 왜냐하면 조선시대에는 한국불교의 전반에 대한 수많은 교단의 통폐합에 따라 종파 각각의 정체성이 희미해지고 획일적으로 접근할 수밖에 없었던 상황에 놓여 있었고, 또한 소위 한국불교의 성격을 소위 통불교라고 명명하였으며, 그에 따라서 한국에서 전개된 천육백 년에 걸쳐 전승되어 온 다양하고 오랜 불교의 역사를 교학과 신앙과 사상과 교단을 망라하여 원융적이고 종합적인 불교를 중심으로 이해하려고 함으로써 한국불교가 담보하고 있는 교학과 수행과 신앙과 문화의 측면에서 보여주었던 다채로운 특성이 일괄적인 범주 속에 희석되어버렸기 때문이다.

한국선의 원류

선(禪)이라는 용어는 범어의 태연나(馱演那, dhyāna), 그리고 팔리어의 지아나(持阿那, jhāna)에 해당한다. 이 가운데 팔리어 지아나(持阿那)를 달리 선나(禪那)라고도 음사하였는데, 후에 전승되면서 선(禪)이라는 한 글자만 남게 되었다. 선이라는 용어에 대하여 구마라집(鳩摩羅什: 344-413)은 사유수(思惟修)라고 의역하였고, 현장(玄奘: 602-664)은 정려(靜慮)라고 의역하였다. 이들 용어에는 공통적으로 사유한다는 의미가 분명하게 담겨 있다. 그런 만큼 선은 사유하는 행위를 근본으로 삼고 있다.

이와 같은 선의 발생은 붓다가 깨침의 방식으로 활용한 것에서 유래한다. 따라서 선의 원류는 불교의 발생과 함께 출현하였다. 인도불교의 역사에서 선은 선정(禪定)이라는 의미로서 불교의 학파 내지 교단을 망라하여 모든 측면에서 공통적인 요소로 기능하였다. 그러나 불교가 중국에 전래되고 계승되어가면서 선은 인도불교의 경우와 사뭇 다른 기능으로 출현하였다. 6세기 초에 보리달마(菩提達磨)가 중국에 도래하면서 시작된 중국선종의 역사에서 선은 좌선(坐禪)의 의미로 출발하였지만, 그것이 단순한 사유의 범주를 초월하여 좌선수행을 중심으로 형성된 교단 소위 좌선종(坐禪宗) 곧 선종(禪宗)으로 전개되었다. 따라서 좌선은 앉은 자세를 유지하면서 사유한다는 좌선수행의 행위라는 의미뿐만 아니라, 조계혜능(曹溪慧能)의 시대에는 보편적인 선수행과 깨침을 아우르는 수증관(修證觀)의 전반적인 의미로 확대되었다. 그러나 이와 같은 선법의 시작은 중국불교의 경우에도 불교의 전래와 함께 시작된 것이 아니라 오백여 년이 지난 이후에야 가능하였다.

마찬가지로 한국불교의 경우에도 불교의 전래보다 사백여 년이 지난 이후에야 선법의 전래가 가능하였다. 그 까닭은 선법의 경우에 붓다의 깨침인 정법안장(正法眼藏)의 계승에 대하여 철저하게 전법조사와 그 제자를 통해서 전승하는 것을 기준으로 간주하고 있기 때문이다. 따라서 인도불교에서는 불교가 발생한 국가라는 점에서 선과 불교를 따로 구별할 필요가 없었지만, 중국 내지 한국의 경우는 상황이 크게 달랐다. 중국불교에서는 보리달마라는 인물을 중국선종의 초조로 내세우고 있는 까닭에 달마 이전에 형성된 다양한 선법의 전통은 부정되었는데, 한국불교의 역사에서도 이와 다르지 않다.

4세기 후반에 불교가 처음으로 전래되었고, 7세기 무렵에는 고구려와 백제와 신라의 삼국에서 불교의 신앙 및 교학 내지 선리에 대한 이해가 크게 발전했음에도 불구하고 한국선의 역사에서도 정법안장을 전승한 조사와 그 제자라는 기준으로 보면 마찬가지로 제외된다. 그 때문에 한국선은 8세기 전반으로부터 시작된다. 그것은 법랑(法朗) 조사가 처음으로 중국선종의 제4조 대의도신(大醫道信) 및 제5조 대만홍인(大滿弘忍)의 선풍을 일컫는 동산법문(東山法門)을 계승하여 신라에 전승하였기 때문이다.

　이로써 8세기 전반으로부터 비롯된 한국선의 역사는 오늘날까지 천이백오십여 년의 역사를 지니고 있는 셈이다. 곧 한국인으로서 선법을 전래한 최초의 인물이 법랑이라는 점에서 그렇다. 이렇게 놓고 보면 일반적으로 말하듯이 한국선의 역사가 바로 조계종의 역사라는 점에 대해서는 크게 부정할 수 없을지라도, 더욱 엄밀하게 그 시작을 논의하는 경우에는 9세기 중반에 조계의 남종선법을 전승한 도의국사로부터 비롯되는 조계종의 역사와 분명히 구별되어야 한다.

　법랑은 그 생몰연대도 분명하지 않고, 중국에서 활동한 기록도 보이지 않는다. 그렇지만 법랑은 입당해서 쌍봉을 중심으로 선종의 역사에서 처음으로 명실상부하게 교단을 이룸으로써 집단생활을 영위하며 동산법문의 시초를 전개하였던 도신(道信: 580-651)의 오백 대중 가운데서 정법안장을 계승하여 신라에 전승한 인물이기도 하였다.

　법랑의 제자 신행(神行, 信行: 704-779)의 활동에 근거하여 전후의 상황을 고려해보면 법랑의 생몰연대는 7세기 중반부터 8세기 전반에 걸쳐 활동했을 것으로 보인다. 최치원이 찬술한 도헌국사(道憲國師)의 비문에는 쌍봉의 자(子)는 법랑法朗이고, 손(孫)은 신행(信行)이며,

증손(曾孫)은 준범(遵範)이고, 현손(玄孫)은 혜은(惠隱)이며, 말손(末孫)은 도헌(道憲)이라는 기록이 보인다. 법랑은 신라 선덕왕(善德王) 시대에 입당하여 쌍봉도신의 선법을 얻었다고 하는데, 귀국한 연대는 분명하지 않다.

김헌정(金憲貞)이 찬술한 것으로 지리산 단속사(斷俗寺)에 세운 신행선사의 비문(碑文)에 의하면, 법랑의 제자 신행은 경주 출신으로 속성은 김(金)씨이다. 단속사에 주석하면서 30세 무렵에 운정율사(運精律師)로부터 계율을 공부하였고, 좌선수행에 정진하고 있던 도중에 법랑이 귀국했다는 소문을 듣고 호거산(虎踞山)으로 찾아갔다. 법랑으로부터 깨침을 인가받고 3년 동안 머물렀다. 법랑이 입적한 이후에 입당하여 대조선사보적(大照禪師普寂: 651-739) 및 그의 제자인 지공(志公)에게 3년 동안 참문하여 깨침을 인가받았다. 스승의 권유를 받고 귀국하여 혜공왕(765-780) 시대에 지리산에서 교화를 펼치다가 76세로 779년에 입적하였다.

『석씨계고략』권3에 의하면, 보적은 수도에 있는 당흥사(唐興寺)에 주석하였다. 중국 선종의 제5조 홍인의 법을 계승한 대통신수(大通神秀: 606-706)의 제자로서 신수를 계승하여 국사를 지냈다. 일찍이 측천무후에게 추천된 인물이었을 뿐만 아니라 중종황제는 신수의 문하를 거느리게 하였고, 현종은 칙명으로 도성에 주석하도록 하였다.5) 이처럼 신행이 참문했던 당시 중국선종의 상황은 실질적으로 신수(神秀) 보적(普寂) 지공(志空)의 법계가 정통으로 간주되고 있던 시기였다.

이 점은 한국선의 최초 전래자인 법랑의 선법을 정통으로 계승한 신행의 선풍을 이해하는데 있어서 주목할 필요가 있다. 왜냐하면 신행이 전승한 법랑의 선풍은 중국선종으로 보면 제4조 도신의 정통적인 선법이었을 뿐만 아니라, 신행이 다시 홍인과 신수의 법을 이은 대조선사 및 그의 제자 지공으로부터 전승한 선법이 당시의 상황에서는 중국선종의 정통으로서 의심할 나위가 없었기 때문이다. 실제로 남종이 정통으로 확립된 사건은 755년부터 762년에 걸친 안록산(安綠山: 703759)과 사사명(史思明: ?761)에 의한 반란이었다. 신회(神會)는 안사(安史)의 난(亂)을 평정하기 위한 전쟁비용으로 향수전(香水錢) 곧 출가승의 납세금을 헌납하였는데, 그 공덕으로 인하여 입내공양(入內供養)을 받기 위하여 도읍지로 돌아왔던 757년 10월 23일에 숙종의 칙명으로 인하여, 그때까지 정통으로 계승되었던 북종선을 대신하여 바야흐로 남종선이 정통으로 부각되면서 상황이 역전되었기 때문이다.

이로써 신행이 신라에 전승한 선법의 성격은 중국선종

---

5)『釋氏稽古略』卷3, (大正新脩大藏經49, p.827上)

의 정통에 해당하는 도신과 홍인의 선법을 일컫는 동산 법문의 충실한 계승이었을 뿐만 아니라, 또한 당시에 아직은 소위 남종의 선법이 정통으로 부각되기 이전의 북종의 정통선법의 계승이었다는 점을 감안하지 않으면 안 된다. 이것이야말로 결국 신라에 최초로 전승된 선법의 성격이 정통이었다는 명분을 분명하게 확보하는 사실이 었음을 증명하는 것이기도 하다.

2. 선법의 확산

일반적으로 한국선이라고 말할 경우에 그에 상응하는 의미의 범주는 다양하다. 우선 한국인에 의하여 한국에서 발아되고 전개되며 전승된 선법이라는 경우에는 한국선이라는 의미가 명백하다. 그러나 가령 한국인이면서 한국을 벗어나서 타국에서 활동하다가 그곳에서 생을 마감했을 경우는 논의의 여지가 남아 있다. 더구나 고국에서 출가하지 않은 경우, 그리고 그 영향력이 타국에서만 전개되고 고국에는 미치지 못했을 경우에는 한국선의 범주에 포함시켜야 할 것인지 아닌지 판단이 애매모호한 경우도 있다. 그러나 한국에서 출가한 이후에 타국에 들어간 경우는 의심할 것도 없이 한국선의 범주에 수용할 수가 있다. 이런 점에서 당나라에서 생을 마감했지만, 신라의 정중무상(淨衆無相: 684-762)의 경우에 분명히 한국선의 역사에 포함하는 데에는 이견이 없다.

그러나 정중무상과 같은 경우에도 한국선의 원류라는 측면에서 논의할 경우에는 역시 재고할 필요가 제기된다. 왜냐하면 원류(遠流)라는 점에서는 긍정적으로 이해할 수가 있겠지만, 원류(源流)라는 점에서는 반드시 선법을 한국에 수입했다든가 내지 전승했다든가 혹은 전개 혹은 발전시켰어야 하는 당위성이 필요하기 때문이다. 따라서 정중무상의 선법은 8세기 초에 신라에서 출가한 이후에 입당한 선사이기 때문에 한국선의 범주에 포함된다는 점은 분명하지만, 거기에다 원류(源流)라는 의미를 붙여주기에는 한계가 따른다. 가령 정중무상의 선법이 지니고 있는 성격과 의의에 대하여 말하자면 다음과 같다.

첫째, 무상이 전개한 선법에 대하여 그 성격은 분명 한국선의 범주에 속한다고 말할 수가 있지만, 그 원류(源流)라고 말할 수는 없다. 왜냐하면 우선 무상이 활동했던 시기가 8세기 전반기에 속하는데, 당시에는 이미 법랑으로부터 중국 선종의 동산법문의 선법이 전래되었기 때문이다. 그리고 무상의 선법은 신라선의 역사에서는 그 법맥의 전승이 문헌상으로 전혀 보이지도 않는다.

둘째, 무상의 선법은 중국 선종에서는 오조홍인의 문하에서 소위 정중종(淨衆宗)이라는 종명으로 형성되었고 전개되었으며, 이후에 그 문하인 무주(無住: 714-774)의 보당종(保唐宗)으로 계승됨으로써 중국 사천성에서 전개된 선법으로서 그 의의를 지니고 있다. 이 점을 감안할 경우에 선종사에서 무상이 전승한 선법의 위상은 간과할 수 없는 세력을 지니고 있었다. 특히 정중종의 경우에 안사(安史)의 난이 전개되었던 와중에 재상으로서 당나라 황실과 밀접했던 두홍점(杜鴻漸: 709-769)의 지지를 받아 형성되었다는 점, 그리고 당시 북종계통의 전등사서인 두비(杜朏)의 『능가사자기(楞伽師資記)』(716)에 대항하여 달마선법의 정통성을 계승했다고 주장하기 위하여 보당종 문하에서 편찬했던 『역대법보기(歷代法寶記)』(774)에서 대단히 중요시되었던 점 등에서 그 의미와 의의를 살펴볼 수가 있다.

더욱이 『속고승전(續高僧傳)』에 의하면, 보리달마의 문하인 승부(僧副)에 의하여 일찍이 사천(四川) 지방에 선법이 소개 및 전개되어 있었는데,[6] 이 점은 무상이 전승한 법맥이 오조홍인(五祖弘忍: 601-674) - 자주지선(資州智詵) - 처적(處寂) - 정중무상으로 계승되었다는 점에서 홍인의 동산법문의 정통성을 확보하고 있었다는 점과 더불어 달마로부터 직접 전승된 지역의 선법이라는 명분까지 획득하고 있는 셈이 된다. 이로써 무상의 선법은 한국선의 역사에서 충분히 그 의의를 담보해주고 있다.

중국의 전등사서(傳燈史書)에 이름을 올렸던 인물들 가운데서 특히 무상의 선법은 『역대법보기』에 가장 자세하게 기록되어 있다.[7] 전등사서로서 『역대법보기』의 출현은 정중종 및 보당종의 사람들에 의하여 자파의 정통성을 주장하기 위한 것이었다. 그 내용인즉 당시에 정법안장의 전승에 대한 상징적인 물증으로 간주되고 있었던 부처님의 가사(袈裟)가 부처님으로부터 달마를 거쳐 혜능에게 전수되었고, 혜능은 가사를 측천무후에게 바쳤는데 그것이 측천무후의 칙명에 의하여 지선에게 전승되었으며, 처적(處寂) - 무상(無相) - 무주(無住)에게로 계승되었다는 것인데, 그

6) 『續高僧傳』卷16, (大正新脩大藏經50, p.550上-中)
7) 『歷代法寶記』, (大正新脩大藏經51, pp.184下-186上)

19

과정에 정중무상(淨衆無相)이 위치한다.

무상은 매년 섣달과 정월에 수많은 사부대중에게 수계를 하였다. 장엄하게 시설된 도량에서 법상에 올라 설법을 하는데, 먼저 인성염불(引聲念佛)을 하는데 한 번의 호흡이 단절되는 때까지 시킨다. 그리하여 망념이 단절되고 염불하는 소리가 정지되는 때가 되면 "무억(無憶)하고, 무념(無念)하며, 막망(莫忘)하라. 무억은 곧 지계이고, 무념은 선정이며, 막망은 지혜이다. 이 삼구의 말씀은 곧 총지문(總持門)이다."[8]고 말한다.

그리고 이에 대하여 무상은 말한다. "우리의 달마조사께서 전승한 이 삼구어는 곧 총지문이다. 망념을 일으키지 않는 것이 곧 지계의 문이고, 망념을 일으키지 않는 것이 곧 선정의 문이며, 망념을 일으키지 않는 것이 곧 지혜의 문이다. 그래서 망념이 없으면 곧 지계와 선정과 지혜가 구족된다. 과거와 미래와 현재의 항하의 모래 수처럼 많은 제불도 이 삼구문을 통하여 깨침에 들어갔다. 그러므로 만약 다른 문이 있다면 그것은 있을 수 없는 도리이다."[9]

이처럼 무상의 삼구법문은 삼학(三學)의 이치를 수행의 방식과 의례의 방식으로 승화시켜 대중에게 제시하여 정중종의 선법으로 널리 호응을 얻었다.

한편 『능가사자기(楞伽師資記)』(716)에는 오조홍인의 문하로서 고구려 승려 지덕(智德)이 신수(神秀), 혜능(慧能),

---

8) 『歷代法寶記』, (大正新脩大藏經51, p.185上)
9) 『歷代法寶記』, (大正新脩大藏經51, p.185中)

지선(智詵), 법여(法如), 현색(玄賾), 노안(老安), 혜장(惠藏), 현약(玄約), 의방(義方) 등과 더불어 십대제자 가운데 한 명으로 열거되어 있다. 그리고 『조당집(祖堂集)』(952)에는 신라출신의 선자로서 항주(杭州) 용화사(龍華寺)의 진각대사(眞覺大師) 영조(靈照)를 비롯하여, 복청화상(福淸和尙) 현눌(玄訥), 원적선사(元寂禪師) 도의(道義), 동리화상(桐裏和尙) 혜철(慧哲), 실상화상(實相和尙) 홍직(洪直), 혜목화상(慧目和尙) 현욱(玄昱), 통효대사(通曉大師) 범일(梵日), 성주(聖住) 무염국사(無染國師), 쌍봉화상(雙峯和尙) 도윤(道允), 신라의 승려 김대비(金大悲), 서운사(瑞雲寺)의 순지화상(順之和尙) 등 11명에 대하여 기록하고 있다. 이후 송대에 출현한 『경덕전등록』(1004)에서는 총 41명 가운데 익주(益州) 무상선사(無相禪師) 등 17명에 대해서는 기연어구를 기록하고, 본여(本如) 등 24명에 대해서는 이름난 언급하고 있다. 이들 가운데 설봉의존(雪峯義存: 822-908)의 법사인 영조(靈照) 및 현눌(玄訥)은 귀국하지는 못했지만, 당말·오대에 신라인으로서 선법을 진작한 인물이었다.

영조선사가 처음 용화사(龍華寺)에 와서 다음과 같이 상당설법을 하였다.

선의 종지가 지니고 있는 오묘한 도리에 대해서는 다른 기회에 논의하겠다. 만약 대도(大道)의 현묘한 가르침이라면 삼계를 감싸서 일문(一門)으로 간주하고, 모든 시방세계를 정안(正眼)으로 간주한다. 세존은 영취산에서 설법한 이후에 마하가섭(摩訶迦葉)한테 깨달음 곧 정법안장(正法眼藏)을 부촉하였는데, 그것을 조사들이 서로 계승함으로써 정법안장이 전승되었다. 남천축국왕의 왕자로서 부귀영화를 버리고 출가하여 달마대사(達摩大師)라 불렸다. 달마는 부처님의 심인을 전승하기 위하여 특별히 십만 팔천 리를 사이에 두고 중국에 도래하여 '내가 이 땅에 건너온 이유는 전법하여 미혹한 중생을 구제하기 위함이다.'고 말했다. 이로써 이천 년 동안 진리의 바람이 소멸되지 않았다. 여기 오(吳)나라와 월(越)나라의 태조세황(太祖世皇)은 불법을 숭경하였고, 지금의 전하(殿下)도 삼보를 공경하고 존중하여 대승을 천양하였는데, 그들은 모두 영취산에서 부처님의 부촉을 받은 대조사들이다.10)

영조의 이 설법에 보이는 내용은 조사선의 사상과 그 의의가 잘 드러나 있다. 여기에는 정법안장의 계승에 대한 안목과 그에 상응하는 목적이 명백하게 드러나 있다. 불법의 현묘한 가르침은 다름이 아니라 온 세계가 깨달음의 세계라는 것이고, 출가와 재가를 막론하고 일체가 불법의 소유자라는 것이며, 불법을 홍포하는 목적은 불법이 단절되지 않게 유지하고 중생을 제도하는 것에 달려 있다는 것이다. 영조의 이와 같은 안목은 당시에 중국에서 크게 번성하고 있던 선종의 종지에 해당하는 것으로, 그 직후에 분립되기 시작한 선종오가(禪宗五家)의 출현에 공통적인 요

---

10)『祖堂集』卷11, (高麗大藏經45, p.306上)

소였다.

> 복청화상(福淸和尙) 현눌에게 어떤 학인이 물었다. "인왕(人
> 王)이란 무엇입니까." 선사가 말했다. "인왕은 한 손으로는
> 하늘을 가리키고 한 손으로는 땅을 가리킨다." "법왕(法王)
> 이란 무엇입니까." "법왕에게는 하늘을 가리킬 손도 없고
> 땅을 가리킬 손도 없다." "인왕과 법왕의 거리는 얼마나 됩
> 니까." "그대 스스로 판단해 보라." 그러자 승이 다시 물었
> 다. "저는 판단하지 못하겠습니다. 화상께서 판단해 주시기
> 바랍니다." 선사가 말했다. "내년에는 새 가지가 뻗어나서
> 계절에 상관없이 자라겠구나." 어떤 승이 물었다. "깨달음
> 이란 무엇입니까." 선사가 말했다. "그대는 반년 치의 양식
> 을 잃어버렸구나." "어째서 반년 치의 양식을 잃어버렸다는
> 것입니까." "남의 쌀 한 말을 탐냈기 때문이다." "원이삼점
> (圓伊三點)의 도리에 대해서는 사람들이 모두 믿고 있습니
> 다. 그렇다면 그와 같이 훌륭한 가풍이란 어떤 것입니까."
> "훌륭한 가풍은 접어두고, 지금 그대의 가풍은 어떤가."
> "저는 아직 출세하지도 못했는데 가풍인들 있겠습니까."
> "가풍 없는 것이 무슨 자랑인가."[11]

인왕과 법왕은 부처님이 세간과 출세간에서 연출한 모습
을 상징한다. 이와 같은 이치에 대하여 현눌은 양자 사이
에 근본적인 차이가 없다고 말한다. 그런 상황은 마치 새
로 뻗은 나뭇가지처럼 일 년 내내 지속적으로 생장하듯이

---

11) 『祖堂集』卷11, (高麗大藏經45, p.306下)

불법의 영원한 속성을 의미한다. 한편 깨달음이란 어떤 도그마에도 얽매이지 않는 자연과 같이 작용한다는 것을 원이삼점으로 비유하고 있다.

　원이삼점은 실담자의 음가로서 '이(伊)'는 그 형상이 삼점(三點)으로 이루어져 있는 삼각형의 모양이다. 삼점의 관계는 상하·전후·좌우가 동일하지 않지만 다르지도 않고, 서로 앞과 뒤가 없으며, 벗어나 있지 않으면서 또한 서로 붙어 있지도 않는 모습으로 어느 쪽에도 치우침이 없는 형상이다. 그것은 마치 어느 작가의 말처럼, 더할 나위 없이 청명한 쪽빛 하늘은 한 조각의 구름도 없이 뎅그렁하게 허공에 더덩실 둥근 달을 띄워놓고, 고대광실이나 초가삼간이나 구별 없이 한결같이 빛을 토해내어 세상의 티끌을 정화하면서도 대낮에는 밤과는 전혀 달리 온갖 다른 차별세계를 내보여주며, 산들바람은 뒷방의 늙은이 등을 타고나려 소녀의 소맷자락을 살짝 스치고는 조금의 거리낌도 없이 아무런 일도 없다는 듯이 유유히 불어가면서 눈곱만치의 흔적도 남겨 놓지 않는 모습처럼 지극히 자연스러운 움직임이다. 바로 청명한 하늘과 산들바람의 관계처럼 깨달음은 체용일여(體用一如)라는 것을 말해주고 있다.

3. 설악도의의 사승(嗣承)

도의는 현재 한국불교에서 대한불교조계종의 종조로 추앙되고 있다. 이런 점에서 한국선의 역사에서 도의가 차지하고 있는 위상은 매우 크다. 우선 도의에 대한 호칭은 여러 문헌을 통해서 보면 도의(道議), 도의국사(道義國師), 도의선사(道義禪師), 원적(元寂), 원적도의(元寂道義), 원적선사(元寂禪師), 명적(明寂), 명적도의(明寂道義), 설악도의(雪嶽道義) 등 다양하게 불리지만, 여기에서는 편의상 설악도의라고 명명하기로 한다. 왜냐하면 제반 선종의 문헌을 보면 당대 및 오대의 경우는 선자를 표기하는 경우에 보편적으로 그가 주석했던 지명과 더불어 법명으로 지칭되었기 때문이다.

그러나 중국선의 경우라고 해도 송대 이후에는 일반적으로 지명을 대신한 법호와 더불어 법명으로 지칭되어가는 변화가 나타났다. 이런 점에서 신라의 도의는 활동했던 시대가 당대에 해당하고 또한 설악산에서 주석했기 때문에 이와 같은 일반적인 전통에 따르자면 설악도의라고 호칭하는 것이 자연스럽다.

설악도의에 대한 문헌의 자료로는 가지산문의 제3조 보조체징(普照體澄: 804-880)의 비문인 「장흥보림사보조선사창성탑비문」(884)과 『조당집』(952)의 내용이 기본이기 때문에 이에 근거하여 살펴보면 그 행장은 다음과 같다.

설악산 진전사(陳田寺)의 원적선사(元寂禪師)는 서당지장(西堂智藏: 735-814)의 법을 계승하였다. 명주(오늘날 강릉)에서 살았는데, 선사의 휘는 도의(道義)이고, 속성은 왕(王)씨이며, 북한군(北漢郡) 출신이다. 아버지와 어머니가 상서로운 꿈을 꾸고 나서 상의하여 상서로운 꿈을 보면 반드시 성스러운 아들을 얻을 것이라고 말했다. 보름쯤 지나서 태기가 있음을 알았는데, 39개월 만에 낳았다. 그날 밤에 홀연히 기이한 스님이 석장을 짚고 문 앞에 이르러 말했다. "오늘 낳은 아이의 태를 강가의 언덕에 갖다 두시오." 말을 마치고 홀연히 사라졌다. 마침내 스님의 말을 따라서 아이의 태를 그곳에 묻었다. 순록들이 찾아와 지켜주었는데 해가 가도록 그만두지 않고 오가는 사람들을 보아도 해치려는 기색이 없었다. 이와 같은 상서로 인하여 법호를 명적(明寂)이라고 하였다. 당 건중 5년(784. 선덕왕 5년)에 한찬호(韓粲號)와 김양공(金讓恭) 등을 따라 바다를 건너 입당하였다. 곧장 오대산으로 가서 문수보살상에 예배를 드리자 허공에서 성스럽게 종소리가 산에 울리는 것을 들었고, 신령스러운 산새가 비상하는 것을 보았다. 마침내 광부(廣府) 보단사(寶壇寺)에서 비로소 구족계를 받았다. 이후에 조계에 도착하여 조계대사의 영당에 예배드리려고 하자 홀연히 영당의 문이 저절로 열렸다. 세 번의 예배를 드리자 문이 이전처럼 그대로 닫혔다. 이어서 강서의 홍주 개원사로 가서 서당지장의 처소에 나아가서 예배를 드리고 스승으로 모시면서 수행하여 의심을 해결하였다. 서당대사는 마치 돌 속에서 아름다운 옥을 주운 듯하고 조개 속에서 진주를 주운 듯이 기뻐하며 말했다. "참으로 정법안장을 전해준다면 바로 이 사람이 아니면 누구이겠는가." 이에 도의(道義)라고 개명해주었다. 그로부터 두타행(頭陀行)을 하며 유행하다가 백장회해(百丈懷海: 749-814)에게 나아갔는데, 서당의 처소에서 했던 것과 똑같은 상황이었다. 이에 백장화상이 말했다. "강서종의 선맥을 모두 동국에서 온 승에게 맡긴다." 나머지 내용은 비문의 내용과 같다.[12]

그리고 『경덕전등록』의 기록에 의하면, 서당과 백장은 마조도일(馬祖道一) 문하의 이대사(二大士)로서 당시에 각립(角立)하였는데, 스승으로부터 각각 경은 서당지장에게 흘러 들어갔고 선은 백장회해에게 흘러 들어갔다(經入藏禪歸海)는 평가를 받았던 인물이다.[13] 설악도의는 선법을 사승(嗣承)하는 문제와 관련하여 이들 서당지장과 백장회해의 두 스승에게서 각각 인가(印可)를 받았다. 여기에서는 인가를 받은 사실에 대하여 전후의 시절에 대한 내용에 주목할 필요가 있다. 인가는 그 이전에 당연히 깨침이 전제되어 있다. 따라서 깨친 경험에 대하여 인가를 받았다는 점은 분명하지만, 그것이 두 차례에 걸친 인가에서 각각의 깨침에 대한 인가였는가 아니면 한 번의 깨침의 경험에 대한 두 번의 인가였는가 하는 점은 논외의 대상이다.

왜냐하면 인가의 문제는 깨침에 대하여 일회성인가 다회

---

12) 『祖堂集』 卷17, (高麗大藏經45, p.338中-下)
13) 『景德傳燈錄』 卷6, (大正新脩大藏經51, p.249中-下)

성인가 하는 문제와 상관없이 깨쳤다는 경험에 대한 문제이기 때문이다. 깨침에 대한 한 번의 경험에 대하여 인가하는 것은 스승이 바뀔 때마다 충분히 가능하기 때문이다. 이와 같은 상황에서 설악도의는 현재 조계종에서는 서당지장의 사법자로서 조계혜능의 남종선법을 한국에 전승한 사람으로 조계종의 종조로 확정되고 있는 점은 나름대로 의의를 지니고 있다.

그런데 여기에서 설악도의가 사승한 법맥의 관계에 대하여 더욱 넓은 의미에서 구체적으로 생각해볼 필요가 있다. 현재 조계종의 상황에서 설악도의를 서당지장의 사법제자로 간주하고 있는 이유는, 두 차례 인가를 받은 사실을 두고 보자면 백장회해를 참문하고 인가를 받은 것보다 서당지장을 먼저 참문하고 또한 먼저 인가를 받은 까닭에 근거한다. 서당과 백장이 입적한 연도는 814년으로 동일하지만, 당시에 세수로 보면 서당은 80이고 백장의 66으로 서당이 백장보다 14세 연장자이다. 따라서 설악도의가 입당하여 몇 군데 성지를 참배한 이후에 스승으로 선지식을 찾을 즈음에는 이미 50세를 넘기고 있었던 연장자인 서당을 참문하는 것이 36세를 넘기고 있던 백장을 참문하는 것보다 여러모로 자연스러운 것이었다. 서당이 백장의 사형이기도 했던 점이 크게 작용하였다.

또한 설악도의는 당나라에서 37년 남짓한 세월 동안 구도행각하는 과정에서 서당의 인가를 받은 이후에 곧장 귀국하지 않고 다시 두타행으로 유행을 하면서 백장회해에게 참문하여 서당의 문하에서와 마찬가지로 인가를 받았다. 그런 연후에도 다시 최소한 7년 남짓한 세월이 지난 이후 821년에 귀국하였다.

조계종에서 설악도의에 대하여 적어도 제일차적으로 사법했다는 의미를 중요시하는 까닭에 서당지장의 법맥을 계승했다고 말하고 있는 것은 당연하다. 이것은 현재 설악도의를 조계종의 종조로 내세우고 있는 명분이기도 하다. 곧 조계의 혈맥을 계승한 최초의 선자라는 점이 그것이다. 그런데 한편으로 중국 선종의 역사에서는 백장회해가 마조도일의 법계를 정통으로 사법한 인물로 설정되어 있다는 점을 감안해 볼 필요가 있다.

왜냐하면 선종의 사법관계에서 정통의 문제에 대해서는 굳이 강조할 필요가 없을 만큼 중요시되어온 것이 사실이므로 정통선자의 법을 계승했다고 간주하는 것도 또한 자연스럽고 합리적이기 때문이다. 이와 관련하여 생각해본다면 설악도의가 서당지장의 사법자이면서 더불어 당나라 당시부터 정통으로 간주되고 있던 백장의 사법자임을 부각시키는 것도 설악도의의 정통성에 대하여 더욱 긍정적인 기능으로 작용할 것은 자명하다. 이런 경우와 관련된 일례는 선종사에서 여러 가지 사례를 찾아볼 수가 있다.

중국 조동종의의 입장에서 보자면, 동산양개(洞山良价: 807-869)의 스승인 운암담성(雲巖曇晟: 782-841)은 처음에 20여 년 동안 백장회해의 문하에서 공부하면서 그 법을 계승했지만, 오히려 백장회해의 친절한 배려심으로 인하여 이후에 약산유엄(藥山惟儼: 751-834)에게 참문하고 그 법을 계승하게 되었다. 이로써 운암담성은 조계혜능 - 청원행사 - 약산유엄 - 운암담성으로 계승되는 법맥을 전승하게 되었다. 또한 당 말기부터 오대 초기에 형성된 중국의 선종오가에서 가장 이른 시기에 해당하는 위앙종의 경우에 앙산혜적(仰山慧寂: 807-883)은 남양혜충(南陽慧忠: 775 입적)의 제자인 탐원응진(耽源應眞)의 법을 계승하였지만 이후에 위산영우(潙山靈祐: 771-853)에게 참문하여 그 법맥을 계승하였다. 이로써 앙산혜적은 남양혜충 - 탐원응진의 법맥으로부터 남악회양 - 마조도일 - 백장회해 - 위산영우 - 앙산혜적으로 계승되어 위앙종의 조사법맥을 전승하게 되었다.

또한 임제의현(臨濟義玄: 867 입적)은 귀종지상(歸宗智常)의 제자인 고안대우(高安大愚)에게서 깨침을 인가받은 이후에 황벽희운(黃檗希運: 850 입적)의 문하에 돌아와서 그 법을 계승하였다. 이로써 백장회해 - 황벽희운 - 임제의현으로 계승되어 임제종의 개조가 되어 이후에 전승되었다.

이와 같이 여러 스승에게서 공부한 경우에 먼저 법을 계승한 스승의 법을 계승하지 않고 나중에 법을 계승한 스승의 법을 계승한 경우는 비일비재하다. 그렇다고 해서 물론

이전에 계승한 선법이 부정되는 것은 아니었다. 무릇 정통이라는 점과 관련해서 볼 경우에도 먼저 사승한 스승을 끝까지 계승한 경우도 부정되지는 않지만, 더욱이 나중에 사승한 스승의 법을 계승한 경우도 마찬가지로 부정되지는 않는다. 왜냐하면 당시의 수증과 사법의 전통에 비추어보면, 특별히 한 명의 선지식만 정해두고 공부하기보다는 제방을 유행하면서 여러 선지식의 가풍과 선기를 널리 다지면서 인연이 닿는 곳에 주석하는 것이 일반적인 모습이었기 때문이다.

　나아가서 설악도의가 사승한 법맥의 경우에도 예외가 아니었다. 그래서 먼저 계승한 서당지장의 법맥뿐만 아니라 나중에 인연이 닿았던 백장회해의 법맥을 더불어 계승한다고 간주할 경우에도, 이들은 모두 조계혜능의 상속자일 뿐만 아니라 마조도일의 홍주종(洪州宗) 가풍을 전승한 선자들이라는 점에는 변함이 없다. 더욱이 수백 명의 납자를 거느리고 접화를 펼쳤던 백장의 법맥을 사승했다는 측면으로 보면, 백장의 사상과 수증관을 정통으로 수록하고 있는 그 어록이 충실하게 현존하고 있기 때문에 그 법맥을 전승한 설악도의의 사상과 수증관을 도출해내는 근거와 자료도 대단히 풍부해진다. 더불어 백장의 어록이라는 문헌적인 영역의 확보는 물론이고 나아가서 조사선의 수증관을 크게 현창했던 홍주종 가풍, 그 가운데서도 백장회해의 조사선 가풍에 보이는 수증관으로서 무수무증(無修無證) 내지 비심비불(非心非佛)14)의 사상적인 계보를 계승했다는 점에서도 충분한 근거를 보유하게 되기 때문이다.

　이것은 사상적으로 보아도 설악도의의 사상의 단편에 대하여 보조체징의 비문에 기록되어 있는 도의의 무념(無念)과 무수(無修)의 수증관에 대하여, 더욱 구체적인 연결고리가 확보될 뿐만 아니라 법맥의 상승이라는 점으로 보아도 지극히 자연스럽게 계승되었다는 증좌가 되기도 한다. 이로써 설악도의의 사승관계는 더욱 확장될 뿐만 아니라 중국선종으로 계승된 조계종지의 정통법맥 내지 홍주종의 가풍을 고스란히 전승했다는 점에서도 충분한 의미를 지니게 된다.

---

14) 無修無證은 본래성불의 사상에 입각하고 있는 까닭에 후천적으로 새롭게 깨치려는 수행이 없고, 본래의 깨침 이외에 달리 깨침이 없다는 말이다. 馬祖道一은 이와 관련하여 道不用修라는 말로 제시하였다. 한편 마조도일은 청정한 마음이 바로 불심이라는 의미에서 卽心卽佛이라는 용어로 납자를 지도하였다. 그러자 그 즉심즉불이라는 말에 집착하는 납자에 대하여 그 집착을 없애주려고 다시 非心非佛이라는 말을 제시하였다. 이에 즉심즉불과 비심비불은 다른 의미가 아니다. 곧 이들 두 용어는 지금 바로 자신의 불심에 계합할 것을 언급한 용어이다.

4. 산문(山門)의 형성

8세기 후반기부터 크게 발전했던 중국 선종의 상황은 바다를 건너서 신라에까지도 전승되었다. 이에 신라불교에서는 당시까지 발전했던 교학불교 이외에도 새로운 선불교에 대한 관심이 고조되면서 입당하여 선법을 공부하려는 사람이 점차 증가하였다. 중국 선종의 역사에서 강서지방을 중심으로 형성된 홍주종은 마조도일(馬祖道一: 709-788) 및 그 문하에서 전개된 선풍을 의미한다. 그 가운데서 가령 서당지장(西堂智藏: 735-814)은 마조 문하에서는 비교적 연령이 앞선 인물이었는데, 『송고승전』에 의하면 본래 율(律)과 화엄(華嚴)의 학승이었다. 당시에 신라의 입당유학승 가운데도 이와 같은 경우가 많았다. 가령 무염(無染)은 부석사에서 석징대덕(釋澄大德)에게 화엄을 공부하였고, 무염의 제자 여엄(麗嚴)도 마찬가지였으며, 도헌(道憲)도 범체대덕(梵體)에게 화엄을 공부하였고, 도윤(道允)의 제자 절중(折中)도 부석사에서 화엄을 공부하였으며, 혜철(慧哲)도 부석사에서 화엄을 공부하였고, 개청(開淸)도 화엄사에서 화엄을 공부하였으며, 행적(行寂)도 해인사에서 화엄을 공부하였다.

이런 점은 신라에서 이미 화엄학을 공부했던 경험을 지니고 있던 입당구법승으로서는 우선적으로 서당에게 참문하게 된 기연을 갖기에 적절한 이유이기도 했다. 또한 마조의 문하에는 교종으로부터 선종에 들어온 인물이 많았다. 서산량(西山亮)은 그 전형으로서 교학을 버리고 산으로 들어가 소식을 단절한 인물이었다.[15] 이러한 상황은 선을 공부하기 위하여 입당했던 선자들로 하여금 우선 강서지방에선 전개된 홍주종에 관심을 갖도록 해주는 요소이기도 하였다.

한편 8세기 후반기 무렵부터 한국에 선법이 전래된 지 백여 년이 되었을 때, 한국선의 역사는 지속적으로 입당한 구법승이 귀국하면서 한국불교에 새로운 분위기가 팽배하였다. 8세기 후반기의 법랑과 신행을 이어서 9세기 전반기에는 중국선의 남종선법을 전해오는 선자가 크게 늘어났다. 이로써 당시에 중국의 선종에서 새롭게 정통으로 자리매김하여 발전하고 있었던 남종선법은 신라뿐만 아니라 일본에까지 전승되었다.

8세기 말부터 본격적인 입당선승들 가운데서 설악도의를 비롯하여 실상사의 홍척(洪陟)과 쌍계사의 진감국사(眞鑑國師) 혜소(慧昭) 등이 소위 홍주종의 선풍을 전승하게 됨으로써 한국선이 역사에서 처음으로 문정(門庭)을 개창할 최소한도의 여건을 확보할 수가 있었다. 이들을 이어서 조만간 9세기 중반에는 그동안 입당했던 선자들이 다수 귀국하게 되는데, 거기에는 당 말기 불교의 상황과 관련이 깊다. 당의 무종이 치세하던 회창 2년(842)부터 5년(845)년까지

---

15) 『景德傳燈錄』 卷8, (大正新脩大藏經51, p.260上)

발생했던 회창(會昌)의 법난(法難)으로 말미암아 많은 유학 승들은 부득이하게 귀국할 수밖에 없는 상황을 맞이하였기 때문이다.

이와 같은 모습은 시대적인 상황으로 인한 결과이기도 했지만, 귀국한 선자들은 이미 신라에서 백여 년 동안 축적된 선법의 역사를 바탕으로 하여 산문을 개창할 수 있는 역량을 보여주었다. 일반적으로 구산문(九山門) 혹은 구산선문(九山禪門) 등으로 일컬어지고 있지만, 그 전후까지 확대해보면 구산선문 이외에도 다양한 산문이 형성되고 전개되었으며 소멸되었음을 알 수가 있다.

우선 구산선문의 형성이라는 설에 대해서도 신라 말기, 고려 초기, 의천(義天) 이후 등 다양한 설이 제기되었다. 첫째는 신라 말기에 성립되었다는 설이다. 구산선문과 조계종에 관하여 이능화는 이규보의 『동국이상국집』에 기록되어 있는 수미산문·성주산문·가지산문 및 이미 알려져 있는 굴산산문·쌍봉산문·희양산문 등 6산문을 제시하였고, 6산문 외에 알 수가 없는 3산문에 대해서는 최치원이 쓴 「지증국사비문」에서 유추할 수 있는 13산문 가운데서 찾아볼 수 있다는 견해를 제시하였으나, 허흥식은 이능화가 그것을 구체적으로 밝혀내지 못하였다고 지적하였다. 그리고 김영수는 처음으로 구산선문에 대한 구체적인 산명과 조사 및 계승자를 정리하였지만, 그에 대한 전거를 생략하였고, 나아가서 대각국사(大覺國師) 의천(義天) 이후에 가서 나말에 성립되었던 구산선문이 통합되어 조계종을 형성했다고 보았다.

둘째는 고려 초기의 성립설이다. 김영태는 구산선문이 신라 말기에 성립되었다는 것을 부정하였다. 왜냐하면 수미산문의 경우에 932년(고려태조 15년) 이엄(利嚴: 870-936)에 의하여 개창되었고, 희양산문의 경우에 도헌(道憲: 824-882)에 의해 개창되었다고 하지만 실제로는 935년(태조18년) 긍양(兢讓: 878-956)에 의하여 개창되었기 때문이라는 것이다. 따라서 구산선문은 고려 초기에 성립되었다는 설을 주장하였다. 그러나 구산산문의 개창에 대한 기준에 대해서는 언급하지 않았다.

셋째는 의천 이후 성립설이다. 허흥식은 그동안 학계의 통설이었던 구산선문의 산명(山名)과 조사명(祖師名)이 갖추어져 수록된 최초의 저술로 『선문조사예참의문(禪門祖師禮懺儀文)』을 제시하고, 이에 근거하여 나말여초의 성립설을 부정하여 나말여초의 선종계를 망라한 체계로는 볼 수가 없다고 보았다. 그리고 『선문조사예참의문』을 분석하여 구산선문과 그 조사의 설정은 의천 이전의 선종을 포괄할 수가 없는 까닭에 의천 이후를 구산선문의 성립기준으로 삼았다. 허흥식은 전거를 제시하였지만 고려 초기의 산문과 후기 산문의 전승(傳承) 관계를 통시대적으로 조계종이라는 틀에 한정하였다.

더욱 넓은 의미의 산문이라는 개념으로 보면 일반적으로

한국선법의 초기시대를 상징하고 있는 구산선문 이외에도 다양한 산문의 흔적을 찾아볼 수가 있다.

첫째는 14산문의 개념이 있다. 지증대사 도헌의 비문에서는 14산문의 개념에 대한 가능성을 엿볼 수가 있다. 곧 신라로 귀국한 선자에 대하여 ① 설악의 도의(道義), ② 남악의 홍척(洪陟), 그리고 약간 이후에 해당하는 인물로서 ③ 태안사의 혜철(慧哲), ④ 혜목산의 현욱(玄昱), ⑤ 지력산의 □문(□聞), ⑥ 쌍계사의 혜소(慧昭), ⑦ 신흥사의 충언(忠彦), ⑧ 용암사의 각체(覺體), ⑨ 진구사의 각휴(覺休), ⑩ 쌍봉산의 혜운(慧雲), ⑪ 굴산사의 범일(梵日), ⑫ 성주사의 무염(無染), ⑬ 보리사의 □종(□宗), ⑭ 희양산의 도헌(道憲) 등이다.

둘째는 6산문의 개념이 있다. 광종 시대 이후 승과에 등용되었고, 선종 시대에 이르기까지 선종계를 주도하였던 원종대사 찬유(璨幽)의 비문에 보이는 ① 고달원(高達院), ② 희양원(晞陽院), ③ 도봉원(道峯院) 등 3원, 그리고 ④ 승과에 등용되었지만 개산된 산문이 확인되지 않은 개천산 정토사 홍법국사, ⑤ 승과에 등용되었던 화산 갈양사 혜거국사의 본산인 우두산 개선사, ⑥ 승과에 등용되었을 것으로 추정되는 영암산 여흥선원(麗興禪院) 등이다.

셋째는 9산문의 개념이다. 『고려사』 세가 권10, 선종 원년 정월 조에 9산문이라는 용어가 처음 나온다. 곧 보제사의 승려인 정과 쌍(貞 · 雙) 등이 구산문에서 수학하고 있는 승도들에 대하여 진사(進士)의 경우처럼 3년에 1회씩 선발해줄 것을 요청하는 내용이 보인다.

넷째는 3산문의 개념이다. ① 오관산 서운사의 요오선사 순지(順之), 원주 영봉산 흥법사 진공대사 충담(忠湛), 『삼국유사』에서 확인할 수 있는 해룡왕사의 보요선사(普燿禪師)의 산문 등이다.

그러나 이들 산문은 개창되고 존속했던 시대에 대한 명확한 기준이 애매모호하다. 그러나 구산선문 이외에도 여러 산문이 명멸했던 흔적이 있었던 것은 분명한 까닭에 초기 한국선종사의 이해에서 간과할 수 없는 점이다.

그 가운데서도 구산선문이 개창된 시대에 대해서는 선종오가와 동시대에 형성되었다는 점이 주목된다.16) 이것은 중국선과 독립된 한국선법의 독자적인 면모가 담겨 있다는 점을 보여주고 있다. 중국에서 소위 조사선이 정착되고 꽃을 피웠던 시대는 선종오가의 출현에서 찾아볼 수가 있다. 소위 위앙종(潙仰宗) · 임제종(臨濟宗) · 조동종(曹洞宗) · 운문종(雲門宗) · 법안종(法眼宗)이 성립된 시기를 보면, 위앙종을 필두로 하여 9세기 중엽부터 법안종을 끝으로 10세기 중엽에 이르기까지 백여 년의 시대가 이에 해당한다.

---

16) 당 말기부터 오대 초에 걸쳐 형성된 선종오가의 형성시기와 한국에서 신라 말기부터 고려 초기에 걸쳐 형성된 구산문의 경우에 시대적인 일치가 보인다. 구산문 가운데 마지막에 형성된 수미산문만은 중국의 선종오가 가운데 조동종의 영향을 받아 형성되었지만, 나머지 여덟 산문은 선종오가가 형성된 동시대에 걸쳐 한국에서 독자적으로 형성되었다는 점이 주목된다.

마찬가지로 동일한 시기에 해당하는 신라 말기 및 고려 초기에 형성된 구산선문의 시대를 보면 실상산문을 필두로 하여 9세기 중엽부터 수미산문을 끝으로 10세기 중엽에 걸쳐 형성되었다.

이 점은 구산선문 가운데 마지막에 형성되었던 수미산문을 제외한 8개의 산문이 중국의 선종오가와는 독립적으로 형성되었다는 의미를 지니고 있다. 왜냐하면 수미산문을 제외한 실상산문 · 가지산문 · 사굴산문 · 동리산문 · 성주산문 · 희양산문 · 봉림산문 · 사자산문 등 이상 8개 산문의 조사들은 선종오가의 조사들로부터 직접적으로 법맥을 계승하지 않고, 각각 서당지장(西堂智藏) · 서당지장, 백장회해(百丈懷海) · 염관제안(鹽官齊安) · 서당지장 · 여만(如滿) · 혜은(慧恩), 창주신감(滄州神鑑) · 장경회휘(章敬懷暉) · 남전보원(南泉普願)으로부터 계승하였기 때문이다. 예외적으로 수미산문은 중국의 선종오가 가운데 조동종 제2세에 해당하는 운거도응(雲居道膺)의 법맥을 수용하였기 때문이다.

중국선의 영향을 전승하였으면서도 8개의 산문이 중국의 선종오가의 법맥으로부터 직접적인 전승을 벗어나서 독립적으로 형성된 것은 구산선문에서 전개된 선사상의 면모가 한국적인 토양 속에서 구축되었고 전개되었다는 것을 의미한다.

그 가운데 가장 특징적인 것으로 성주산문 무염국사의

말로 전해지고 있는 「무설토론(無舌土論)」에 보이는 선과 교의 차별,[17] 사굴산문 범일국사의 말로 전해지고 있는 「진귀조사설(眞歸祖師說)」에 보이는 조사선과 여래선의 차이[18] 등을 언급해볼 수가 있다.

우선 전자에 해당하는 선과 교의 차별에 대해서는 신라에 선법이 뿌리를 내리는 과정에서 필요악으로 주장되었다는 점에서 주목된다. 이미 교학이 발전하고 있던 상황에서 수입된 시기에 필요불가결했던 것이지만, 선법의 입장에서는 어느 모로든지 교학보다 선법이 우월하다는 주장이 필요했기 때문이다. 물론 이와 같은 모습은 고려 후반기에 출현한 『선문보장록』에 가장 잘 드러나 있다. 한편 후자에 해당하는 조사선과 여래선의 차이점에 대해서는 선법으로 사람들을 교화하려고 했던 측면에서 단도직입의 방식인가 혹은 자상하게 이끌어주는 방식인가에 따른 분별이었다.

한편 이와 같이 구산선문을 개창했던 조사들에 대해서는 어느 누구의 어록도 남아 있지 않고, 그러한 흔적도 보이지 않은 까닭에 그 선사상의 면모에 대하여 구체적으로 논의하기에는 한계가 따른다. 그럼에도 불구하고 중국 선종사에서 찬술된 전등사서(傳燈史書)인 『조당집』 및 『경덕전등록』 및 한국찬술의 전등사서인 『통록촬요』 등을 통해서 단편적으로나마 구산선문의 조사들에 대한 사상의 특색을 엿볼 수가 있다.

---

17) 『禪門寶藏錄』 卷上, (韓國佛教全書6, pp.473中-474上)
18) 『禪門寶藏錄』 卷上, (韓國佛教全書6, p.474上)

5. 태동기의 선교차별(禪教差別)

한국의 선종사에서 신라 말기부터 고려 초기 곧 9세기 중반부터 10세기 중반에 걸쳐 형성된 소위 구산선문이 지니고 있는 의미와 정체성은 다양하다. 곧 최초로 한국에서 형성된 선문형태라는 점이 그렇고, 그들의 특징으로서 선과 교의 입장에 대하여 일치 혹은 융합보다는 차별의 측면이 강하다는 것이 그러하며, 가지산문(迦智山門)과 희양산문(曦陽山門)과 동리산문(桐裏山門)의 경우처럼 산문의 개산조 내지 그 전승자에 대한 법맥의 난맥상이 그러하고, 중국 조사선 사상의 수입으로 인한 그 전승 혹은 전개에 따른 결과이면서도 한국선의 독자적인 면모가 부각되어 있다는 점 등이 그러하다. 이 가운데 선과 교의 관계에 대해서는 이후로 한국선의 역사에서 지속적으로 교에 대한 선 우위의 차별 및 상호간의 일치 내지 융합의 면모로 전승되어 왔다.

우선 선법 우위의 전통은 구산문 가운데 몇 개의 산문에 보이는 공통적인 요소로 전개되었다. 구산문으로부터 비롯되는 선의 우월의식은 나름대로 연유가 있었다. 그것은 교학에 상대하여 실질적인 우월이라기보다는, 선의 수입이 초기에 해당한다는 점에서 신라의 땅에서 생장하려는 몸짓으로 자파의 존속을 위한 어쩔 수 없는 방편의 성격을 지니고 있었다는 점에 주목할 필요가 있다. 중국의 조사선법의 유입되던 시기에 신라의 불교계는 교학이 크게 발전하여 전개되고 있는 상황이라는 것은 선종의 측면에서도 인정하지 않을 수 없는 것이었다. 다만 교학이 팽배해 있는 사회에 속에서 새로운 사조에 속하는 선법의 특수성을 널리 인식시키고 보급하며 그것이 수용될 수 있도록 하려면 반드시 모종의 장치가 강구되어야 했다. 이러한 상황에서 몇 가지 선리를 새롭게 출현시켰다. 그것이 선법의 측면에서 교학과는 차별되는 입장에 대하여 선법의 우월성을 내세운 것으로 나타났다.

이와 같은 한국선법의 형성 가운데 구산선문에서는 성주산문 무염(無染)의 「무설토론(無舌土論)」, 사굴산문 범일(梵日)의 선교판석(禪敎判釋)에 따른 「진귀조사설(眞歸祖師說)」, 가지산문의 설악도의와 화엄종의 승통 지원(智遠) 사이에 벌어진 종지에 대한 문답19)이 전해온다. 이들 내용은 모두 선과 교의 차별을 논한 것이라는 점에서 공통의 특색을 보여준다. 그것은 선법에 대한 몰이해의 사회에서 당시 상황으로는 비교적 새로운 불법이었던 선법의 전승을 성취하기 위해 애썼던 몇몇 구법승들은 당시의 교학불교와 다른 측면으로 선법을 홍통하고 전승하려는 노력의 결과였다. 그것은 곧 선법이 교학불교와 근본적으로 다르다는 차별화된 전략을 보여주는 것이었다.

그와 같은 노력은 당시 교학자들 가운데서 새로운 불교

---

19)『禪門寶藏錄』卷中, (韓國佛敎全書6, pp.478下-479上)

와 문물을 접촉하고 추구하려는 입당구법의 열망과 부합되
었다. 그 때문에 구산선문의 형성시기에 입당한 유학승들
의 경우는 국내에서 이미 교학을 맛본 사람들이 그 대다수
를 구성하였다. 따라서 이들 가운데는 특히 선과 교학의
차이점을 의도적으로 부각시키려는 인물들이 등장하여 아
직까지 접해보지 못했던 새로운 불법 곧 선법을 전승한다
는 자긍심과 더불어 그 목적을 성취하기 위한 교의적인 장
치를 고안해냈다.

그 일환으로 등장한 것이 곧 당시 유행하던 화엄교학과
조사선법을 비교하는 것이었다. 우선 설악도의와 관련된
내용에서 몰종적(沒蹤跡)이라는 선법의 경우를 찾아볼 수
가 있다. 가령 그 종취(宗趣)를 살펴보면, 수행은 있지만
그 수행은 닦음이 없는 몰수(沒修)이고, 깨침은 있지만 그
깨침은 깨침이 없는 몰증(沒證)이라는 것이다. 곧 조사선법
의 몰종적의 내용은 간접적으로는 서당지장과 백장회해의
영향을 수용한 것이었지만, 입당유학승들에 의하여 초기선
법의 전래부터 신라선의 특징이 되었다. 여기에서 언급하
고 있는 몰종적의 사상적인 전승으로서 무념(無念)과 무수
(無修)는 분별념이 없고 조작행이 없는 묘수(妙修)를 가리
킨다.

이와 같은 본래성불(本來成佛)의 전통은 중국의 선종사
에서 일찍부터 출현하였다. 보리달마가 「이입사행론(二入
四行論)」에서 보여준 것으로 일체중생이 부처님과 동일한

불성을 지니고 있다는 가르침, 이조혜가가 『열반경』과 『능가경』의 심법에 근거하여 보여준 각성(覺性), 삼조승찬이 『신심명(信心銘)』에서 말하고 있는 신(信)과 심(心)의 관계, 사조도신이 『입도안심요방편법문(入道安心要方便法門)』에서 지시하고 있는 본래심의 유지, 오조홍인이 『최상승론(最上乘論)』에서 개시한 마음을 닦는 비결, 육조혜능이 『단경(壇經)』에서 내보이고 있는 본래자성의 활용방식, 남악회양이 혜능에게 답변한 것으로 본래청정한 마음을 오염시키지 않는 것이 수행이고 깨침이라는 법어, 마조도일이 상당법어에서 설파한 도불용수(道不用修)처럼 깨침은 분별의 수행을 초월해 있다는 말, 백장회해가 그대로 노출시켜 보여준 깨침의 당체, 황벽희운이 수용한 홍주종지의 대기(大機)와 대용(大用), 임제의현이 납자들에게 지시해준 주인공의 가르침에는 수처작주(隨處作主)이고 입처개진(立處皆眞) 등으로 전개되었다. 이들 개념은 보리달마 이후 지속적으로 계승되는 조사선의 일반적인 전개였다.

도의가 말하고 있는 몰종적의 선법이란 바로 이에 본래부터 타고난 깨침의 자성과 그것이 활용방식인 무념(無念)과 무수(無修)를 가리킨 것이었다. 그러나 정작 그 경지를 터득하는 데에는 부득불 방편과 언설을 말미암지 않을 수가 없는 까닭에, 도의는 자연의 석가가 없고 천연의 문수가 없다고 말한다.

구산선문의 선리에 보이는 이와 같은 선교의 관계는 구

산선문을 비롯한 다양한 산문을 통하여 점차 전법이 뿌리내리면서 선법의 측면에서는 교학과는 우월하게 차별된다는 관념을 주장하기에 이른다. 그에 대한 기록은 고려시대 진정천책(眞靜天頙)의 『선문보장록』에 집중적으로 수록되어 전한다. 그 가운데 우선 「진귀조사설」의 경우에는 선교차별이면서 동시에 선법 가운데서도 조사선법의 우월성을 강조한 것으로 대표된다. 가령 범일이 진성대왕에게 답하여 선·교의 뜻을 판별해주었다는 내용이 기록되어 있다.

> 명주 굴산사의 범일국사는 진성대왕이 하문하신 선과 교의 뜻에 대하여 다음과 같이 말하였다. "우리의 본사 석가모니는 태어난 이후에 설법으로 일관하였습니다. 먼저 태어나자마자 동서남북으로 일곱 걸음씩 걷고서 천상천하유아독존이라 말했습니다. 나이를 먹은 후에는 성을 벗어나 설산으로 들어갔습니다. 거기에서 별빛을 보고 깨침을 얻었습니다. 그러나 깨친 법이 궁극의 경지가 아님을 알았습니다. 그래서 다시 수개월 동안 조사이신 진귀대사(眞歸大師)를 찾아 유행하였습니다. 이로써 비로소 궁극의 뜻을 전승받았는데, 그것이 곧 교외별전(敎外別傳)의 선입니다.[20]

이것은 석가모니라는 여래가 진귀대사라는 조사에게 심인을 받았다는 것인데 석가여래와 진귀조사 곧 여래와 조사라는 용어에 주목할 필요가 있다. 당시 중국의 선종에서는 조사선의 권위야말로 어떤 선풍보다도 우선이었고 보편

---

20) 『禪門寶藏錄』 卷上, (韓國佛敎全書6, p.474上)

적이었으며 부처님을 대신할 정도였는데 그와 같은 조사의 개념을 진귀조사라는 인물에 투영한 것이다. 여래의 설법과 조사의 직설적이고 현실적인 교화수단을 비교한 것으로 여기에서 비교의 대상에 해당하는 여래선은 교학을 상징하기도 한다. 그 때문에 석가라는 여래와 진귀라는 조사를 등장시켜 그 접화수단의 차이를 비유한 것으로 조사선의 우월성을 강조한 것이었다.

이 점은 선교차별을 넘어서 선법 내에서도 접화방식의 경우에 조사선의 방식이 여래선의 방식보다 우월하다는 모습으로까지 전개되었다. 곧 설악도의 시대 이후에 중국선종의 경우 소위 남종의 돈오적인 전통방식을 계승한 임제종의 흥륭으로 인하여 의리선(義理禪)의 전통보다 격외선(格外禪)의 전통을 강조하는 모습으로 전개되었다. 그 때문에 중국선의 전통을 강하게 수용했던 한국선의 경우에 임제종지만을 정통으로 간주하고 나머지는 방계로 간주하는 주장은, 후대에 태고보우(太古普愚) 및 나옹혜근(懶翁惠勤)의 어록을 비롯하여 청허휴정을 거쳐 환성지안과 백파긍선 등의 저술에서도 지속되었을 뿐만 아니라 오늘에 이르기까지도 예외는 아니다. 한편 「무설토론」에 의거하자면 무염은 직접적으로 선교의 차별을 설명하고 있다.

묻는다. "유설(有說)과 무설(無說)이란 무슨 뜻입니까." 답한다. "앙산혜적은 '유설은 불토(佛土)를 말한 것이므로 중생의 근기에 맞춘 법문이다. 무설은 선을 말한 것이므로 정법안장을 그대로 전승한 법문이다.'고 말했다." 묻는다. "중생의 근기에 맞춘 법문이란 무엇입니까." 답한다. "선지식이 눈썹을 치켜뜨거나 눈동자를 굴리는 것으로 법을 드러내는 것은 모두 중생의 근기에 맞춘 법문이다. 그 때문에 이것을 유설이라 하는데 하물며 언어이겠는가."21)

여기에서 교학은 혀가 있다는 것으로 설법을 의미하는 유설이고, 선법은 침묵을 의미하는 것으로 혀가 없다는 무설로 대비되어 있다. 따라서 유설은 사십구 년 동안 설법을 해온 부처님의 가르침에 비유하고 무설은 상대적으로 말을 아끼는 것으로 보리달마의 침묵에 비유하였다. 이것을 유설의 경우는 중생의 근기에 따라 방편을 시설하는 중생의 근기에 맞춘 법문, 언설을 통하여 가르침을 베푸는 법문, 청정과 더러움을 분별하는 법문이라고 하였다. 그리고 무설의 경우는 부처님의 정법안장을 충실하게 계승한다는 점에서 있는 그대로 전승한 법문, 언설을 초월하여 이심전심하는 법문, 청정과 더러움의 분별조차 초월한 법문이라고 하였다.

또한 무염국사의 질문에 답변한 법성선사의 설명에도 선과 교의 차별의식은 농후하게 드러나 있다. 여기에서 제시된 내용은 어디까지나 선과 교의 차이에 관한 것으로 이루어져 있다. 용상에 앉아 있는 왕은 신하들에게 명령을 내

---

21) 『禪門寶藏錄』 卷上, (韓國佛敎全書6, p.473中-下)

리는 것으로 정사에 임한다. 그러나 국사를 담당하고 있는 모든 관리는 각자가 맡은 임무를 완수하기 위하여 온갖 방법을 동원한다. 이에 신하들이 교학에 비유된다면 왕은 선에 비유된 것이다. 또한 다음과 같은 내용도 있다.

성주화상(聖住和尙)은 항상 『능가경』을 공부하였습니다. 그러나 그것이 조사의 종지가 아님을 알고서 『능가경』을 그만 두고 마침내 입당하여 법을 전수받았습니다. 그리고 도윤화상(道允和尙)은 『화엄경』을 공부하였습니다. 그러다가 '화엄의 원돈의 가르침이 어찌 심인의 선법과 같겠는가.'라고 말하고는 역시 입당하여 법을 전수받았습니다. 『능가경』과 『화엄경』의 경우처럼 교학은 근본이 되지도 못하고 믿을 수 있는 교외별지(敎外別旨)도 아닙니다.[22]

이들 내용은 모두 교학을 공부하고 난 이후에 비로소 궁극적인 선법을 통하여 깨침을 추구할 수 있다는 것을 노골적으로 드러내는 내용이다. 심지어는 선법의 내부에서도 다시 자상한 설명을 가하여 드러내는 소위 교학적인 여래선법보다도 단도직입으로 조사선법의 우위를 강조하는 주장도 제기되었다.

---

22) 『禪門寶藏錄』 卷上, (韓國佛敎全書6, p.474上)

6. 법맥상승(法脈相承)의 착종(錯綜)

중국에서 선종은 6세기 초반의 보리달마로부터 그 연원을 삼는다. 그로부터 오늘날에 이르기까지 면면하게 지속적으로 계승되어 온 까닭은 나름대로 그에 상응하는 요소가 있었다. 그 가운데 하나는 정법안장의 계승을 강조함에 따라 조사로부터 조사로 전승되는 법맥의 형성과 그 강조를 들 수가 있다. 이를 위하여 여러 선종에서는 나름대로 법맥에 관련한 자파의 전등사서(傳燈史書)를 편찬하기도 했을 뿐만 아니라, 여의치 못한 경우에는 소위 날조까지도 비일비재하게 감행하였다. 그럼으로써 법맥에 대한 역사에서 그럴듯한 허구성이 가미되었는가 하면, 오히려 날조된 사실에 근거하여 더욱 세련된 선종의 역사가 전개되었고, 나아가서 날조된 법맥이 나름대로 명분을 확보하는 결과로 드러내기도 하였다. 이런 점에서 선종에서 법맥의 날조가 차지하고 있는 위상과 의의는 결코 부정할 수 없을 정도로 또 하나의 역사를 형성해왔던 것도 사실이다.

그런데 선종에서 내세우는 법맥의 형성은 불교가 중국에 수입된 이후로 중국문화의 수용과 밀접한 관련이 있다. 그것은 불교의 수입 이전부터 중국문화의 근간을 형성하고 있었던 유교문화에서 장자(長子)를 중심으로 형성되어 전승해오던 가문중시의 문화와 그에 따른 정통(正統)과 방계(傍系)의 문제 등과 결부되어 있었다. 불교가 중국에 수입되던 즈음에는 불교는 하나의 외래종교에 불과하였을 뿐만 아니라, 이미 중국의 사회 및 문화 속에 정착하여 모든 사람의 일상생활에서 세련되고 화려하게 전개되고 있던 유교문화에 비하여 대단히 초라한 모습이었다. 그와 같은 불교가 중국의 사회에서 정착하고 뿌리를 내리기 위해서는 중국이라는 현지의 문화를 존중하지 않을 수 없는 상황이었다. 따라서 기원을 전후하여 시작된 불교의 중국 정착, 나아가서 6세기 무렵부터 시작된 선종의 역사에서 자파가 현지에 적응하기 위해서는 모종의 방편과 기관과 장치가 반드시 필요했다.

그 가운데 하나의 방법은 유교문화의 영향을 받아 가문을 중시하는 문화와 상응하는 방식으로 선종 조사들의 계보로서 소위 전등사서를 편찬하는 것이었다. 이와 같은 방식은 불법의 상승이라는 점에서 반드시 필요한 장치였을 뿐만 아니라 선종의 측면에서는 자파의 전승과 정통성의 홍보를 위해서도 필요불가결한 것이었다. 선종에서 출현한 그 시작은 천태종에서 자파의 24대조사설, 『부법장인연전(付法藏因緣傳)』 및 『달마다라선경(達摩多羅禪經)』 등을 원용하여 8세기 후반에 남종에서 『단경』의 편찬에 즈음하여 주장한 과거칠불 - 인도의 28대조사 - 중국의 6대조사 등 불조(佛祖) 40대설로 나타났다. 불(佛)로는 비바시불(毘婆尸佛)을 비롯하여 가섭불까지 7불, 조사(祖師)로는 마하가섭(摩訶迦葉)으로부터 보리달마(菩提達磨)에 이르는 인도의 28조, 보리달마로부터 조계혜능(曹溪慧能)에 이르는 6조사

설 등이 780년을 전후로 하여 출현한 『단경』에서 그 명칭
이 처음으로 확정됨으로써 정법안장의 정통성이 조계혜능
(曹溪慧能)에게 전승되었다는 주장이었다.

물론 그 과정에는 때로 역사성이 확고하지 못하다는 점
은 충분히 감안해야 할 문제이다. 그러면서도 혜능의 남종
계통에서는 돈황본 『단경』을 통하여 이것을 소위 정통의
증명으로 활용함으로써 이후 801년에 지거(智炬)에 의하여
출현한 『보림전(寶林傳)』 10권에서 불조들의 법어까지 수
록함으로써 명실상부한 정통의 확립이라는 의의를 보여주
었다. 이후로 오대시대에는 정(靜)과 균(筠)에 의하여 952
년에 『조당집(祖堂集)』 20권으로 계승되었고, 송대에는 도
원(道原)에 의해 1004년에 『경덕전등록(景德傳燈錄)』 30권
이 편찬됨으로써 전등사서로서 부동의 지위를 확보하게 되
었다.

이와 같은 불조의 법맥에 대한 전승의 강조는 구산선문
의 조사들에게도 큰 영향을 주었다. 그 가운데 희양산문
(曦陽山門)과 동리산문(桐裏山門)의 경우에는 전법조사에
대한 법맥에 대하여 눈여겨볼 만한 점이 엿보인다. 희양산
문의 경우에 봉암사를 중심으로 형성되어 있다. 그런데 그
개산조사로 간주되고 있는 도헌국사(道憲國師: 824-882)
는 봉암사와 인연이 없는 것은 아니지만 오히려 현계산(賢
溪山) 안락사(安樂寺)의 지증대사(智證大師)로 통칭되고 있
는 점도 법맥의 문제와 관련되어 있다. 곧 현재 구산선문

의 법맥에서 도헌국사의 법맥은 백엄양부(伯嚴楊孚: ?-917) 그리고 손제자에 해당하는 정진긍양(淨眞兢讓: 878-956)에게로 전승되고 있다. 최치원이 쓴 『지증대사비명』에 의하면 도헌은 중국선종의 제4조 쌍봉도신 - 법랑 - 준범 - 혜은 - 도헌으로 계승되어 있다. 그리고 중국선종에서 혜능 - 청원행사 - 석두희천 - 약산유엄 - 도오원지 - 석상경제 - 곡산도연 - 정진긍양으로 계승되었다. 그러나 정진국사 긍양의 비문에서는 혜능 - 남악회양 - 마조도일 - 창주신감 - 쌍계혜소 - 현계도헌 - 백엄양부 - 정진긍양으로 바뀌어 전한다. 이와 같은 점은 당시에 중국선종에서 소위 정통으로 간주되고 있던 남종의 법맥에다 상승(相承)시켰다는 허구가 강하게 부각되어 있다.

한편 동리산문의 경우는 개산조가 적인혜철(寂忍慧哲: 785-861)인데, 그 사법계통은 두 가지 흐름을 보여준다. 첫째는 혜철의 사법제자는 태안사 계통으로는 ㅁㅁㅁ여(ㅁㅁㅁ如)이고, 이후 광자윤다(廣慈允多: 864-945)에게로 전승되었다. 둘째는 혜철의 사법제자는 옥룡사 계통으로는 선각도선(先覺道詵: 827-898)이고, 이후 동진경보(洞眞慶甫: 869-947)에게로 계승되었다. 이들 두 가지 계통의 법맥에 대해서는 후자의 경우 역사적인 사실을 아예 무시한 날조인 까닭에 그대로 인정하기가 어렵다. 왜냐하면 그 증거로서 도선국사의 비문을 들고 있지만, 그 비문 자체가 도선국사 입적 이후 252년 후에 제작된 것임을 감안하면 더욱 그렇다. 이 문제에 대해서는 이미 학계에서 논의된 내용이 있기 때문이다. 그래서 도선국사와 동진경보의 법맥은 실제로는 동리산문의 선법에 포함시킬 수 없는 것으로 이해해야 한다. 그럼에도 불구하고 당시에 이와 같은 날조에 가까운 법맥이 만들어지고 전승되어 온 것은 법맥에 대한 막연한 신뢰와 더불어 그것을 바탕으로 자파의 입지를 주장하려는 것이었음은 불문가지이다.

이처럼 구산선문의 조사들에 대하여 역사적인 사실과 상당히 먼 내용이 다수 포함되어 있는 것은 비단 구산선문에만 해당하는 것은 아니다. 이미 중국의 선종사에서도 이와 같은 모습은 비일비재하게 출현해왔다. 그 가운데서도 가장 노골적인 모습으로 출현하여 실제로 중국의 선종사에 큰 영향을 끼쳤던 모습은 마조도일의 계통에서 나타난 반야다라(般若多羅)의 예언에 관한 것이었다. 반야다라는 보리달마의 스승으로 인도의 제27대 조사이다. 반야다라는 보리달마에게 전법하면서 '그대의 먼 후손 가운데 망아지 한 마리가 출현하여 천하를 짓밟아버릴 것이다.'는 유훈을 내려주었다. 그런데 마조의 후손들 가운데는 무모하게도 이 예언을 현실적으로 구체화하려는 움직임을 보였다. 바로 망아지는 마조도일이고, 천하를 짓밟아버린다는 것은 마조의 법손이 선종의 세력을 장악한다는 것으로 이해하였다. 따라서 선종의 제종파는 마조의 법맥으로부터 유래한 것이 되어야 한다는 발상으로부터 소위 법맥을 날조하는 작업을 진행하였다.

실제로 중국선종에서 조계혜능 - 청원행사 - 석두희천 - 천황도오(天皇道悟) - 용담숭신 - 덕산선감 - 설봉의존의 법맥이 출현하였다. 설봉의존으로부터 다시 하나는 운문문언의 법맥이고, 다른 하나는 현사사비 - 나한계침 - 법안문익의 법맥이다. 그런데 마조문하의 후손에서는 반야다라의 예언을 역사적인 사실로 믿고 그것을 성취하기 위하여 그 일환으로 가공의 인물을 내세웠는데 그가 바로 마조도일의 문하인 천왕도오(天王道悟)이다. 그리고 이 천왕도오가 다름이 아니라 천황도오와 동일한 인물이라고 주장하였다. 그럼으로써 천황도오의 문하에서 분파한 운문문언의 운문종(雲門宗) 그리고 법안문익의 법안종(法眼宗)이 모두 마조도일의 법맥에 속한다고 주장하였다. 이로써 보면 결과적으로 선종오가 가운데 조동종(曹洞宗)만 제외하고 네 종파가 모두 마조도일의 법맥으로부터 출현한 셈이 되어 반야다라의 예언이 부분적으로 실현되었다는 것이다. 이와 같은 법맥의 날조와 그에 대한 주장은 당시부터 상당한 힘을 지님으로써 이후 명대 말기 청대 초기에 이르도록 중국의 선종사에서 아무런 의심이 없이 전승되어 왔다.

이에 대하여 명말 청초에 백암정부(白巖淨符)는 『법문서귀(法門鋤宄)』를 저술하여 그와 같은 주장은 법맥의 날조일 뿐만 아니라 명백한 허구라는 것을 해명함으로써 중국의 선종사에서는 일단락되었다.[23) 이에 천왕도오는 날조이

---

23) 김호귀, 「청허휴정의 오가법맥 인식의 배경에 대한 고찰」, 『한국선학』22

고 천황도오가 실제의 인물이라는 평가가 보편적으로 수용
되었다. 그러나 그와 같은 중국선종의 상황을 아무런 의심
이 없이 수용했던 조선시대 선종계에서는 날조된 법맥의
주장이 한국의 선종사에 이르기까지 오랫동안 직접적으로
영향을 주었다. 심지어 중국의 선종사에 이미 천왕도오라
는 인물은 허구적인 인물이라는 것이 결판났음에도 불구하
고 애써 그것을 외면하고 기존의 날조된 법맥의 전통을 그
대로 수용하였다. 그 결과 조선중기 청허휴정의 『선가귀감
(禪家龜鑑)』24)을 비롯하여 환성지안의 『선문오종강요(禪門
五宗綱要)』,25) 나아가서 백파의 『선문오종강요사기(禪門五
宗綱要私記)』26) 및 기타 20세기 초의 『용성선사어록』27)에
이르기까지 한국선에서도 지속되었다.

천오백여 년에 이르는 오랜 선종의 역사에서 이와 같이
법맥의 정통성에 대한 강조는 뿌리 깊게 오늘날까지 계속
되고 있다. 법맥을 강조하는 전통이 선종사에서 순기능의
역할을 해온 것은 물론이다. 선종의 전통이 계승되고 유지
되어 온 측면만이 아니라 선종의 역사를 체계적으로 살펴
볼 수 있게 되었다는 점도 그렇다. 그러나 그 역기능의 역
할도 또한 부정할 수 없는 점이 있다. 그것은 순수한 선법
의 형성과 전개와 발전보다도 오히려 당시의 물리적인 세

---

24) 『禪家龜鑑』, (韓國佛敎全書7, p.644中-下)
25) 『禪門五宗綱要』「序」, (韓國佛敎全書9, p.459上)
26) 김호귀, 『선과 선리』, (서울: 하얀연꽃, 2013) pp.81-83.
27) 『백용성대종사총서』1 「선사상」, (서울: 동국대학교출판부, 2016)
   p.95 ; p.99.

력의 영향을 벗어나지 못하는 측면에 의지할 수밖에 없었다는 점이다.

그럼에도 불구하고 이와 같은 날조 혹은 허구의 역사는 모든 역사의 경우에도 예외는 아니다. 다만 처음에는 허구와 날조로부터 시작되었을지라도 그것이 오랜 세월 동안 정착됨으로써 또 하나의 역사로 자리매김하고 있다는 것까지는 부정할 수가 없다. 따라서 구산선문에 보이는 몇 가지 법맥의 혼란은 지금에 와서 고스란히 돌려놓을 수는 없는 점이 있다. 설령 그것이 가능하다고 할지라도 무슨 의미가 있겠는가. 어쩌면 그와 같은 날조와 허구까지도 선법의 역사로서 인정해야만 더욱 보편적이고 다양하게 그 본의를 이해할 수 있을 것이다.

7. 수미산문(須彌山門)의 조동선풍(曹洞禪風)

한국선의 수입과 태동의 역사는 중국선과 관련성을 차치하고는 논의하기가 어렵다. 당연한 결과이겠지만 지리적인 조건뿐만 아니라 종교, 문화, 사회, 경제, 정치 등 종합적인 측면에서 우리나라보다 일찍 발전을 구가했던 중국의 불교 역사는 자연스러운 현상으로 인근지역에 보급되어갔다.

신라말기에 수입된 선법의 경우에도 예외가 아니었다. 그 시작점을 중국선종의 제사조 도신의 동산법문에다 두고 있는 점은 보편적인 상식에 속한다. 이후로 신라 말기 고려 초기에 본격적으로 형성된 소위 구산선문의 성격은 이런 점과 비교하여 한국선의 특수성을 잘 보여주고 있다. 주지하듯이 중국선종의 경우에 당대 말기 및 오대 초기의 백여 년이라는 시기에 걸쳐 형성되었던 선종오가와 거의 동시대에 같은 시기에 걸쳐 신라 및 고려에서 형성되었다는 점에 국한하여 살펴보아도 구산선문은 한국선에서 나름대로 의미를 지니고 있다. 그 가운데서도 중국선의 영향을 지대하게 수용하면서도 고려시대에 나름대로 독자적인 선풍을 구가했던 조동가풍의 수미산문은 선종오가 가운데 가장 일찍이 그리고 가장 활발하게 중국법맥을 수용하여 전개시켰다는 점에서 주목된다.

수미산문의 형성은 구산선문 가운데 가장 늦은 시기에

형성되었을 뿐만 아니라, 유일하게 중국선 가운데 조동종의 직접적인 영향을 받아 형성되었던 점에서 기타의 여덟 개의 산문과 차별되기도 한다. 중국의 조동종은 동산양개(洞山良价: 807-869)와 그의 문하인 조산본적(曹山本寂: 840-901) 및 운거도응(雲居道膺: ?-902)으로 계승되면서 본격적으로 형성되고 전개되었다. 이 가운데 신라의 유학승이 조산본적의 문하에는 보이지 않음에 비하여 운거도응의 문하로 많이 모여들었다. 거기에는 그만한 이유가 있었다. 그것은 행지면밀(行持綿密)한 조동가풍의 성격이 크게 작용하였기 때문이다.

중국 조동종의 가르침에 보이는 성격에 대해서는 『조당집』 제8권의 내용을 엿볼 수가 있다. 곧 생사일대사(生事一大事)를 결택해야 한다. 결택할 때엔 마치 얇은 얼음을 밟듯이 하고, 부지런히 지극한 도를 추구할 때엔 마치 머리에 붙은 불을 끄듯이 해야 하며, 마치 불길이 몸을 핍박하는 것처럼 반드시 모든 반연을 버리고 그 가운데 뛰어들어 사사물물에 투철해야 한다는 것이었다.

여기에는 출가납자로서 자기의 주체성을 확립할 것과 생사일대사를 해결해야 할 것을 고구정녕하게 설하고 있다. 의·식·주와 행·주·좌와의 전반에 걸쳐 일상의 수행생활과 밀착된 구체적인 질문을 들어서 가르치고 있는 것을 보면 운거가 지도했던 교단의 남다른 점이 엿보인다. 이것은 특히 조동종에서 내세우고 있는 주도면밀(周到綿密)하고 용의주도(用意周到)한 정신을 잘 드러내주고 있는데, 그 선풍이 바로 괄골선(刮骨禪)이었다.

평소의 행위에서 어느 것 하나도 흐트러지는 모습이 없이 마치 뼈를 깎아내듯이 엄격한 수행과 자기 자신에 대한 의지의 자립을 강조한 말이다. 동산양개의 괄골선은 운거도응이 계승하였다. 괄골선은 선자들이 일상에서 사용하고 있는 언어에 대한 집착을 철저하게 배제하고 자기 자신에 의하여 언어가 지니고 있는 진실한 의미를 자각할 것을 강조하는 선풍을 가리킨다. 그것은 마치 신체에 들어간 독은 뼈를 쪼개 도려내지 않으면 안 되는 것과 같은 점에 비유한 것이다. 독이란 분별을 의미하는데, 언어로 표현된 관념을 특별하게 중시하는 것을 가리킨다.

그리고 당대 말기 당시의 선지식들 가운데 많은 사람은 특수한 언어방식이나 방(棒) 및 할(喝)과 같은 수단을 사용하여 제자들이 허장성세(虛張聲勢)를 부리는 경향으로 기울어가는 것을 꾸짖는 교화방편으로 활용하는 방법을 유행시켰다. 그러한 것과 구별되는 동산의 준엄한 선풍으로 출현한 것이 바로 괄골선이었다. 그리고 수행으로 얻게 되는 결과로서 공훈(功勳)에 떨어지는 것, 이를테면 깨침의 세계에 안주하는 것까지도 강하게 경계하였다. 깨침에 안주하는 것마저 경계한 것은 이후로 조사선풍의 전통으로 정착되었다. 이와 같은 출가인의 마음자세에 대한 강조는 당시에 해동의 사무외대사(四無畏大士)라고 불렸던 이엄(利嚴)·

경유(慶猷)·형미(迥微)·여엄(麗嚴) 등28) 기타 고려 초기에 중국의 조동종풍을 해동에 전래한 선자들의 면밀한 행지와 깊은 관련을 찾아볼 수가 있다.

이엄은 속성이 김(金)씨인데, 오늘날의 충남 서산 태안면에서 870년에 태어났다. 출가하였고, 17세 때 구족계를 받았으며, 그로부터 지계청정의 삶으로 주도면밀하고 용의주도한 가풍을 몸에 익혔다. 27세(896) 때 따라 입당하여 운거의 문하에서 수행하여 인가를 받고 42세(911)에 귀국하였다. 이후 승광산(勝光山)의 사찰에 12년 동안 주석한 후에 영각산(靈覺山)의 토굴에 주석하자 귀의하는 사람이 많았다. 그때 태조의 칙명을 받고 왕사가 되어 태흥사(泰興寺)에 주석하였다. 63세(932) 때 개경의 서쪽 해주의 남쪽에 광조사(廣照寺)를 짓고 주석하다가 67세(936)에 좌화(坐化)하였다.

이엄의 가르침인 "대저 도란 곧 사람들의 마음에 있는 것이지 대상의 경계에 있는 것이 아니다. 그리고 나 자신을 말미암아 얻어지는 것이지 결코 타인으로부터 얻어지는 것이 아니다."는 내용은 일찍이 운거로부터 받은 가르침을 고스란히 수용한 것이었다. 이엄이 운거를 친견하고 인가받은 내용은 "도가 사람을 멀리하는 것이 아니다. 그리고 사람이 도를 넓히는 것이다. 동산의 종지가 다른 사람에게 있는 것이 아니다. 동산의 법을 중흥시킬 자는 바로

---

28) 『朝鮮佛敎通史』 卷3, (大藏經補編31, p.559中)

그대이다. 이제 내 가르침은 그대로 말미암아 동국으로 흘러갈 것이니, 시절인연을 놓치지 말라."는 것이었다. 이와 같이 면밀한 팔골선의 전승자로서 운거의 인가를 받은 이엄은 귀국한 이후에도 항상 게으름이 없었고, 조금도 피로를 느끼지 않았다고 전한다. 이엄은 태조의 후원을 받아 수미산의 일파를 이루었다.

경유의 속성은 장(張)씨이다. 15세(885) 이후로 선지식을 참하였고, 18세(888) 때 구족계를 받았다. 이후 선법을 닦기 위하여 입당하여 운거도응에게 참문하였다. 운거도응은 "말을 걸어보면 선비임을 알고 얼굴을 보면 그 사람의 마음을 알 수 있는 법이다. 그러니 이러한 사람이라면 그는 곧 만 리에 떨어져 있어도 그 교화를 떨치는 사람이기 때문에 천 년에 한 번 만날까 말까 하는 사람이라 할 수 있다."고 하면서 심인(心印)을 전승하였다. 38세(908) 때 귀국하였지만 전란을 피해 산속에 묻혀 살았지만 고려의 태조는 경유를 왕사로 예우하였다.

형미의 속성은 최(崔)씨이다. 장흥 보림사로 가서 보조체징(普照體澄)의 가르침을 받았다. 19세(882) 때 화엄사에서 구족계를 받고 입당하여 운거도응을 친견하자, "그대가 돌아왔으니 미리 올 것을 알고 있었다. 그대가 법을 펴고자 하니 법의 보배가 감추어져 있는 곳을 알려 주겠다."라고 기뻐하였다. 42세(905) 때 귀국하여 무위(無爲)의 갑사(甲寺)에 주석하였다. 태조의 청을 받고 개경에 나아가서 자취가 끊어진 공사상에 대한 법문을 하고 선리(禪理)를 설하였다. 54세(917)의 나이로 입적하였다.

여엄의 속성은 김(金)씨이다. 9세(870) 때 무량갑사(無量壽寺)의 주종법사(住宗法師)에게 출가하고 화엄교학을 익혔다. 19세(880) 때 구족계를 받고, 이후 안거를 나면서 계를 철저하게 지켰다. 이후 선종에 입문하여 보령 성주사 광종무염국사(廣宗無染國師)에게 참문하고 입당하여 운거도응의 문하에 들어갔다. 이에 운거도응은 '그대와 이별한 지가 그다지 멀지 않은데 여기에서 다시 만나게 되었구나. 내가 여기에 있을 때 그대가 찾아온 것이 다행이구나.'라고 하면서 여엄을 위해 법을 아끼지 않았다. 법을 전수받고 귀국할 즈음에 운거는 '그대가 나면서 울 곳은 바로 고국이니 속히 돌아가거라. 내가 바라는 바는 진공(眞空)을 진작하여 우리의 선종을 빛나게 하며 법요를 잘 보존하는 책임이 그대에게 있음을 명심하라. 그리고 시기를 놓치지 말라.'고 하였다. 48세(909) 7월에 귀국하여 충주 월악산과 경북 영주에 머물다가 소백산으로 들어갔다. 이후 태조의 초청을 받아 개경에 나아갔고, 태조의 주선으로 지평의 보리사(菩提寺)에 들어가 교화를 하다 69세(930) 때 입적하였다.

이들 사무외대사(四無畏大士) 가운데 형미와 여엄은 공사상에 근거한 가르침을 펼쳤고, 이엄과 경유는 심법의 본성을 깨쳐 일상화에 근거한 법을 펼쳤다. 이것은 사무외대사가 지니고 있는 사상의 전반적인 기조는 당시 전란으로 혼란했던 국내의 상황에 적절하게 대처하는 방식에서 기인한 것이었다.

이와 같은 점은 중국에서 선종이 일찍이 경험했던 법난의 상황과 아주 유사한 점이기도 하였다. 그러나 당시까지 주로 산악형의 자급자족을 유지하고 있었던 선종의 교단은 법난을 계기로 하여 오히려 교학불교와 상대적으로 새롭게 번창하여 독자적이고 개성이 넘치는 선풍을 드날리게 되었다. 곧 전통적인 경전의 연구나 주석과 틀에 박힌 계율의 생활을 벗어나 임운무작(任運無作)의 일상생활을 실천하였는데, 그러한 평상시의 생활에서 불법의 참된 정신을 구현하는데 앞장섰던 선자들의 입장에서는 오히려 당시까지의 일체의 형식과 교의에 걸림이 없이 자유로운 선풍을 펼칠 수 있는 전환기가 되었다. 그것은 한결같이 위의(威儀)가 적절하게 갖추어진 선자들의 면모가 드러나 있기 때문이다.

중국에 유학하여 이와 같은 행지면밀의 조동가풍을 전승한 신라의 선자들은 몇 가지 공통적인 모습을 보여주고 있다. 첫째는 일찍이 유학했던 선법 전래자들과 마찬가지로 국내에서 교학을 공부하고 새롭게 눈뜬 선법에 대하여 그 한계를 느끼고 입당하였다. 둘째는 귀국하여 왕실과 유대관계에 의하여 왕사 내지는 국사에 책봉되어 실질적인 국사의 자문역할을 하였다. 셋째는 수미산의 이엄과 동리산문의 경보(慶甫)를 제외하고는 소위 구산선문과 관련이 거의 보이지 않는다. 넷째는 현실생활에 대한 강한 긍정의 사고방식을 지니고 있었다.

그것은 사무외대사를 비롯하여 운주(雲住) 및 경보, 기타 다수 조동선법의 전래자들이 활동했던 시기는 고려가 삼국통일을 달성하기 이전으로 아직은 전란이 계속되고 있는 무렵이었다. 따라서 현실생활에 대한 강한 긍정의 사상과 아울러 그로부터 초연하려는 공사상의 기반이 동시에 공존할 수 있는 적절한 시절이었기에 가능하였다. 이처럼 조종종풍의 성격이 일상생활 속에서 주도면밀하고 용의주도한 사상이었기에 그 시기에 가장 소용되는 가르침으로 역할을 할 수가 있었다. 이것이 바로 나말여초의 제2기 선법 수입기에서 선종오가 가운데 조동종풍이 주류로 전래된 이유였다.

8. 위앙종풍(潙仰宗風)의 전개

한국의 선종사에서 소위 나말과 여초에 출현했던 구산선
문에는 포함되어 있지 않지만, 중국 선종오가 가운데 위앙
종(潙仰宗)의 전승으로 형성된 오관산 순지(順之)의 역할은
몇 가지 점에서 주목된다. 첫째는 중국 위앙종의 선풍을
전승했다는 점이고, 둘째는 당시에 팽배해 있던 화엄교학
과 선의 융합을 보여주었다는 점이며, 셋째는 선리의 이해
를 위하여 다양한 원상(圓相)을 활용했다는 점이다.

순지화상

오관산 순지(順之)의 행적에 대해서는 그의 비문인 「요
오화상비(了悟和尙碑)」 및 기타 『조당집』29) 등을 통해서
엿볼 수가 있다. 이에 의하면 평안도 패강(浿江 현 대동
강) 지역 출신으로 속성은 박(朴)이고 생몰은 미상이다. 황
해도 오관산(五冠山) 오관사(五冠寺)에서 삭발하고, 속리산
으로 가서 구족계를 받았다. 헌안왕 2년(858)에 입당하였
고, 중국 위앙종의 조사인 앙산혜적(仰山慧寂: 807-883)
에게 공부하였고, 그 법을 계승하였다. 거기에서 순지가
앙산에게 공부한 모습은 마치 안회(顔回)가 공자(孔子) 곁

---

29) 『祖堂集』 卷20, (高麗大藏經54, p.356上 이하) ; 『人天眼目』 卷
    4, (大正新脩大藏經48, pp.321下-323上)

에 머무는 것과 같고, 가섭이 부처님의 앞에 머무는 것과 같았다고 전한다. 귀국한 연대는 알려져 있지 않다.

이후 874년에는 신라의 왕실에서 송악군(松岳君)의 원창 왕후(元昌王后) 및 아들인 위무대왕(威武大王)이 오관산 용 암사(龍巖寺)를 희사하였는데, 이후에 서운사(瑞雲寺)로 개 칭하였다. 65세에 입적하였는데, 호는 요오(了悟)이며, 탑 명은 진원(眞原)이고, 제자로 승현(曾玄), 낭허(朗虛), 영광 (슈光) 등이 있다.

표상현법의 원리

순지의 선사상의 근본은 표상현법(表相現法, 圖相現法)과 삼편성불론(三遍成佛論)의 내용에 잘 드러나 있다. 순지에 게는 독립된 어록이 남아 있지 않다. 그러나 『조당집』 권 20에는 중국의 어떤 선사보다도 많은 지면이 순지에 대한 기록으로 남아 있다. 이것을 독립적으로 다루면 순지의 어 록으로 취급해도 손색이 없을 정도로 순지와 관련된 문답 과 법어가 수록되어 있다.

우선 순지가 보여준 표상현법이란 형상을 드러내어 불법 의 이치를 설명한다는 것인데, 주로 원상을 활용한 까닭에 원상현법이라고도 말한다. 이를테면 갖가지 부호 · 상징 · 그림 등을 제시하여 선의 이치를 보여주는 방식이다. 그래 서 위앙종의 표상현법은 방(方)과 원(圓)이 잘 계합된다는

의미에서 방원묵계(方圓黙契)라고도 한다. 『조당집』에는
구체적으로 18종이 수록되어 있다. 이후 고려시대에는 지
겸(志謙: 1145-1229)이 『종문원상집(宗門圓相集)』을 편찬
하였는데, 이것은 선어록에 제시되어 있는 표상현법과 관
련된 법어 내지 원상을 집대성한 것이다.[30]

　이러한 원상의 문헌 계보는 송대에 목암선경(睦庵善卿)
이 짓고 1154년 중간(重刊)한 『조정사원(祖庭事苑)』, 회암
지소(晦巖智昭)가 1188년에 편찬한 『인천안목(人天眼目)』,
희수소담(希叟紹曇)이 1254년에 편찬한 『오가정종찬(五家
正宗贊)』 등으로 이어졌는데, 고려의 『종문원상집』과 더불
어 유사한 시대적 조류가 엿보인다.

　이들 문헌을 통해서 살펴보면 원상의 방법을 처음으로
주창한 인물은 남양혜충(南陽慧忠: ?-775)이었다. 혜충은
어느 날 한 승이 찾아오자 손으로 땅에다 원상을 그려놓고
그 안에 일(日)이라는 글자를 써넣었다. 이로부터 혜충은
96가지 원상을 확보하고 그것을 종합하여 납자들을 교화
하는 방식으로 활용하였다. 혜충은 일찍이 무정설법(無情
說法)을 처음으로 활용한 선사로 알려져 있는데, 표상현법
의 경우도 이를테면 그 연장선에 놓여 있다. 혜충이 활용
한 96종의 원상은 그의 제자 탐원응진(耽源應眞)에게 전승
되었다. 응진은 이것을 활용하여 예언적인 참기(讖記)와 함
께 위앙종의 조사인 앙산혜적에게 전승하였는데, 앙산은

---

30) 『宗門圓相集』, (韓國佛教全書6, pp.71上-89上)

그것을 위앙종풍으로 확립하였다. 이후에 앙산에게서 요오 순지가 수용하여 신라에 전하였다.

이들 96종의 원상에 대하여 일찍이 명주(明州)의 양화상(良和尙)이 40칙으로 정립하였는데, 그것이 상징하고 있는 개념으로 보면 여섯 가지 명칭으로 분류된다. 하나, 원상(圓相)은 절대의 진실인데 그 자체로 드러난 것이 일원상이라는 것이다. 둘, 의해(義海)는 모든 삼매의 뜻이 일원상에 포함되어 있다는 것이다. 셋, 암기(暗機)는 주·객의 대립이 발생하기 이전의 작용을 가리킨다. 넷, 자학(字學)은 일원상이야말로 불변의 뜻을 나타내는 글자라는 것이다. 다섯, 의어(意語)는 일원상이 불변의 뜻을 나타내는 근본적인 의미라는 것이다. 여섯, 묵론(黙論)은 일원상이 불변의 뜻을 나타내는 근본적인 의미에 부합되어 있다는 것이다. 이러한 여섯 가지의 명칭은 원상이 본래부터 그 자체에 지니고 있는 다양한 측면만이 아니라 그 작용에서도 마찬가지로 교화의 방식으로 활용된다는 의미이다.

표상현법의 교화방편

(1) 순지는 〇을 표현하여 불법을 나타냄으로써 납자들에게 깨침을 증득하는 것에 빠르고 더딘 차이가 있음을 보여주었다. 그것이 소위 첫째는 사대팔상(四對八相)이고, 둘째는 양대사상(兩對四相)이며, 셋째는 사대오상(四對五相)

이다.

① 첫째, 사대팔상은 불성(佛性) 및 불성을 깨닫는 행위를 상대시킨 것으로서 일종의 교화방편에 속한다.

제일대는 소의열반상(所依涅槃相)[○] 대 우식인초상(牛食忍草相)[⊕]이다. 소의열반상[○]은 열반에 의지하는 형상이기 때문에 이불성(理佛性)의 형상이라고도 말하고, 불성을 활용하는 형상이라고도 말한다. 우식인초상[⊕]은 마음을 의미하는 소가 깨달음을 의미하는 원상[○]에 계합된 것이므로 견성성불상(見性成佛相)이라고도 말한다.

제이대는 삼승구공상(三乘求空相)[⊕] 대 노지백우상(露地白牛相)[⊕]이다. 삼승구공상[⊕]은 삼승이 공을 추구함에 점차적으로 불성을 터득한다는 것이다. 노지백우상[⊕]은 일승을 가리키는 백우(白牛)로서 법신을 터득한 모습으로 방편이 아닌 진실을 가리킨다.

제삼대는 계과수인상(契果修因相)[⊕] 대 인과원만상(因果圓滿相)[⊞]이다. 계과수인상[⊕]은 과에 계합하는 인을 닦는 모습을 나타낸다. 인과원만상[⊞]은 인(因)과 과(果)가 모두 원만한 모습을 나타낸다.

제사대는 구공정행상(求空精行相)[○의 아래에 牛字가 있다] 대 점증실제상(漸證實際相)[⊞]이다. 구공정행상[○의 아래에 牛字가 있다]은 여법하게 수행하여 공을 깨닫는 모습을 나타낸다. 점증실제상[⊞]은 점차적으로 깨달음을 얻는 모습을 나타낸다.

② 둘째, 양대사상은 원상[○]과 수행하는 사람의 관계를 설정한 것으로 허(虛)를 버리고 실(實)로 나아가는 수증관을 보여준다.

제일대는 상해견교상(想解遣敎相)[○의 안에는 人字가 있고, 아래에는 牛字가 있다] 대 식본환원상(識本還源相)이다. 상해견교상[○의 안에는 人字가 있고, 아래에는 牛字가 있다]은 분별상과 분별지해를 일으키는 교학을 버리는 모습을 나타낸다. 식본환원상[○의 위에 牛字가 있다]은 근본[本]을 이해하여 근원[源]으로 돌아간다는 모습을 나타낸다. 병은 없애고 법은 남겨주는 것을 의미한다.

제이대는 미두인영상(迷頭認影相)[○의 안에 人字가 있고, 아래에는 牛字가 있다] 대 배영인두상(背影認頭相)[⋀]이다. 미두인영상[○의 안에 人字가 있고, 아래에는 牛字가 있다]은 머리를 모르고 그림자에 홀린 것으로 마음이 부처인 줄 모르고 밖으로 헤매는 모습을 나타낸다. 배영인두상[⋀]은 그림자를 물리치고 머리를 찾은 것으로 회광반조(廻光返照)의 모습을 나타낸다.

③ 셋째, 사대오상은 네 개의 상[四相]은 상대가 있지만, 마지막 하나의 상(相)은 상대가 없는 것이다.

제일대는 거함색개상(擧函索蓋相)[( ] 對 ○이다. 거함색개상은 원상 안에 왼쪽 반원의 모습만 있는 것이다. 함(函)을 의미하는 오른쪽 반원[ )]에다 뚜껑을 의미하는 왼쪽 반원[( ]을 씌워서 원만한 모습[○]을 만들어가는 것이다.

제이대는 파옥멱계상(把玉覓契相)[○] 對 ⊛이다. ○은 옥(玉)을 가지고 서로 계합되는 것을 찾는 모습이다. 누가 이 원상의 뜻을 물으면 ○ 안에다 아무 글자나 써준다는 것이다.

제삼대는 조입색속상(釣入索續相)[△] 對 ○이다. 이것은 낚싯대를 드리우고 물고기를 찾는 모습으로 정법안장을 계승할 후계자를 찾는 모습을 나타낸다.

제사대는 이성보기상(已成寶器相)[⑭] 對 ⊕이다. 이것은 이미 보배그릇 곧 깨달음을 성취한 것인데 대지와 같이 모든 공덕과 자비를 담고 있는 모습을 나타낸다.

제오대는 현인지상(玄印旨相)[⊕] 對 [ ]31)이다. 이것은 심오한 종지를 성취한 것인데, 이후에는 모든 형상을 초월하여 다시는 일체의 교의에 구속되지 않는 모습을 나타낸다.

(2) 이처럼 순지는 사대팔상(四對八相)·양대사상(兩對四相)·사대오상(四對五相)의 세 가지 모습으로 납자에게 빠르고 더딘 차이를 보여주었는데, 그것을 다시 「삼편성불론(三遍成佛論)」이라는 법어로써 자세하게 풀이하였다. 삼편은 첫째는 증리성불(證理成佛: 體性)이고, 둘째는 행만성불(行滿成佛: 果德)이며, 셋째는 시현성불(示顯成佛: 敎化)이

---

31) [ ]은 아무런 형상도 없음을 의미한다.

다.

증리성불은 선지식의 말을 듣고 마음을 돌이켜 자기의 마음은 본래의 일불도 없음을 활짝 깨닫는 성불이다. 만행을 차례로 닦아서 얻는 것이 아니기 때문에 증리성불이라고 말한다. 행만성불은 이미 깨달음을 성취하고 다시 보현의 행원을 따라 보살도를 널리 닦아서 수행을 고루 갖추고 지혜와 자비를 원만성취하기 때문에 행만성불이라고 말한다. 시현성불은 증리성불과 행만성불로 마치고서 중생제도를 위하여 시현하는 것인데, 마치 석가모니의 팔상성도(八相成道)와 같다.

(3) 이상은 표상현법으로 교화하는 방식에서 이론적인 측면을 보여준 것이다. 이하 첫째 돈증실제(頓證實際), 둘째 회점증실제(廻漸證實際), 셋째 점증실제(漸證實際)는 표상현법이 실천되는 측면을 보여준다.

돈증실제는 실제 곧 깨달음을 돈오의 방식으로 해결하는 것이다. 여기에는 다시 견성 이후 교화행을 펼칠 때 일체의 번뇌를 초월해 있는 보습에 해당하는 출전보현(出纏普賢), 일체중생과 동류대비(同類大悲)하는 입전보현(入纏普賢), 출전보현의 대지(大智)와 입전보현의 대비(大悲)에 머물지 않고 수연방편을 실천하는 과후보현(果後普賢)이 있다. 이들 세 가지 보현은 세 사람을 가리키는 것이 아니라 한 사람의 모습을 세 가지 차원의 보현으로 나눈 것이다. 회점증실제(廻漸證實際)는 방편수행인데, 상구보리 하화중생으로 사대팔상(四對八相) 가운데 삼승구공상(三乘求空相)에 해당한다. 방편의 점교로써 삼승의 진리를 증득하는 것이다. 점증실제(漸證實際)는 점교로 진리를 증득하는 것인데, 수행 이후에 깨치는 것이다.

이처럼 순지가 보여준 사대팔상·양대사상·사대오상의 표상현법이 이론의 측면으로는 「삼편성불론」으로 제시되었고, 실천의 측면으로는 삼증실제편으로 제시되었다. 이들의 상호관계를 정리하면 다음과 같다.

표상현법: 사대팔상 · 양대사상 · 사대오상
삼편성불론 ┬ 증리성불론 ┬ 출전보현 ┬ 돈증실제편 ┐
(이론)   ├ 행만성불론 ├ 입전보현 ├ 회점증실제편 ┤(실천)
     └ 시현성불론 └ 과후보현 └ 점증실제편 ┘

이로써 순지의 표상현법은 선법을 이해시키려는 방식으로 표상현법을 제시하면서 그 이론적인 근거로 화엄사상을 빌려온 것이다. 특히 삼증실제설은 화엄사상을 선종의 입장에서 깨친 이후에 실천해야 할 방향을 구체적으로 제시한 것인데, 이 사상의 중심 문제는 돈오한 이후에도 납자가 지속적으로 정진하는 것이야말로 근기의 차이는 있지만, 항상 동귀일미(同歸一味)의 시절에 도달한다는 점을 보여준 것이다. 「삼편성불론」에서 선인(仙人)과 은사(隱士)의 문답으로 선리를 이끌어 가면서도 서로 걸림이 없는 교리의 전개는 한국 선종사에서 보여준 선문답의 모범이 되고 있다.

9. 법안종(法眼宗)의 전래

고려 초기 선종의 상황

고려의 태조 왕건은 불교를 깊이 존숭하고 외호하였다. 그 결과 불법이 더욱 융성하였다. 이러한 분위기는 고려 초기에 지속되었는데, 제3대 정종(定宗) 이후에는 선종과 교학이 병행하는 모습을 보여주었고, 광종(光宗)에 이르러서 국가제도의 정비와 함께 국사와 왕사의 제도를 정비하였다. 이 무렵에 오대에서 크게 발흥했던 법안종(法眼宗)이 광종의 주도면밀한 계획의 결과 고려에 수입되는 계기가 마련되었는데, 그것은 불법의 순수한 전개보다는 복합적인 정치적인 상황이 어우러진 결과이기도 했다.

신라 말기와 고려 초기에 해당하는 9세기 중반부터 10세기 중반에 걸쳐서 한국의 선법은 당으로부터 전승과 더불어 새로운 세력을 구축하기 시작하였다. 이러한 선법은 고려 초기에 중국으로부터 법안종을 비롯한 선종오가의 수입과 더불어 다시 번영을 구가하는 기회를 맞이하였지만 오래 지속되지는 못하였다. 그 가운데 법안종의 경우는 시대가 약간 앞선 조동종(曹洞宗)의 수입에 뒤이어 고려 초기 선종의 발전에 주목할 만한 역할을 하였다.

그 까닭은 법안종이 선종이면서도 제반의 교학을 수용하였고, 또한 정치적인 후원을 말미암아 일시적으로 크게 풍미할 수 있는 상황을 지니고 있었기 때문이었다. 이러한 법안종은 당 말기와 오대 초기에 걸쳐 형성된 선종오가 가운데 하나였는데, 고려에 전승되면서 더불어 다양한 문화가 수입된 것은 정치적인 측면도 결부되어 있었다.

법안종의 형성

중국 선종사에서 설봉의존(雪峰義存: 822-908)의 제자인 현사사비(玄沙師備: 835-908)는 설봉의 종풍을 적확하게 표현하여 널리 펼쳤다. 그리고 현사의 제자 나한계침(羅漢桂琛: 867-928)은 보청(普請)과 작무(作務)하는 가운데서 불법을 구현하였으며, 그 제자로 법안문익(法眼文益)을 배출하였다.

법안문익의 속성은 노(魯)씨이고 여항(餘杭) 출신이다. 7세에 속가를 나와 신정(新定)의 지통원(智通院)에서 삭발하였고 전위선백(全偉禪伯)을 의지하여 공부하였고, 이듬해 개원사(開元寺)에서 구족계를 받았다. 명주 육왕사의 율사 희각(希覺)에게 참문하여 공부하였다. 이후 남방으로 유행하여 복주 장경원의 혜릉(慧稜)에게 참문하였다. 나아가서 성의 서쪽 지장원(地藏院)에 주석하며 나한계침의 가르침을 받았다. 대오한 이후에 법진(法進) 등과 동행하면서 임천(臨川)에 이르렀다. 그곳 주목(州牧)의 청에 응하여 숭수원(崇壽院)에 주석하였는데, 도성(道聲)이 더욱 높아져 사방의 운수납자들이 몰려들어 그 회하에는 항상 천여 명을 상회하였다.

이후 남당(南唐) 이변(李昇)의 초청에 의하여 금릉 보은선원(報恩禪院)으로 옮겼다. 그 이후에 청량사(淸凉寺)에 주석하였는데, 금릉에서 세 차례 대도량에 앉아 조석으로 설법하여 그 선풍이 제방에 법안종풍으로 널리 알렸다. 958년 74세로 입적하였다. 득법제자 83인 가운데 천태덕소(天台德昭: 891-972)가 있고, 천태덕소의 제자로 영명연수(永明延壽: 904-976)가 있다. 법안문익이 저술한 『종문십규론(宗門十規論)』은 940년부터 950년 사이에 저술된 것으로 보이는데, 선의 폐풍을 지적하여 그 올바른 길로 안내하는 성격을 지니고 있다. 법안문익 - 천태덕소 - 영명연수로 계승되는 이들 종풍은 법안종으로 현창되었다.

문익이 거양한 선풍의 성격은 선교융합(禪敎融合)으로 알려져 있듯이 법안종은 교학의 이치를 널리 활용하여 선법을 현창하였다. 특히 문익은 석두희천(石頭希遷: 700-790)의 명과 암(明暗), 그리고 이와 사(理事)가 상즉하는 묘용의 이치를 잘 해석하였고, 화엄의 원리(圓理)를 설하여 삼계유심(三界唯心)을 보여주었다. 그뿐만 아니라 만법유식(萬法唯識)의 도리로 깨침을 얻었으며, 유식학의 교학에도 큰 관심을 보였다. 그리고 문익을 계승한 천태덕소는 천태교학 및 정토교학을 크게 원용하였고, 제3세인 영명연수도 또한 정토교학을 비롯한 유식과 제반의 교학에도 널리 관심을 보여주었다. 이처럼 법안종풍은 선종이면서 제반 교학을 수용함으로써 한때 선종의 정체성이 희석되었지만, 이후로 송대에도 면면히 유지되어 갔다. 그 후손에 해당하는 도원(道原)은 『경덕전등록』을 편찬하여 법안종과 임제종 중심의 전등사서를 출현시키기도 하였다.

법안종풍의 전승과 전개

이와 같은 중국 법안종이 해동에 전승된 것은 고려인으로서 법안문익의 제자인 영국사의 도봉혜거(道峯慧炬), 원공국사 지종(智宗: 930-1018), 영명연수와 도봉혜거에게서 가르침을 받은 적연국사 영준(英俊: 932-1014), 영명연수의 제자인 진관선사 석초(釋超: 912-964) 등 다수의 선승에 의거하였다.

고려국의 광종대왕이 영명연수의 언교를 받고 사신을 보내서 제자의 예를 갖추었다. 이에 고려의 승려 36명을 보내 연수의 가르침을 받고 고려로 귀국하여 그 가르침을 홍포하게 하였다. 광종의 이와 같은 조처는 스승인 연수에 대한 보은이기도 하였지만, 그 이면에는 중국의 선진문물을 고려에 수입하여 국가의 문물을 일신하려는 의도가 깔려 있었다. 그 때문에 그 형식은 제자의 예를 취한 것이었지만 내용은 바로 국가를 통치하는 제도와 사상과 이념에 대한 열망이었다. 이것이 법안종풍을 수입했던 유학승들과 의기투합이 되어 마침내 고려 초기에는 법안종풍이 풍미하는 기회를 얻은 것이었다.

지종(智宗)의 자는 신칙(神則, 神明)이고, 성은 이(李)씨로서 전주 출신이다. 8세에 세속을 버리고 출가하였다. 홍범삼장(弘梵三藏)이 도래하여 사나사(舍那寺)에 머물고 있었기 때문에 그리 찾아가서 낙발하고 광화사(廣化寺)의 경철(景哲)에게 참문하였다. 후주(後周) 현덕 6년(958)에 중국에 들어가 구법하려는 뜻을 밝히자, 광종대왕이 듣고서 격려해 주었다. 이에 바다를 건너 오월(吳越)에 들어가 먼저 영명사(永明寺)의 연수(延壽)에게 참문하였다.

> 연수가 지종에게 물었다. "법을 위해서 왔는가, 아니면 무슨 다른 볼일이라도 있어서 온 것인가." 지종이 답했다. "법을 구하려고 왔습니다.""법은 본래 둘이 아니어서 사바세계에 편만한데 어찌 애써서 바다를 건너 여기까지 왔는가.""이미 사바세계에 편만하지만 제가 왜 애써 여기까지 왔겠습니까."[32]

이에 서로 의기투합하여 지종은 연수로부터 심인을 얻었다. 준풍 2년(961)에 국청사(國淸寺)로 가서 정광(淨光)에게 참례하고 『대정혜론(大定慧論)』과 아울러 천태교학을 공부하였다. 송의 태조 개보 원년에 승통이었던 찬영(贊寧) 등이 지종을 청하여 전교원(傳敎院)에서 『대정혜론』과 『법

---

32) 『朝鮮寺刹史料』卷下, (大藏經補編31, p.173上)

화경』을 강의하게 하였다.

개보 3년(970)에 귀국하자, 광종대왕이 대사로 대우하고 연청하여 금광선원(金光禪院)에 주석토록 하고 중대사(重大師)를 가하였다. 경종(景宗)이 즉위하여 삼중대사(三重大師)에 제수하였다. 성종의 시대에는 적석사(積石寺)에 주석하였고, 목종 시대에는 광천편소지각지만원묵선사(光天遍炤至覺知滿圓黙禪師)라는 호를 가하였으며, 불은사(佛恩寺) 및 외제석원(外帝釋院) 등에 주석하도록 하였다. 현종이 청하여 광명사(廣明寺)에 주석하도록 하고, 법칭을 적연(寂然)이라고 하였고, 1013년에는 현종이 지종을 왕사에 책봉하였다. 이듬해 1014년에 보화(普化)라는 호를 가하였다. 1018년에 원주 현계산 거돈사(居頓寺)에서 89세로 입적하였다. 시호는 원공(圓空)이다.

한편 『동국승니전(東國僧尼傳)』에 의하면 도봉산 혜거국사는 법안문익의 제자이다. 혜거가 발심을 하고 정혜(定慧)로 수행하고 있을 때 고려국의 황제가 사신을 보내 귀국하도록 하였다. 귀국하여 황제의 예우를 받았는데, 궁궐에서 법을 청하자, 상당설법을 하였다.

혜거국사가 황제의 옥좌를 가리키며 제자들에게 말했다. "이 옥좌를 그대들에게 보여주겠다. 그러니 만약 그대들이 이것을 알고 있다면 어떻게들 알고 있는가. 여러분들은 그 도리를 말하는데, 이 옥좌는 왜 그것을 모르는가."[33]

---

33) 『東國僧尼錄』, (卍新續藏經88, p.645上)

　이들 법안종의 수입자들은 국내의 문헌과 중국의 선문헌 및 국내의 비문 등에 단편적으로 등장할 뿐이지 그들의 어록이 남아 있지는 않다. 따라서 종파로는 법안종의 수입자로 분류할 수가 있지만 그들의 몇몇 문답을 통해 이해할 수 있는 것은 대단히 국한되어 있다. 가령 연수와 지종의 문답에서, 불법을 추구하기 위해서 찾아왔느냐 하는 문답은 짐짓 그 의도가 분명한 것임에도 불구하고 애써 질문한 것이었다. 너무나 식상한 질문 같아 보이지만 이것은 조사서래의(祖師西來意)와 같은 성격의 질문으로서, 불법 및 선의 궁극적인 목적을 어느 정도 갖추고 있는지 점검하고 시험하는 문답에 해당한다.

　이에 대하여 지종은 이미 국내에서부터 안목이 구비된 선사인 까닭에 매우 자연스럽게 극복하고 불법을 추구하기 위해서 왔다고 답변한다. 그 이외에 더욱 분명한 답변은 없다. 그러나 연수는 그것으로는 흡족하지 않았다. 이에 사바세계 어디에도 불법이 항존하고 있는데 굳이 찾아온 이유를 재차 묻는다. 지종은 직접적인 답변을 회피하면서 바로 그 때문에 찾아왔다고 말한다. 직접 언설로 표현하지 않은 것은 불법은 다름이 아니라 그것을 체득해야 비로소 자기의 불법이 되는 까닭에 스승에게서 불법을 추구하고 싶다는 의향을 내보인 것이다. 그러자 이제야 연수는 그 말을 긍정하고 제자로 받아들였다. 이와 같은 문답의 내용은 특별히 법안종에게만 한정된 것은 결코 아니다.

도봉혜거의 법어도 마찬가지이다. 옥좌는 왕을 상징한다. 따라서 옥좌를 안다고 하는 것은 황제의 본심을 이해하고 있다는 의미로서 대단히 불경스러운 답변이 되고 만다. 이에 옥좌인 줄을 알고 있으면서도 그 자리에 모여 있는 대중은 아무런 말도 하지 않았다. 혜거는 이미 대중이 침묵하고 있는 이치를 알고 있었기 때문에 더 이상 답변을 다그치지 않았다. 그 대신에 대중을 나무라는 말을 돌려서 옥좌에다 부여해준다. 옥좌는 말을 하지 못한다. 설령 가능하다고 해도 옥좌가 하는 말을 듣지 못한다. 왜냐하면 가령 이러쿵저러쿵 옥좌가 말을 한다고 해도 그 말을 제대로 들을 줄 아는 것은 또 다른 안목이 필요하기 때문이다. 이런 까닭에 '여러분들은 그 도리를 말하는데, 이 옥좌는 왜 그것을 모르는가.' 하는 말로 결론을 짓는다.

이들 선문답은 지극히 단편적인 것이기는, 하지만 중국의 선종계에서 크게 유행한 조사선풍을 고스란히 보여주고 있다는 점에서 위에서 지종이 보여주었던 문답과 혜거의 상당설법 사이에는 아무런 간극도 보이지 않는다. 그런 만큼 보편적인 선사상의 전개가 이미 고려의 선종계에도 고스란히 전승되어 발전하고 있음을 보여주고 있다.

10. 선종오가(禪宗五家)의 전승

선종오가의 전래

신라 말기에 중국으로부터 본격적으로 도입되기 시작한 선법은 다양한 선풍의 수입으로 나타났다. 그것은 주로 중국의 선종오가에 속하는 선풍이었다. 신라 말기에는 우선 요오순지(了悟順之)를 통하여 위앙종풍이 수입되어 오관산 용암사(龍巖寺)를 중심으로 전개되었는데, 이후에 서운사(瑞雲寺)로 개칭되었다. 이어서 고려 초기 태조 왕건으로부터 크게 후원을 받아 전개된 조동종풍은 중국 조동종 계통의 몇몇 법계로부터 많은 선자들의 수입으로 크게 돋보였다. 이어서 광종시대에는 한때 오월국의 후원을 받았던 법안종의 도입이 정책적인 후원과 더불어 널리 보급되었다.

이후에 혜조국사(慧照國師) 담진(曇眞)은 10세기 후반에 입송하여 임제종 계통의 정인도진(淨因道臻: 1014-1093)과 부산법원(浮山法遠: 991-1067), 그리고 운문종 제5세 대각회련(大覺懷璉: 1009-1090) 등에게 사사하였고, 송의 신종황제로부터 법원대사(法遠大師)의 호를 받았다. 여기에는 당시에 정치적인 측면으로 국가외교의 원만한 이해가 결부된 점도 없지 않아 있었다. 이후 1080년에 귀국하였는데, 1107년에는 왕사로 책봉되었고, 1114년에는 국사로 책봉되었다. 당시 북송시대 선종은 임제종 계통에서 황룡파(黃龍派)와 양기파(楊岐派)가 출현하였는데, 처음에는 황룡파의 세력이 크게 부각했다가 이후에 양기파의 세력이 주도권을 행사하였다. 이로써 담진은 임제종풍과 운문종풍을 아울러 수입하였는데 국내의 법계로는 사굴산문에 속하는 인물이었다.

이로써 11세기 후반까지는 중국의 선종오가의 선법이 모두 전래되었다. 9세기 중반부터 10세기 중반까지 백여 년의 세월에 걸쳐 형성된 중국 선종오가의 순서는 위앙종을 비롯하여 임제종, 조동종, 운문종, 법안종의 차례였다. 이것이 신라 및 고려에 수입된 것은 9세기 후반부터 11세기 후반에 이르는 이백여 년에 걸쳤는데, 그 순서는 위앙종, 조동종, 법안종, 임제종과 운문종의 차례였다.

이것은 중국에서 선종오가의 형성과 그 전개의 입장에 비추어보면 모두가 신라 및 고려로부터 직접 유학한 선승들에 의하여 직수입되었다는 점에서 오가종풍의 수입에 적극적인 면모가 엿보인다. 이것은 선법의 수입기에 해당하는 8-9세기 신라의 상황과 비교하여 고려에는 이미 선법에 대한 이해가 뿌리를 내리고 있었기에 가능하였다.

이와 같은 오가선풍이 수입된 이면에는 특히 대각국사 의천이 주도한 고려 천태종의 개창운동과 관련하여 당시에 다수의 조계종 승려들이 천태종의 개창에 참여했다가 일부만 남고 나머지는 탈퇴하면서 조계종단을 형성하려는 자각도 함께 작용하였다. 그것은 직접 유학하여 개인적으로 인연이 닿은 종풍을 전래하였지만, 귀국해서는 오가종풍에 대한 의식이 뚜렷하게 전개되지는 않았다. 그 오가의 종풍을 전래했다는 법계에 대한 의식보다는 아직까지는 경험하지 못한 새로운 선풍에 대한 호기심과 그 종풍에서 제시하고 있는 선리 및 수행의 가풍에 대한 열망이 강하게 표출된 결과였다.

선종오가 전래의 의의

이와 같이 신라 말기와 고려 전기에 걸쳐서 전래된 중국 선종오가의 종풍은 비록 부분적이고 한정된 인물들에 의한 결과였지만, 신라 말기부터 및 고려 전기까지 이백여 년에 걸쳐 모두가 전래된 데에는 몇 가지 주목할 점이 엿보인다.

첫째는 선법의 수입에 대한 성격이다. 최초 수입기에 해당하는 8-9세기 선법의 전래는 이미 국내에서 다양하게 전개된 교학불교에 대한 한계성 내지는 심화된 불법의 탐구를 인식하고 더욱 세련되고 새로운 불교에 대한 호기심의 자극에 따라서 전개되었다. 이 경우에는 이미 법상종(法相宗) · 법성종(法性宗) · 열반종(涅槃宗) · 계율종(戒律宗) · 원융종(圓融宗) 등 오교(五敎)로 대변되는 교학을 공부하고 그 한계를 느낀 이후에 당나라에 유학했다는 점이 보편적으로 보였다. 특히 입당 유학승들의 경우에는 화엄교학의 공부와 선법의 접점에 대한 호기심이 크게 작용하였다.

이 경우에는 국내에 소개된 선법에 대해서 당시까지는 심화된 이해가 형성되지 못했던 까닭에 조사선과 여래선, 남종선과 북종선 등에 대한 충분한 이해가 없이 당나라에서 유행했던 최신의 선법이 그대로 수용되었다. 그러한 상황에서 법랑 및 신행에 의한 동산법문의 수입이 있었던 이후에야 홍주종풍에 대한 수입이 주류를 형성할 수 있었던 이유였다. 그 때문에 신라에 새롭게 수입된 선법의 경우에는 자파의 존립을 위하여 의도적으로 선교의 차별에 의거한 선법의 우월의식이 매우 강하게 드러나기도 하였다. 가령 무염국사의 「무설토론(無舌土論)」과 범일국사의 「진귀조사설(眞歸祖師說)」 등이 그것이었다.

반면에 신라 말기 및 고려 전기에 보여주었던 선종오가의 선풍에 대한 전래는 이미 선법에 대한 이해가 어느 정도 갖추어진 상황에서 이루어진 전래였다. 그리하여 교학에 대한 한계성 내지 초월이라는 입장보다는 선법 자체의 사상과 문화에 대한 이해와 자긍심과 심화에 따른 관심의 발로이기도 하였다. 곧 이미 선법에 대한 맛을 알고 난 이후에 더욱 세련되고 다양한 선법에 대한 욕구의 출현으로 유학을 선택한 것이었다.

둘째는 8-9세기에 전승된 선법의 수입은 당 및 오대의 선종에서 아직 선종오가로 분파되기 이전의 선법을 접한

결과로 말미암아 비교적 한정된 몇몇 법맥을 수용하는 모
습으로 나타났는데, 주로 강서종파에 치우친 선법의 전래
로 나타났다. 그것은 강서종이야말로 당시 중국의 선종계
동향에서 소위 잡화포(雜貨鋪)로 불렸듯이 가장 번성한 지
역의 선풍이었을 뿐만 아니라, 이미 국제적인 조류에 따라
서 출신 지역의 여하에 상관없이 불법의 보편적인 면모를
발휘했던 까닭에 선종이었으면서도 불교의 모든 분야에 걸
쳐 찾아온 납자를 다양하게 받아들이고 가르쳤던 선풍을
지니고 있었던 것과 밀접한 관련이 있었다.

　반면에 신라 말기 및 고려 전기에 전래된 선법의 성격은
선종오가로 분파된 이후의 선풍에 대한 전래였다. 그 때문
에 비교적 다양한 법맥과 선의 사상과 문화를 접할 수가
있었을 뿐만 아니라 이미 선법에 대하여 국내에서 상당한
수준의 이해를 바탕으로 유학한 까닭에 자신이 관심을 지
니고 있는 가풍을 추구하여 공부할 수가 있었다. 그 결과
이전보다는 비교적 다양한 법맥에 속하는 유학승이 배출되
었다. 그것이 곧 선종오가로 보자면 초반에는 위앙종과 조
동종의 경우에는 순수한 선풍의 전래가 가능하였고, 이후
에 전래된 법안종과 임제종과 운문종의 경우에는 당시의
국제정세에 따른 배려와 관심의 측면도 더불어 수반되었지
만, 더욱 근본적인 이유로는 선종오가에 대한 깊은 이해와
관심이 바탕이 되었다는 점에서 빠짐없이 전래될 수가 있
었다.

셋째는 중국에서 오가선풍의 형성 순서와 해동에 전래된 순서의 차이점의 모습을 엿볼 수가 있다. 당말 및 오대에 형성된 중국의 선종오가는 소위 남종선이 크게 번영함에 따라 그 다양성과 특수성이 인물과 지역에 따라 나름대로 사상과 교화와 수행의 특징을 구현하면서 각각 분파의 모습으로 표출된 것이었다. 그 가운데 가장 먼저 형성된 선풍은 위앙종풍이었다. 위앙종의 조사로서 위산영우(潙山靈祐: 771-853)와 그의 제자 앙산혜적(仰山慧寂: 803-887)은 백장회해(百丈懷海: 749-814)의 직계에 해당한다. 임제종은 이보다 약간 이후에 황벽희운(黃檗希運: ?-850)의 법을 계승한 임제의현(臨濟義玄: ?-867)의 종풍으로 형성되었다. 그것은 『임제록』에 보면 임제의 법거량에 대하여 이미 출세하여 권위를 확보하고 있던 위산과 앙산의 코멘트를 통해서 임제선법의 정당성을 보증을 받으려는 모습으로 드러나 있는 점에서 엿볼 수가 있다. 이들 위앙종과 임제종은 홍주종 계통에 속하는 선풍이었다.

　한편 호남의 석두희천(石頭希遷: 700-790)의 법맥에 속하는 선풍으로는 동산양개(洞山良价: 807-869)의 조동종과 운문문언(雲門文偃: 864-949)의 운문종과 법안문익(法眼文益: 885-958)의 법안종 등의 순서로 출현하였다. 이 가운데 해동에 전래된 순서는 위앙종을 위시하여 조동종이 먼저였다. 위에서 언급한 것처럼 이들 선풍을 전래한 인물은 위앙종의 요오순지와 조동종의 이엄 기타 다수의 선자들이었다. 이들이 입당유학하고 있는 동안에 선지식을 참방하고 사사하며 깨침을 인가받은 경우는 개인적으로 구도를 향한 순수한 선자의 면모로 일관되었기에 정치적인 부담으로부터 자유롭게 활동할 수 있었다.

그러나 이미 고려의 경우에 통일국가가 되어 정립되는 시대에 이르렀고, 송나라의 경우도 오대를 통일하는 과정과 맞물려 있는 시기였기 때문에 이 무렵 유학한 승려들에게는 국제간의 역학관계에 어느 정도 노출되어 있을 수밖에 없었다. 그 결과는 선법을 도입하는 과정에 있어서도 법안종 및 임제종과 운문종을 전래하는 경우에 일정 부분 영향을 끼치게 되었다. 이런 까닭에 선종오가가 전래된 시기에도 그 형성과 비교하여 다소 차이점이 엿보이게 되었다.

이러한 분위기 속에서 신라 말기와 고려 전기에 선종오가가 전래되었지만, 이후로 고려의 선종계에서 그다지 뚜렷한 역할을 보여주지 못하였다. 국내에 이미 형성되어 명멸하고 있던 구산선문의 경우도 마찬가지였다. 구산선문의 경우는 고려시대 내내 가지산문과 사굴산문만이 면면하게 계승되었고 기타 산문은 명맥만 유지되는 상황이었다. 그 가운데 사굴산문의 법맥에 속하는 보조지눌(普照知訥)과 가지산문의 법맥에 속하는 보각일연(普覺一然) 등이 출현하여 오늘에 이르기까지 주목되는 저술들을 남겨 놓은 것은 그나마 다행이라고 할 수가 있다. 그러나 구산문 가운

데 기타 산문, 그리고 중국으로부터 전래된 선종오가의 선
풍은 고려 전기까지는 거의 이렇다 할 만한 역할을 보여주
지 못하였다. 그것은 선종오가가 모두 전래되었음에도 불
구하고 고려 전기에 온전하게 계승된 법맥을 찾아볼 수가
없고, 선사상의 전개를 보여주는 저술 내지 어록이 전해지
지 못하였으며, 뚜렷한 수행풍토를 제시하지도 못함으로써
명실상부한 선종의 교단으로 형성되지 못하고 전개되지 못
했기 때문이다.

  그 이유가 무엇인가. 신라 말기에 당시 불교의 교학적인
분위기를 일신시켜줄 것처럼 보였던 새로운 선법의 도입에
는 선교차별과 같은 주장이 출현할 만큼 주체적인 입장에
서 활발발한 분위기를 보여주었다. 그러나 고려 전기에 선
종오가 전래된 이후에는 그와 같은 주체성이 결여되었다.
선종오가가 형성된 배경에는 선자들의 자율적이고 주체적
인 모습이 팽배하였다. 그러나 고려 전기에 선종오가를 전
래한 선자들은 승과제도라는 국가통제에 매몰되어 자율성
과 주체성을 발휘하지 못한 상황에 놓여 있었을 뿐만 아니
라 선자 자신의 목소리를 대변하는 어록 하나도 온전하게
남겨 놓지 못하고 있는 상황이었다.

11. 선록(禪錄)의 출현

선어록의 출현

선어록(禪語錄)은 선의 어록 또는 선종의 어록이라는 뜻
이다. 기타 선전(禪典) · 선적(禪籍) · 선서(禪書) · 선문헌
(禪文獻) · 선록(禪錄) 등으로 불리는데 선에 대한 일반적
인 전적을 가리킨다. 선종의 역사와 사상은 바로 선어록을
통하여 설명되는데, 그것을 분류하면 선리(禪理) · 사상류
(思想類) · 어록류(語錄類) · 전등사서류(傳燈史書類) · 청규
류(淸規類) · 공안집류(公案集類) · 수필류(隨筆類) · 잡류(雜
類) 등으로 나뉜다. 좁은 의미로는 선자의 어록에 한정되
지만 넓은 의미로는 선과 관련된 제반의 문헌을 일컫는
다.34)

순수 선어록의 경우는 선자의 평소 설법을 제자 혹은 제
삼자가 기록한 것을 의미하는데 저술과 같은 일정한 목적
내지 의도가 구체적으로 나타나 있지는 않지만, 불특정의
많은 사람들 내지 직접 법문을 듣는 제자들을 교화하려는
의도가 다분히 깔려 있다. 적어도 법문을 하는 선자 자신
의 의도는 물론이고, 그 밖에 선자 자신의 의도가 아닐지
라도 법문을 기록한 당사자가 스승의 말씀을 오랫동안 남
겨서 두고두고 가르침으로 삼으려는 목적이 개입되어 있

---

34) 김호귀, 『선의 어록』, (서울: 민족사, 2014) p.87.

다. 또한 많은 문중이 형성되는 과정에서 각자의 문중에 대한 홍보 내지 스승에 대한 권위를 드러내려는 목적도 아울러 포함되어 있다. 그래서 간혹 제자가 기록한 것에 대하여 조사 자신이 직접 서문(序文)을 기록하는 경우도 있는 것을 보면, 생전에 이루어진 것도 있고 사후에 이루어진 것도 있다. 따라서 어록은 자신의 의도와는 달리 그것을 기록한 제자들에 따라서 약간의 수정 내지는 보완도 충분히 인정할 수 있다.[35]

중국의 선종에서 어록이 출현하면서 기존에 보편적으로 출현했던 위경(僞經)은 현저하게 감소하였다. 그것은 선종 어록의 경우 대부분이 실명으로 등장했기 때문이다. 따라서 어록이 위경의 자리를 대신하는 역할도 해왔다. 당대부터 본격적으로 출현한 선어록은 조사에 대한 권위가 높아지면서 더불어 보편화되어 갔다. 그것은 선종이라는 특수한 문화 속에서 깨침 이후의 인가(印可) 및 사자상승(師資相承)의 전법의 전통과 함께 더욱 발전하였다. 특히 마조도일(馬祖道一: 709-788) 이후의 선종은 경론의 문헌적 연구를 떠나 일상의 언행에 계합한 것이 되었기 때문에 그러한 기록이 다시 종래의 경론과 같은 역할을 지닌 것으로 대체되었던 것이다.

이러한 전통에서는 오히려 종래의 경전마저도 붓다 그 사람의 어록으로까지 간주하게 되었다. 당대에는 대단히

---

35) 김호귀, 『선의 어록』, (서울: 민족사, 2014) pp.87-88.

많은 어록이 편집되었는데 그러한 것들에 의하여 후대에 어록이 새롭게 편집된 예도 많다. 이와 같이 어록이 성행한 배경으로는 선자들이 서로 자유롭게 교류하여 문답상량이 대단히 성행한 까닭이었다. 당시는 수행자가 깨침을 목표삼아 각 지역의 선자들을 탐방하면서 수행을 쌓아갔기 때문에 편참(遍參)이라는 수행의 형태가 확립되어 있었다. 마조도일 이후의 선에서는 인간의 존재가 그대로 온전한 것으로 긍정되었는데 이것을 바탕으로 하여 확립된 선풍이 곧 조사선(祖師禪)이었다.

대체로 현존하는 당나라 시대의 선적은 대부분이 오대(五代)·송초(宋初) 무렵에 편집된 것이다. 이미 어록이라 불리는 문헌이 『송고승전』에서 처음 표현되어 있듯이 그러한 것들이 특별히 어록이라는 문헌으로 정리된 것은 소위 기관(機關)과 게송(偈頌)의 영역을 벗어나 새롭게 그 특색이 반성되고 의식되었음을 의미한다. 말하자면 그것은 일종의 고전화(古典化)이다. 마침 『조당집』(952)·『종경록』(981)·『송고승전』(988)·『경덕전등록』(1004) 등의 편집이 서로 연속하여 행해지던 무렵이다.

본래 어록의 내용을 구성하고 있는 기관(機關)과 이치(理致)는 단순한 기록에 머무르는 것이 아니라 종국에는 사람들에 의해서 염롱(拈弄)되고 평창(評唱)되는 데에 생명이 있다. 여기에서 기관은 스승이 학인의 근기에 따라서 가르침을 제시하는 갖가지 수완 내지 방편을 말한다. 또 이치는 스승이 경론의 도리를 제시하여 제자를 교화하는 수단을 말한다. 따라서 생생한 언어는 입으로부터 귀로 전달되는 가운데 점차 이것을 전하는 사람들의 의견이 가미된다.

마침 당말·오대의 동란기를 지나 전통에 대한 새로운 반성이 시작되는 송대 초기에는 그러한 요구가 강하게 대두되었다. 당말·오대를 통하여 비교적 평온했던 강남지방에서 당대의 어록을 재편하려는 움직임이 시작되었다. 그 중심은 법안종(法眼宗)으로서 영명연수(永明延壽: 904-975)의 『종경록』과 도원(道原)의 『경덕전등록』은 모두 법안종파에 속한다. 이보다 앞선 『조당집』도 또한 같은 계통에서 나온 것이다. 본래 오대(五代)·십국(十國) 가운데 오월(吳越)과 남당(南唐)은 중원의 전란의 피해가 적었기 때문에 당 말기 불교의 유산을 보존할 수가 있었다. 그와 같은 유산 가운데 하나가 기존의 선자들에 대한 기록물이었다.

이리하여 송대 초기 어록의 성립은 법안종의 연수와 도원의 업적과 병행하여 임제종의 황룡파(黃龍派) 사람들의 활동이 큰 역할을 하였다. 그것은 『보림전』으로부터 『조당집』·『경덕전등록』·『천성광등록』 등 소위 등사(燈史)의 계보와는 다른 새로운 선종문헌의 성립을 의미한다. 선이 등사류의 기연에만 속하지 않고 다양한 형식으로 유동적인 발전의 시기에 출현하여 이후에 그 기록을 바탕으로 하는 공안집(公案集)의 시대를 맞이하였다.

한국의 선어록

당대 말기에는 마조도일과 석두희천(石頭希遷: 700-790)의 계통에서 선풍이 크게 전개되었다. 소위 호남의 석두종에 대해서는 진금포(眞金鋪)라 하였고, 강서의 홍주종에 대해서는 잡화포(雜貨鋪)라 불렀던 것도 그 결과였다. 그들에게 선의 사상과 수행법과 교화를 전승한 주요 수단은 어록이었다. 따라서 중국선법이 한국에 전래된 일련의 인물과 시기와 성격의 과정을 살펴볼 수 있는 것도 가장 보편적인 문헌으로서 선어록에 보이는 기록을 통해 가능했다. 특히 중국 선종의 전등사서에 해당하는 『조당집』과 『경덕전등록』 등에는 신라에서 유학한 승려와 중국에 정착한 승려 등에 대한 모습이 엿보인다. 이 경우에 대부분의 기록은 수많은 선어록에 수록되어 있는 단편적인 선문답을 통해 이루어졌다.

그럼에도 불구하고 당·오대 및 송대 초기의 시대에 해당하는 신라 및 고려 전기에 출현한 한국의 선어록은 전혀 보이지 않는다. 아무래도 한국선의 역사에서 최초의 선어록은 보조지눌(普照知訥: 1158-1210) 이후에야 겨우 찾아볼 수 있다. 지눌에 이르러서는 『권수정혜결사문(勸修定慧結社文)』·『목우자수심결(牧牛子修心訣)』·『진심직설(眞心直說)』·『원돈성불론(圓頓成佛論)』·『간화결의론(看話決疑論)』·『법집별행록절요병입사기(法集別行錄節要并入私

記)』등 다종의 선문헌이 출현하였다. 그렇지만 이 경우에
도 순수한 선어록이라는 의미에서 보자면 지눌의 경우는
모두가 저술에 해당하기 때문에 직접적인 선어록이라고 말
할 수가 없다. 이후 진각혜심(眞覺慧諶: 1178-1234)에
이르러 본격적인 선어록의 출현을 볼 수가 있는데, 그것이
소위 『조계진각국사어록(曹溪眞覺國師語錄)』으로 한국의
선종사에서 출현한 최초의 선어록이다.

한편 공안집류의 경우에도 혜심이 편찬한 『선문염송집
(禪門拈頌集)』 30권이 한국 선종사에서 출현한 최초의 공
안집에 해당한다. 이것은 공안집류로서 한국 선종사에서는
그 처음에 해당할 뿐만 아니라 가장 방대한 저술이기도 하
다. 혜심에게는 기타 『무의자시집(無衣子詩集)』 및 『구자
무불성화간병론(狗子無佛性話揀病論)』 등도 보인다. 이후로
지겸(志謙: 1145-1229)의 『종문원상집(宗門圓相集)』과 천
책(天頙: 1206-?)의 『선문보장록(禪門寶藏錄)』과 보각일
연(普覺一然: 1206-1289)의 『중편조동오위(重編曹洞五位)
』가 출현하였다.

이러한 상황에서도 순수한 선어록으로 분류되는 것을 보
면 『조계진각국사어록』을 이어서 태고보우(太古普愚)의 『
태고화상어록(太古和尚語錄)』 · 나옹혜근(懶翁慧勤:
1320-1376)의 『나옹화상어록(懶翁和尚語錄)』 · 백운경한
(白雲景閑: 1298-1374)의 『백운화상어록(白雲和尚語錄)』
· 함허기화(涵虛己和: 1376-1433)의 『함허당득통화상어록

(涵虛堂得通和尙語錄)』 등 5종이 여말선초에 출현하였다. 그나마 순수한 선어록으로서 특히 제명에 어록(語錄)이라는 명칭이 붙은 경우는 조선 중기에 무경자수(無竟子秀: 1644 −1737)의 『무경실중어록(無竟室中語錄)』과 조선 말기에 용성진종(龍城震鍾: 1864−1940)의 『용성선사어록(龍城禪師語錄)』이 전부이다.

중국 선종사에서 무수하게 출현한 순수어록의 경우와 달리 한국 선종사의 경우에 이처럼 어록이라는 명칭이 붙은 선어록의 출현이 드물었는데, 그 이유는 몇 가지로 이해할 수가 있다.

첫째는 선종이 크게 발전하던 고려시대에도 구산문의 경우에 가지산문과 사굴산문을 제외하고는 대개가 그 명맥만 유지된 까닭에 중국선의 경우처럼 문중에 대한 결속력이 강하지 못했다. 그러면서도 정작 가지산문과 사굴산문의 경우마저도 문정(門庭)의 특징을 보여주지 못하고 융합된 모습으로 전개되어갔다. 이것은 상대적으로 법맥에 대한 의식이 희박해졌을 뿐만 아니라 중국에서 직수입된 종파와 동일시하려는 의도가 강하게 작용하였기 때문이다. 특히 고려 전기와 고려 말기에 두 차례에 걸쳐 임제종 법맥의 본격적인 수입으로 인하여 임제종풍 위주로 전개되어 있는 한국선의 경우는 이러한 특성을 반영할 수밖에 없었다.

둘째는 조선시대에 와서는 불교세력의 약화로 인하여 공식적인 어록이라는 명칭보다는 개인의 견해를 소박하게 피력하는 사기(私記)라는 명칭을 붙여 비교적 자유롭게 기존 선문헌에 대한 주석을 붙이는 경향이 강하게 나타났기 때문이다. 그리고 비교적 희박했던 법맥의식에 대해서도 중국선으로부터 수입된 전등사서에 대한 전폭적인 수용으로 인하여 『백운화상초록불조직지심체요절(白雲和尙抄錄佛祖直指心體要節)』의 경우 『경덕전등록』을 발췌하는 수준에 머물러 있었기 때문에 한국의 선승이 한 명도 추가되지 못한 결과로 나타났던 점도 고려해볼 수가 있다. 겨우 조선 초기에 출현한 숭묵(崇黙)의 『통록촬요(通錄撮要)』에 이르러 한국 선승의 이름이 34명 추가되었는데, 그 가운데서도 나옹혜근에 대한 숭배는 어떤 선문헌의 경우보다도 지대하였다는 점을 볼 수가 있다.

12. 발전기의 선법

지눌 이전의 상황

보조지눌(普照知訥: 1158-1210)은 고려 중기에 출현한 인물로 다방면에 걸쳐서 한국의 선종사에서 큰 족적을 남겼다. 소위 한국선의 토착화 및 전개에 있어서 중요한 역할을 담당하였다. 첫째는 새로운 선수행법을 도입하였다. 둘째는 본격적으로 선록에 대한 저술을 남겼다. 셋째는 선과 교의 융합을 보여주었다. 넷째는 분명하게 전등의 법맥을 계승시켰다. 다섯째는 청정한 승풍의 기율을 진작시켰다.

한국선이 수입되던 8세기 말부터 지눌이 본격적으로 활동하기 시작하던 12세기 후반까지 사백여 년 동안의 역사는 한국선법의 시기로 보자면 수입을 통한 태동의 시기와 그로부터 이후에 한국에 선법을 정착하기 위한 모색의 시기에 해당한다. 그것은 주지하듯이 구산문을 비롯한 여러 산문의 개창과 소멸 그리고 당말 및 오대에 형성된 선종오가의 수입과 그 전개 등으로 대표된다. 이 시기에는 선사상사적인 측면으로 보아 독창적인 사상의 정립을 보여주기보다는 선리(禪理)의 전승과 소개, 내지 보급 그리고 법맥의 계승과 정착에 따라 선종의 확립을 위해 다양한 각도에서 모색하고 시도했던 점이 엿보인다.

그러한 과정에서 나름대로 산문의 개창을 통한 역사를 이루어오기도 했지만, 개창자의 사상을 오늘에 이르기까지 면면히 정립했다고 보기에는 아직은 시기상조의 모습으로 보였다. 특히 선종오가가 모두 전승되었음에도 불구하고 한국적인 특색을 보여주었던 것으로는 순지의 원상법과 화엄교학의 응용을 들 수가 있지만, 그것도 이미 중국의 선종사 곧 위앙종(潙仰宗)에서 연원하여 전개되었던 것을 보급하여 전개시킨 측면이 강했다. 조동종풍(曹洞宗風)의 전승과 전개의 경우에도 선리의 측면에서 보면 충실하게 전승했다는 평가는 가능하지만, 한국에서 독특하게 형성되고 전개되었던 측면에서 보면 대단히 미흡하였다.

한국 선법의 토착화를 구축

이러한 시기에 출현한 지눌은 그동안 움츠렸던 팔다리를 펼치기라도 하듯이 여러 측면에서 두드러진 족적을 보여주었다. 첫째는 북송 말기 및 남송 초기에 걸쳐 확립되었던 송대 간화선(看話禪)의 수행법을 도입하고 그 보급을 위하여 노력하고 저술도 남겼다. 특히 대혜종고(大慧宗杲: 1089-1163)의 간화선의 수행법에 대하여 무자화두의 참구법에 대해서 처음으로 무자화두(無字話頭)의 십종병(十種病)을 정립하였다. 그것은 대혜의 무자화두 참구법에 기초한 것이었지만 열 가지 항목을 내세워 구체적으로 확립한 것은 지눌에게서 찾아볼 수가 있기 때문이다.

이것은 이후에 진각혜심(眞覺慧諶: 1178-1234)에게 전승되어 더욱더 강조되고 세련되게 전개되었지만, 지눌이 보여준 새로운 선수행법에 대한 안목은 이후로 한국의 선종사에 있어서 중요한 수행문화의 서막을 보여준 것이기도 하였다. 또한 이와 더불어 지눌 자신은 정작 간경(看經)을 통한 수행법으로 오도하였으면서도 후학들에게 지도한 수행법은 간화선의 수행법을 비롯하여 기타 염불(念佛)과 참회(懺悔)와 주력(呪力) 등에 걸쳐 다양한 수행법을 긍정하는 입장을 취하였다. 이와 같은 전통은 조선시대 청허휴정(淸虛休靜: 1520-1604)에 이르러서도 마찬가지의 모습으로 전개되었다. 이러한 수행풍토는 지눌로부터 더욱 분명하게 전개되고 있다는 점에서 오늘날까지 한국선에서 수행의 성격을 보편적이고 다양한 방향으로 지향하고 초석을 놓는 데 큰 역할을 보여주었다.

둘째는 지눌은 한국의 선종사에서 처음으로 선문헌을 본격적으로 저술한 인물이라는 점이다. 지눌 이전의 수많은 선자(禪者)들의 역할과 활동에도 불구하고 독립적인 어록 내지 저술이 남아 있지 않다는 점은 지눌이 남겨 놓은 여러 가지 저술 자체만으로도 커다란 의미를 지니고 있다. 그런 까닭에 지눌 이전에 활동한 선자들의 사상에 대해서는 몇몇 비문(碑文)과 중국의 찬술문헌 등에 단편적으로 보이는 대목을 통해서 엿볼 수밖에 없었다. 그러나 지눌의 저술이 다방면에 걸쳐 출현함으로써 선법의 측면에서뿐만 아니라 불교 교학의 사상과 계율과 불교문화의 측면에서도 더욱 분명하게 한걸음 진척되었다는 평가할 수가 있다.

십여 종이 넘는 지눌의 저술에는 법어(法語)와 가송(歌頌) 등을 비롯한 납자들의 마음자세에 대한 선종관련 문헌뿐만 아니라, 『계초심학인문(誡初心學人文)』과 『권수정혜결사문(勸修定慧結社文)』 등 승가의 기율을 다잡으려는 계율과 관련된 것, 『원돈신해문(圓頓信解門)』을 비롯한 화엄의 교학과 관련된 것, 『법집별행록절요병입사기(法集別行錄節要并入私記)』 등 중국에서 찬술된 저술에 대한 주석의 성격을 지닌 것, 『간화결의론(看話決疑論)』에 보이는 간화선의 수행법을 위한 것, 『염불요문(念佛要門)』에 보이는 염불과 관련한 것 등 다방면에 걸쳐 있다. 지눌이 내놓은 이들 저술은 이후 한국의 선종사에서 선법의 방향, 내지 선과 교학의 관계에 대해서도 시사해주는 바가 크다.

셋째는 지눌 자신은 선자였으면서도 교학을 중시하는 모습을 보여주었다는 점에서 일찍이 중국 조사선(祖師禪)의 전통적인 면모를 계승하였다. 조사선의 원류로 간주되고 있는 보리달마(菩提達磨)게서도 분명하게 드러나 있다. 달마는 일체중생이 부처와 동일한 불성을 지니고 있다는 것을 경전의 가르침에 의거하여 확신해야 할 것을 가르쳐주었다. 그것이 곧 자교오종(藉敎悟宗)인데, 이를테면 경전에 의지하여 선의 종지를 해명할 것을 요구한 것이었다. 이러한 모습은 이후로 오늘날에 이르기까지 변함이 없이 존속되어 오고 있다.

바로 지눌이 이와 같은 조사선풍의 정신을 충실하게 계승했다는 증좌로는 다양한 교학에 대한 지눌 자신의 이해, 그리고 그에 대하여 남겨둔 저술의 종류와 성격 등을 통해서 확인할 수가 있다. 이런 점에서 지눌은 규봉종밀(圭峰宗密: 780 -841)의 영향을 강하게 수용하였다. 가령 종밀의 경우와 마찬가지로 선과 교학에 대한 이해를 바탕으로 선교융합 내지 선교겸수의 태도를 보여주었던 점도 그 가운데 하나인데, 『법집별행록절요병입사기』에 가장 농후하게 드러나 있다. 이것은 교학을 바탕으로 한 선리일 뿐만 아니라 지눌에게 있어서 선리에 대한 명백한 이해와 근거로 기능할 수가 있었다.

지눌이 보여준 선과 교학의 상호관계는 일찍이 신라 말기에 선법의 수입시기에 보여주었던 것인데, 무모한 주장이기도 했던 선법의 우월주의에 대한 태도를 극복한 것일 뿐만 아니라 불법에 대하여 균형이 잡힌 이해와 실천의 방향을 일러준 것이기도 하였다. 그러나 더욱 분명하게 말하자면 지눌의 입장도 선법으로 기울고 있다는 점은 부정할 수가 없다. 그것은 수선사(修禪社) 계통뿐만 아니라 후대 선법의 역사를 통해서 끊임없이 전개되었던 까닭에 한국선법만의 특징으로 굳어진 면모이기도 하다. 한국 선법의 이러한 전통은 이후로 고려를 통하려 조선시대 나아가서 오늘에 이르기까지 지속되고 있다는 것은 물론이다.

넷째는 기존 사굴산문((闍崛山門)의 법맥을 계승한 것으로 알려져 있는 지눌의 경우에도 이전의 사승(嗣承)의 관계가 불분명한 점을 안고 있음은 물론이다. 그러나 지눌로부터 전개된 이후의 법맥의 전승은 문헌을 통하여 확인할 수가 있다. 가령 조선 후기에 출현한 『해동불조원류(海東佛祖源流)』 및 『동사열전(東史列傳)』 등을 비롯한 전등사서의 성격을 지니고 있는 문헌은 물론이고, 이후 20세기 초에 출현한 『조계고승전(曹溪高僧傳)』에 이르기까지 지눌의 사승관계는 매우 명백하게 드러나 있다. 이러한 모습은 지눌 이전의 한국선법에서는 일찍이 단절되어 구체적인 면모를 찾아보기가 어려웠지만, 법맥에 대한 강한 긍지심과 문중의 종풍을 수호하려는 의식은 지눌로부터 분명하게 전개되기 시작하면서 고려 후기에는 전등사서에 대한 관심의 증폭으로 나타났다.

가령 『백운화상초록불조직지심체요절(白雲和尙抄錄佛祖直指心體要節)』이 그러하고, 또 조선 초기에 보이는 『경덕전등록(景德傳燈錄)』에 대한 관심을 비롯하여 『통록촬요(通錄撮要)』의 개판 등은 지눌의 법맥의식 이후부터 지속적으로 전개된 전등의식의 발로로부터 나타난 것이었다. 그러나 주지하듯이 조선시대의 열악한 불교계의 상황을 반영해주고 있기라도 하듯이 중국의 선종사에 비하여 대단히 단조로운 법맥으로 전승되어 왔다는 것은 어쩔 수 없는 한계성을 노정시켜준 것이었다. 가령 임제종계통의 법맥 위주로 전개되어 온 점은 더욱 그러하다. 그러한 와중에도 사승관계에 대한 정통과 방계에 대한 논쟁이 청허휴정 이후로 다시 불거지면서 오늘에 이르도록 한국의 선종사를 점철해왔다는 점은 부정할 수가 없다.

다섯째는 지눌은 국가적인 난세에 처하여 살아가면서 시대상황에 대한 자각이 투철한 선자였다. 무인정권으로 흘러가는 시기였던 까닭이기도 하였지만 그러한 상황에 편승하여 승풍이 타락해가던 모습에 대하여 좌시할 수 없었던 지눌은 새로운 결사운동을 보여줌으로써 한국불교의 천여 년에 걸친 역사에서 구체적으로 승풍의 진작을 위한 활동을 보여주었다. 『권수정혜결사문』은 그 일환으로 출현한 것이었다. 지눌은 상구보리(上求菩提)의 기치도 중요했지만 하화중생(下化衆生)의 활동과 더불어 승가 자체가 청정한 모습을 구현하지 못하고서는 불가능하다는 것을 일찍부터 자각하였다.

이런 점은 지눌이 선자의 본분에 충실하면서도 즉시대적(卽時代的)인 자각을 앞세움으로써 선종계 나아가서 불교계에 신선한 바람을 일으키는 선구자적인 역할을 보여주었다. 그로부터 신앙을 비롯한 수행의 결사운동은 더욱 넓은 측면에서 전개되는 단초의 촉발제와 같은 역할을 하였다. 이것은 시대를 계도하고 사회를 정화해야 할 출가자의 본분사에 대한 자각이었고, 그동안 세속화되어가던 승풍을 회복시키는 역할에 대한 새로운 이정표이기도 하였다.

지눌의 위상

이처럼 다양한 측면에 걸쳐서 한국선의 역사에서 한국적인 선법의 전개를 위한 인물로서 지눌이 보여준 커다란 활동은 중세 한국 선법의 전개라는 측면에서 보면 이전에 볼수가 없었던 시도였고 전개였으며 결과로서 한국적인 선법의 큰 흐름을 주도하였다.

중국의 선종사에서 조계혜능의 역할은 소위 중국적인 선법을 구축할 수 있는 기반을 정립했다는 점에서 중국선의 토착화를 성취한 인물로 평가할 수가 있다. 마찬가지로 한국선의 역사에서 사백여 년에 걸친 모색의 시기를 보내고 새로운 한국선법의 전개를 위한 토양을 마련해준 인물로 지눌의 역할을 언급할 수가 있다.

그것은 지눌 이후부터 본격적이고 다양하게 전개되는 한국선의 면모를 찾아볼 수가 있기 때문이다. 그것은 다름이 아니라 한국선의 자각적인 측면에서 새롭게 중국으로 유학하여 자발적인 선법을 도입해온 경우가 그러하고, 선종의 수행법에다 다양한 신앙의 수행법을 융합하여 발전시킨 경우가 그러하며, 법맥의 전승에 따른 강한 문중의식의 형성 등이 그러하고, 본격적인 어록의 편찬이 출현했던 것 기타가 그러하다. 이런 점에서 지눌은 한국적인 선법의 정착을 통하여 토착화를 구축해준 인물로 평가할 수가 있다.

13. 공안(公案)과 간화선(看話禪)

공안의 출현

공안선(公案禪)은 공안에 대하여 기록하고 사유하며 참구하고 전승하는 것으로써 선수행 방법으로 활용하는 것을 말한다. 공안(公案)은 경론 내지 선어록 등에서 발췌한 일화를 중심으로 형성된 일단의 내용을 일컫는다. 이 경우에 공안은 납자 자신이 개인적으로 임의로 만들어내는 것이 아니라, 고래로부터 수많은 사람들이 선지식과 납자 사이에서 문답의 주제로 활용하거나 가르침의 소재로 활용하면서 여러 지역 내지 오랜 세월 동안 유행되어 오면서 보편적인 의미가 확보된 경우에 해당한다. 곧 불조가 개시해준 불법의 도리 그 자체를 의미하는 까닭에 납자가 분별식정(分別識情)을 버리고 참구하여 깨닫지 않으면 안 되는 문제로 정착되었다.

따라서 공안은 일정한 시대성이 반영되어 있는 것이 있는가 하면, 더불어 초시대적인 생명을 가지고 있는 경우도 빈번하다. 그런 만큼 공안은 사사롭게 정의하거나 조작할 수 있는 것이 아니라 권위가 부여된 법칙과 같은 기능을 담보하고 있는 일정한 내용의 글, 내지 문답으로 구성되어 있는 선문의 법어 내지 문답에 해당한다. 그래

서 공안은 공공문서로서 공부(公府)의 안독(案牘)에 비유
되어 법칙의 조항과 같은 의미를 지니고 유행되어 왔다.

그 모습은 당대(唐代)에 시작되어 송대(宋代)에 크게
성행하였는데, 선문헌으로 『운문광록』에서는 현성공안
(現成公案)이라는 표현으로 등장해 있다. 이 경우 현성
공안은 공안이 안전에 드러나 있다는 의미로 활용되었
다. 그래서 공안은 납자가 반드시 해결해야 할 문제의식
의 수단에 해당하는 화두의 측면과 더불어 깨달음 자체
의 측면이라는 두 가지 의미를 지니고 유행되었다.

간화선의 출현

송대에는 당시대부터 출현하기 시작한 수많은 공안을 중
심으로 그것을 정리하고 체계화하며 일종의 수행방법으로
까지 활용하게 되었는데 그로부터 공안의 기능이 다양하게
전개되었다. 공안을 채택하여 그것으로써 그 의미를 확인
하고 체험하며 타인에게 가르침의 수단 내지 불조의 가르
침을 파악하는 기관(機關)으로 활용하게 되면서 공안 본래
의 기능이 점차 보편적인 수행법으로 정착되어 갔다.

그 가운데 공안선(公案禪)이라는 의미는 공안을 가지고
염롱(拈弄)하고, 공안에 의미를 부여하며, 공안 그 자체를
불조의 교화방편으로 이해하여 납자가 수행의 근거로 사용
하는 수행가풍을 말한다. 따라서 공안선은 반드시 고래로

부터 전승해 온 공안에 근거하여 그것을 수행방식으로 삼는다는 점에서 보면 공안의 선수행이고 공안에 대한 선수행이기도 하다.

그러면서 점차 보편성이 확보되면서 그 공안에 대하여 각 어절마다 또는 구절마다 짤막한 주석을 붙이기도 하고, 내용 전체에 대하여 자세한 설명을 붙이기도 하며, 전제척인 대의를 제시하기도 하고, 공안의 내용을 독립적인 게송으로 표현하는 등 기타 유행을 창출해내기에 이르렀다. 이 경우에 짤막한 주석은 착어(著語)라고 말하고, 자세한 설명은 평창(評唱)이라고 말하며, 전체적인 대의를 제시한 것을 수시(垂示)라고 말하고, 공안에 붙이는 게송을 송(頌)이라고 말한다.

이처럼 불조가 개시한 공안을 가지고 수행하는 납자가 나름대로 자기의 견해를 붙이기도 하고, 그것으로 타인에게 다른 견해를 구하기도 하며, 그것으로써 선지식에게 자기의 견해를 점검받기도 하고, 납자를 지도 내지 교화해주는 방편으로 활용하기도 하는 유행이 널리 번져갔다.

이와 같은 방식을 수행방법으로 활용하는 경우를 문자선(文字禪)이라고 말한다. 곧 문자선은 공안을 바탕으로 거기에 문자를 활용하여 자신의 깜냥을 발휘하여 비평하는 것으로 수행법을 삼는다는 점에서 공안선에 대한 진일보한 모습을 보여주고 있다.

그러나 문자선의 경우 공안에 대하여 갖가지 분별을 부

여하고, 또 다른 분별을 유도해준다는 점에서 제방에서는 많은 비판이 제기되었다. 공안에 대한 납자의 견해를 피력하고 후인을 위한 참고로 활용하도록 안내해준다는 점에서 선수행의 역사에서 송대에는 공안선과 더불어 크게 유행하였다. 그 결과 수많은 선문헌이 등장하였고, 공안만 선별하여 공안집으로 엮어내기도 하였으며, 납자의 견해를 점검하고 새로운 방향을 제시해주는 교화 내지 교육의 기능을 가지고 지속적으로 발전하고 전개되어 왔다.

따라서 선문에서는 문자선이 가지고 있는 순기능과 역기능에 대하여 논의가 진행되기도 하였다. 그 가운데 문자선의 순기능적인 측면을 충분히 활용하는 경우에는 기존에 이미 제시되어 있는 수많은 선문답을 제시함으로써 납자의 경지를 점검하는 일종의 시험 내지 통과의례의 수단으로 활용하기도 하였다. 이로써 문자선에서 공안은 선지식에게는 일종의 시험문제이기도 하였는가 하면, 납자에게는 반드시 통과하지 않으면 안 되는 필수적인 관문의 역할로 부여되었다.

그 가운데 하나로 곧 묵조선(黙照禪)의 수행에서는 공안이 다양하게 그리고 널리 활용되기에 이르렀다. 그러나 문자선으로 인하여 드러난 역기능은 공안으로 분별심을 조장하고 점차 형해화되며 도그마적인 모습을 갖추어가게 됨으로써 처음에 공안이 출현했을 때의 참신한 측면이 점차 사라지고 경력 쌓기 내지는 언어유희의 측면으로 흘러가게 되었다는 점에서 찾아볼 수가 있다.

이로써 문자선의 분별적인 병폐를 극복하기 위하여 점차 공안에 대한 반성이 일어나게 됨으로써 공안을 더 이상 문자놀음의 대상으로만 파악하지 않고 그 자체를 정신집중의 방법, 그리고 제반의 번뇌를 타파하는 무기의 측면으로 활용하는 방법을 창출하기에 이르렀다. 그것이 소위 간화선(看話禪)의 수행법으로 출현하였다.

따라서 간화선은 한편으로는 공안선이 지니고 있는 공안 전체에 대한 사유와 참구라는 기능을 벗어나 있고, 또 한편으로는 문자선이 지니고 있는 언어문자의 분별과 도그마라는 기능을 극복하는 방안으로 출현하였다. 그것은 바로 일찍이 불조에 의하여 개시되었던 공안 가운데서 특수한 대목만 끌어내어 그 언구를 중심으로 그 어떤 견해도 가하지 않고 오로지 언구 그대로 두고 그것만 참구하여 '이것이 무엇인가?' 하는 마음으로 정신을 집중하여 참구하는 방법이었다.

이로써 간화선은 단출한 언구를 채택하여 그 언구에 대한 분별의 사유를 가하지 않고 언구 그것에만 집중하는 까닭에 대단히 특수한 수행법으로 알려졌다. 더욱이 공안에서 채택된 언구에 대하여 일체의 질문과 답변, 경전의 인용과 사유, 선지식의 안내와 설명 등에도 의거하지 않은 채, 자신이 채택한 언구를 언구가 지니고 있는 자체의 의미까지도 부정하고 일종의 이미지로 삼아 거기에 집중적으로 참구하는 방법을 활용하게 되었다.

이와 같은 수행의 방식으로 인하여 간화선의 수행법은 대단히 특수한 양상을 지니게 되었다. 곧 간화선에서는 특정한 해답이 주어지지 않는 까닭에 정해진 답변이 없고, 그 어떤 사람과 동일한 답변이 없으며, 반면에 동일한 언구에 대해서도 무수한 답변이 가능하고, 언구 자체에 맛이 없고 색이 없으며 냄새가 없고 소리가 없어 몰자미(沒滋味)한 상태를 보여주기도 한다. 그러면서 누구에게나 올바른 답을 끌어내는 기관으로 활용된다는 점에서 활구(活句)로 통한다.

이에 선종사에서는 공안선과 문자선과 간화선의 순서로 형성되어 왔는데, 이들 선수행의 방법은 오늘날에도 여전히 유효하다. 가령 공안선은 불조가 개시해준 공안을 통째로 들어 사유하고 참구하는 것으로 공안을 전제(全提)하는 방식이라면, 문자선은 공안에 대하여 문자를 동원하여 능력껏 개인의 견해를 가하여 비평하는 자세로 수행 및 접화의 수단으로 활용하는 방식이고, 간화선은 공안 가운데서 특수한 부분의 언구를 선택하여 그 언구를 중심으로 언구 자체에 대해서만 '이것이 무엇인가?' 하는 마음으로 참구하는 것으로 공안을 단제(單提)하는 방식이라는 점에서 각각 구별된다. 예를 들어본다. 한국과 중국과 일본 등 간화선의 전통을 지켜온 선종사에서 공통적으로 가장 보편적인 화두로써 제기되어 있는 무자화두(無字話頭)에 대하여

『굉지선사광록』에서 다음과 같이 말한다.

　　한 승이 조주종심(趙州從諗: 778-897)에게 물었다. "강아지
에게도 불성이 있습니까." 조주가 말했다. "유(有)" 승이 물
었다. "그렇다면 어째서 강아지의 가죽 속에 들어간 것입니
까." 조주가 말했다. "그것은 알고 있으면서도 고의적으로
개의 몸을 받은 것이다." 또 승이 조주에게 물었다. "강아
지에게도 불성이 있습니까." 조주가 말했다. "무(無)" 승이
물었다. "일체중생개유불성(一切衆生皆有佛性)이라는데 어
째서 강아지에게는 무(無)라고 하는 것입니까." 조주가 말했
다. "강아지한테는 업식이 있기 때문이다."[36]

　　위에 인용한 공안이 전체에 대하여 그것을 대상으로 사
유하고 문답하며 참구하는 수행법은 공안선에 해당한다.
그런데　위의　공안에　대하여　굉지정각(宏智正覺:
1091-1157)은　　"조주는　유(有)라고도　말했고　또　조주는
무(無)라고도 말했다. 그러나 강아지의 불성은 천하에 널리
분포되어 있다. 얼굴이 반반해도 말이 곧은 것만 못하니,
마음이 진실하면 말이 거칠어도 괴이하게 여길 것이 없다.
칠백 갑자의 노련한 선백인 조주종심(趙州從諗)도 때로는
사람에게 속아 눈동자를 나귀똥과 바꾸는 경우가 있다."
고 비평하였다.
　　위의 글은 고스란히 고려시대 진각혜심(眞覺慧諶: 1178

---

36) 『宏智禪師廣錄』 卷2, (大正新脩大藏經48, p.20上)

-1234)에게 인용되어 『선문염송』에 수록된 이래로 한국의 선문헌에서 무자화두의 전형으로 오늘날까지 계승되어오고 있다. 그리고 무문혜개(無門慧開: 1183-1260)는 "강아지가 가지고 있는 불성은 불법을 온전히 드러내고 있다. 만약 자칫하여 유무에 걸리면 그대로 목숨을 상실하게 된다."는 송을 붙여서 비평하였다.

꿩지정각 및 무문혜개와 같이 공안에 대하여 비평을 붙이는 경우를 가리켜 문자선이라고 말한다. 한편 위의 공안 가운데서 "무(無)"라는 글자만 끌어내어 '무자(無字) 이것이 무엇인가?'라고 참구하는 경우는 간화선이라고 말한다.

그런데 무자화두의 경우에도 조주의 일화에 등장하는 경우에는 아직 화두(話頭)라고 말하지 않는다. 조주의 일화는 단지 무자화두의 연원에 불과할 따름이다. 조주의 그 일화가 본격적인 화두로서 생명과 기능을 가지고 출현한 것은 북송시대 오조법연(五祖法演: 1024-1104)이 조주의 일화를 공안으로 삼아 납자들에게 문제의식을 불러일으키는 기관으로 활용하게 됨으로써 가능하였다. 이렇게 보면 간화선에서 가장 보편적으로 활용하고 있는 무자화두가 탄생한 역사는 아직 천년이 채 되지 않은 셈이다. 이후로 원오극근(圓悟克勤: 1063-1135) 및 그의 제자 대혜종고(大慧宗杲: 1089-1163)에 이르면서 무자화두는 선종사에서 보편적인 화두로서 그 기능을 하게 되었다.

14. 무자화두(無字話頭)의 전승

　간화선의 수행법에서 가장 보편적으로 활용되어 온 화두 가운데 하나가 구자무불성화(狗子無佛性話)이다. 이 구자무 불성화는 조주종심(趙州從諗: 778-897)으로부터 연원되었 고, 이후 북송의 오조법연(五祖法演: 1024-1104) 이후에 화두로서 본격적으로 정착되었다. 오조는 평소에 무자(無 字)를 화두로 삼았는데, 이 무자를 터득한다면 천하의 사 람들도 어쩌지 못한다고 보았다. 따라서 제자들에게 그 무 자를 터득하는 방식으로서 무자화두(無字話頭)에 대하여 유(有)라고 답변하는 것도, 그리고 '무(無)'라고 답변하 는 것도, 그리고 양자를 모두 부정하는 것도 용납하지 않 았다. 곧 분별의 유와 무를 초월한 입장에서 무자화두를 참구하도록 하였다.

　간화선의 수행 가운데 무자화두의 수행은 무자화두를 의 심하여 잠시도 그것으로부터 벗어나지 않는 무간단(無間 斷)의 수행으로 화두에 대한 의심이 지속되도록 유지하는 것이 중요하다. 그와 같은 기본적인 마음자세를 망각할 경 우에 그 수행에 잘못이 발생한다. 그와 같은 잘못에 대하 여 언급한 내용은 대혜종고(大慧宗杲: 1089-1163)로부터 구체적인 몇 가지 항목으로 비롯되었는데, 화두를 참구하 는 병폐를 지적함으로써 화두참구의 올바른 방향을 제시하 기 위한 것이었다. 간화선의 수행에서 일체의 그릇된 지각을 없애는 수단이기도 한 화두참구에서 들고 있는 화두가 의심덩어리가 되지 못하고 특정한 맛으로 느껴질 때는 이미 잘못된 병이 된 것이다. 이와 관련하여 무자화두는 대혜종고에 이르러 더욱더 중요하게 취급됨으로써 무자화두를 참구하는 방식에서 있어서 반드시 주의해야 할 사항으로 제시되었다.

무자화두의 참구에 대한 이와 같은 주의사항이 선병(禪病)의 개념으로 고려에 전승되었는데 보조지눌(普照知訥: 1158-1210)에게서 약간의 변화가 나타났다. 지눌은 수많은 불전과 어록을 공부하였고 그에 따른 저술도 비교적 많은 편에 속한 인물이다. 특히 대혜종고의 어록을 탐독한 결과 마침내 지리산 상무주암에서 깨침을 얻을 수 있었다. 이로부터 지눌은 자신이 얻은 깨침을 대혜의 어록에 보이는 간화의 수행법에 대하여 깊은 관심을 두었다. 그 결과 대혜가 주창했던 무자화두의 참구법에 대하여 나름대로 수용을 하고 무자화두를 참구하는 과정에서 나타나는 병폐를 열 가지로 규정하였는데, 그 열 가지는 무자화두를 참구하는 방식에 있어서 주의해야 할 사항으로 최초에 해당한다. 이것은 무자화두를 그토록 강조했던 대혜의 경우에도 확정적이지는 않았던 점이다.

지눌은 『간화결의론(看話決疑論)』에서 무자화두를 참구하는 경우에 주의해야 할 열 가지 주의사항에 다음과 같이 언급하였다. ① 유나 무의 개념으로 이해하지 말라. ② 진무(眞無)의 무라는 개념으로 이해하지 말라. ③ 도리를 따져서 이해하지 말라. ④ 의미를 동원하여 사량하거나 헤아리지 말라. ⑤ 눈썹을 치켜올리거나 눈동자를 깜박이는 것으로 근거를 삼지 말라. ⑥ 언어를 끌어들여 설명하려고 하지 말라. ⑦ 아무런 일도 없는 그 자체에서 해답을 구하지 말라. ⑧ 화두 자체에 해답이 있다고 간주하지 말라. ⑨ 문자 속에서 해답을 이끌어내지 말라. ⑩ 깨침이 오기를 기다리지 말라.[37]

한편 대혜의 무자화두에 대한 주의사항이 원대에는 몽산덕이(蒙山德異: 1231-1308)에 의하여 「무자십절목(無字十節目)」에서는 약간의 변용적인 계승이 이루어지기도 하였다.

지눌이 처음으로 규정한 무자화두참구법의 주의사항 열 가지에 대하여 이후에 그의 제자인 진각혜심(眞覺慧諶: 1178-1234)은 「구자무불성화간병론(狗子無佛性話揀病論)」을 저술하여 무자화두의 참구법에 대하여 체계적인 설명을 가하였다. 여기에서 혜심은 무자화두의 연원을 『굉지선사광록(宏智禪師廣錄)』에 수록되어 있는 조주와 한 승의 일화에 근거를 두고 지눌의 열 가지 주의사항에 대하여 그 순서와 항목에 약간의 변형을 가하였다. 그리고 무자화두를 참구하는 잘못을 다스리기 어려움과 쉬움을 기준으로 ① 난이(難離)와 ② 이이(易離)로 구분하였고, 다시 무자화

---

37)『看話決疑論』, (韓國佛教全書4, p.735上)

두를 추구하는 자세로서 ① 유심(有心)으로 추구하지 말
라. ② 무심(無心)으로 추구하지 말라. ③ 어언(語言)으로
지어가지 말라. ④ 적묵(寂默)으로 통하려고 하지 말라고
사병(四病)으로 구분하였으며, 분별심의 대상으로 간주해서
는 안 된다는 것을 기준으로 ① 사의(思義)와 ② 부사의
(不思議)로 구분하였다. 혜심은 지눌이 정립한 열 가지 주
의사항에 대하여 각 항목이 지니고 있는 속성을 중심으로
하여 무자화두를 직접 참구하는 납자의 입장에서 분류하였
다.38)

　이후로 무자화두를 참구하는 열 가지 주의사항은 조선
중기에 청허휴정(淸虛休靜: 1520-1604)의 『선가귀감』에
서도 거의 그대로 계승되었다. 이어서 조선 후기에 백파긍
선(白坡亙璇: 1767-1852)은 『무자간병론과해(無字揀病論
科解)』를 지어 열 가지 항목을 재평가하면서 혜심의 사병
(四病)을 중심으로 화두를 드는 것은 유심(有心)과 어언(語
言)에 해당하고, 화두를 들지 않는 것은 무심(無心)과 적묵
(寂默)에 해당하며, 문자 속에서 해답을 이끌어내는 것은
화두를 드는 것과 들지 않는 것에 두루 통한다고 정리하였
다.

　이들 기존의 대혜와 지눌과 혜심과 청허와 백파가 말한
무자화두를 참구할 때의 주의사항에 대해서 보여준 각각의
방법은 분명하다. 곧 대혜종고는 무자화두를 참구할 때의

―――――――――
38) 『狗子無佛性話揀病論』, (韓國佛敎全書6, p.69下)

주의사항으로서 한꺼번에 열 가지를 제시한 모습은 보이지 않는다. 다만 최소 두 가지로부터 여덟 가지 및 열 가지 이상에 이르는 사항을 지적하였는데, 전체적으로 보면 겹치는 경우를 제외하고는 열 가지로 분류할 수가 있었다.

대혜는 무자화두의 참구법에 대하여 처음으로 당시에 잘못된 방법을 지적하고 그것을 퇴치하려는 시도를 보여준 것이었다. 지눌은 그것을 계승하여 『간화결의론』에서 대혜로부터 전승된 무자화두의 참구법을 열 가지로 규정하였다. 혜심은 『구자무불성화간병론』을 저술하여 본격적으로 무자화두에 대한 잘못된 참구법을 지적하고 그것을 체계화하였다. 청허휴정은 『선가귀감』에서 화두를 참구하는 주의사항으로서 기존에 전승되어 오던 사항을 그대로 답습함으로써 무자화두의 참구법에 대한 열 가지 주의사항을 더한층 공고히 하였다. 백파긍선은 혜심의 『구자무불성화간병론』에 대한 해설서의 성격을 지닌 『무자화두간병론과해』를 저술하여 열 가지 낱낱의 항목에 대하여 설명을 붙이고 전체적인 구조를 명료하게 하였다.

조선 말기의 근대에 이르러 백용성은 『총론선병장(總論禪病章)』이라는 글을 통하여 무자화두의 열 가지 주의사항에 대한 새로운 안목을 보여주었다. 기존의 무자화두의 참구에 대한 열 가지 주의사항에 대하여 그 근원적인 이유와 낱낱에 대하여 낱낱의 항목을 용성 나름대로 설정하여 해설을 붙였다.39)

일찍이 대혜종고 · 보조지눌 · 진각혜심의 경우에는
가령 부득작유무회(不得作有無會)처럼 열 가지 주의사항의
항목 맨 앞에 모두 부득(不得)이 붙어 있었다. 이것은 화
두를 참구하는 납자를 주체적인 입장으로 간주하여 그들을
지도하는 입장에 놓여 있는 선지식이 무자화두의 무(無)에
대하여 있다[有] 내지 없다[無]는 의미로써 이해하려고 하
지 말라는 의미이다. 따라서 이들 경우는 열 가지 명칭이
어디까지나 참구하는 납자에 대하여 유무회(有無會)의 잘
못을 범하지 말라는 내용으로 구성되어 있다.

그리고 청허휴정은 기존의 열 가지의 내용을 그대로 가
져다가 인용하는 입장이기 때문에 낱낱 항목의 맨 앞에 모
두 부득(不得)을 붙이지 않고 있다. 그리고 백파긍선의 경
우는 가령 간유무지해(揀有無之無解)처럼 무자화두의 무에
대하여 유무의 무라는 의미로 이해하려는 것을 간별한다는
점에서 낱낱의 항목에 간(揀)이라는 글자를 붙여서 정형적
인 용어로 활용하였다. 이 경우에 무자화두를 참구하는 납
자가 유무의 무로 이해하려는 것을 간별해준다는 것은 납
자의 잘못에 대하여 선지식이 그와 같은 병통으로부터 벗
어나게 해준다는 의미이기 때문에 전체적인 주체는 화두를
참구하는 납자가 아니라 그들을 지도해 주는 입장에 있는
선지식으로 되어 있다.

한편 백용성의 경우는 이와는 달리 열 가지 모든 명칭의

---

39) 『백용성대종사총서』 1 선사상. (서울: 동국대학교출판부, 2016)
    pp.121-128.

맨 앞에 논(論)이라는 글자를 붙여두고 있는데, 이때 논의 주체는 무자화두를 참구하는 납자로 되어 있다. 가령 논유무지병(論有無之病)에서 납자가 무자화두의 무에 대하여 유무의 무를 가지고 논의하려는 것은 다름이 아니라 병(病)이라고 선지식이 진단한다는 의미이다. 따라서 용성은 『총론선병장』의 결론적인 대목에서 대혜종고의 말을 인용하여 열 가지에 떨어지는 어리석음을 범하지 말라고 권장한다. 곧 무자화두의 참구에 대하여 분별의식으로도 나아갈 수가 없고 분별사상으로도 도달할 수가 없어서 분별(分別)이 단절되고 의로(義路)가 소멸된 곳을 향해서 곧장 촉발할 것이 중요함을 말하고 있다.

이처럼 분별의 입장에서 무자화두를 논의하는 것이야말로 무자화두에 접근하려는 일체의 행위가 잘못으로 간주된다는 것이다. 그래서 ① 유와 무라는 개념을 가지고 논의함으로써 무자화두를 타파하려는 병이다. ② 무심의 차원으로 승화시켜서 논의함으로써 무자화두를 타파하려는 병이다. ③ 평상의 이치를 이끌어내어 논의함으로써 무자화두를 타파하려는 병이다. ④ 절묘한 불법의 도리에 적용시켜서 논의함으로써 무자화두를 타파하려는 병이다. ⑤ 인간의 분별의식으로 이리저리 재고 비교하여 논의함으로써 무자화두를 타파하려는 병이다. ⑥ 어떤 이치나 예측이나 사량을 가지고도 파악할 수가 없어서 부득이하게 눈썹을 치켜뜬다든가 눈동자를 이리저리 굴리는 것으로 자신의 깜냥을 드러내어 논의함으로써 무자화두를 타파하려는 병이다. ⑦ 본래부터 천진한 면목이 그대로 펼쳐져 있는 까닭에 굳이 이러쿵저러쿵 노심초사하는 것은 긁어 부스럼 만드는 격이라고 하여 아무런 작위도 없다는 것을 논의함으로써 무자화두를 타파하려는 병이다. ⑧ 무자화두 그 자체에 처음부터 대단한 그 어떤 공능이 갖추어져 있는 것으로 파악하여 선상을 치거나 불자를 휘두르는 것을 가지고 논의함으로써 무자화두를 타파하려는 병이다. ⑨ 경전이나 어록 가운데 즐겨 인용되고 있는 일화를 끄집어내어 적절하게 그 상황에 맞추어 자신의 능력을 뽐내고 그것으로 증거를 제시하여 논의함으로써 무자화두를 타파하려는 병이다. ⑩ 중생의 입장에서는 직접 깨달음으로 나아갈 수가 없는 까닭에 불보살과 조사가 터득한 현묘한 경지에 대하여 시간이 지나고 인연이 도래해야만 가능하다고 이해하여 마냥 그대로 앉아서 기다리는 것을 가지고 논의하려는 것으로써 무자화두를 타파하려는 병이다.

그리고 무자화두를 참구하는 경우에 잘못된 방식을 이처럼 비록 열 가지 잘못으로 나누어서 더욱 친절하게 그것으로부터 구제해주려는 가르침으로 열 가지를 제시하였을지라도, 그와 같은 선병이 발생하는 근원에 대하여 다시 백용성은 지해(知解)로부터 의미를 따지는 의로병(義路病)·이치를 따지는 이로병(理路病)·문자로 이해하려는 문해병(聞解病)·사려분별로 이해하려는 사상병(思想病)의 네 가지 병이 발생한다고 보았다.

이처럼 간화선의 수행방법에서 가장 널리 참구되고 있는 무자화두에 대하여 일찍이 대혜는 무자화두를 참구할 때 잘못을 범하는 경우를 여덟 가지 또는 열 가지로 나열하여 지적하였다. 그러나 대혜의 경우에 그것을 정형적으로 열 가지로 언급하지는 않고, 다만 상황에 따라서 무자화두의 참구에서 주의할 사항으로 제시한 것이었을 뿐이었다. 이후 지눌을 거쳐 혜심에게 보이는 『구자무불성화간병론』의 내용은 이미 지눌에게서 정형화된 열 가지의 내용은 명칭 내지 순서에 약간의 차이는 있을지라도 전체적으로는 대동소이하였다. 그리고 청허휴정은 『선가귀감』에서 용어를 더욱 단순화하여 제시하였다. 나아가서 백파긍선은 혜심의 『구자무불성화간병론』에 대하여 분과를 붙여서 설명한 『무자화두간병론과해』를 저술하여 가지를 더욱 구체적으로 간별해주었다.

한편 이러한 열 가지의 전승에 대하여 『총론선병장』을 시설하여 간화선에서 무자화두를 참구함에 있어서 잘못을 범하는 십종의 병통에 대하여 용성은 그 근본에 대하여 바로 분별지해라고 파악하고, 그 분별지해로부터 발생하는 경우를 열 가지 주의사항으로 간주하였다. 무자화두의 참구법에서 주의해야 할 열 가지 사항에 대하여 한국의 선종사에서 전승되어 왔던 이러한 일련의 전개는 일찍이 조주와 승이 문답한 일화에서 비롯되었다. 따라서 무자화두에 대한 열 가지 주의사항의 연원은 조주가 강아지의 불성에 대하여 한편으로는 '유(有)'라고 말하기도 하고, 한편으로는 '무(無)'라고 말하기도 했던 의미에 대하여 어떻게 접근해야 하고 어떻게 이해해야 하며 어떻게 참구해야 하고 어떻게 활용해야 하는가의 방식으로 전개된 것이었다.

그렇다면 무자화두를 참구할 경우에 열 가지의 주의사항을 벗어나서 어떻게 하라는 것인가. 그것은 바로 무자에 대하여 '이것이 무엇인가[是甚麼(是什麼)].' 하는 방법으로 참구하라는 것이다. 여기에서 이것이 무엇인가에 해당하는 것이 곧 '시삼마'이다. 따라서 시삼마는 무자화두를 비롯하여 기타의 화두를 참구하는 방식에 해당하는데, 여타의 화두를 참구하는 데에 공통한다. 그러나 선종의 역사에서는 일찍이 공안의 일례로 출현한 경우도 없지 않아 있었다.[40] 그와는 별도로 오늘날 한국의 선수행에서는 시삼마 자체를 참구하는 방식이 아니라 온전한 화두의 하나로 간주하려는 경우도 있다.

---

[40] 『景德傳燈錄』卷5, (大正新脩大藏經51, p.244下) "어떤 승이 도착하여 참례하자, 국사가 물었다. "어떤 수행을 했습니까." 승이 말했다. "금강경을 강의했습니다." 국사가 물었다. "최초의 두 글자는 무엇입니까." 승이 말했다. "如是라고 되어 있습니다." 국사가 물었다. "그게 무슨 뜻입니까." 승이 대답하지 못했다. 有僧到參禮。師問。蘊何事業。曰講金剛經。師曰。最初兩字是什麼。曰如是。師曰。是什麼。無對"

15. 발전기의 선교관(禪敎觀)

고려시대의 선교관

한국의 선종사에서 고려시대는 이전 시대에 수입과 전승된 선법이 본격적으로 전개되기 시작하는 시기에 해당한다. 곧 사굴산문(闍崛山門)과 가지산문(迦智山門)을 중심으로 구산문이 고려 말기까지 면면하게 전승되었는가 하면, 새로운 선수행법으로 간화선(看話禪)이 도입되었으며, 보조지눌(普照知訥)로부터 비롯된 선리에 대한 저술 및 진각혜심(眞覺慧諶)으로부터 비롯된 순수 조사어록이 출현하였고, 공안선(公案禪)과 문자선(文字禪)의 유행으로 인하여 선리와 수행에 대한 이해의 확장이 이루어졌으며, 전등사서의 수입과 편찬에 근거하여 전등법맥에 대한 의식이 정착되는 등 다양한 분야에 걸쳐 고려선법의 특수성이 부각되어갔다.

이와 더불어 고려시대 선법에서는 선과 교에 대한 관계에 대해서도 특수한 상황으로 전개되었다. 나말·여초에는 선법의 초기 시대에 해당하는 만큼 의도적인 선교차별이 출현하였는데, 그 까닭은 선법이 정착을 모색하던 입장이었기 때문이었다. 그로부터 고려시대의 전반적인 모습은 대체적으로 선교차별(禪敎差別)의 입장이었지만 일방적인 차별이라기보다는 융합의 면모도 아울러 보여주었다. 고려의 전기 및 중기까지는 선교의 차별적인 모습이 두드러지게 전개되었던 시기에 해당한다.

지눌의 선교관 형성

지눌은 그의 저술에 드러난 내용으로 보면 당대의 규봉 종밀(圭峰宗密: 780-841)에게서 많은 사상적인 영향을 받았다. 그 가운데 하나가 선교의 관계에 대한 견해이다. 종밀은 불법의 일대시교(一代時敎)에 대하여 교학에 대한 삼교(三敎)와 선종에 대한 삼종(三宗)으로 대비시켜 설명함으로써 선과 교를 전수전간(全收全揀)하여 그 체계를 구축하려고 했던 인물로 평가되고 있다. 특히 선교의 관계에 대해서는 경(經)은 부처님의 말씀이고 선(禪)은 부처님의 마음이라는 말에 잘 드러나 있듯이, 종밀은 선교의 융합 내지 선교의 일치에 대한 견해를 보여주었다.

나아가서 종밀은 다양한 선문에 대해서도 나름대로 기준을 가지고 등급을 매겨두었다. 이것은 소위 달마의 일화에서 보이는 피·육·골·수(皮·肉·骨·髓)의 관념이 선문의 각 종파에 대한 우열을 비교한 장치로 활용되었던 것처럼, 종밀은 다양한 선문의 각각에 대한 우열을 평가하는 방법으로 마니주(摩尼珠)의 비유를 제시하였다.

이를테면 마니주는 투명하고 둥근 옥이기 때문에 곁에 있는 색을 반영하여 그 색이 물들어 보인다. 첫째로 마니주가 무명(無明)을 상징하는 흑색으로 물든 경우에 흑색이 부착되어 있다고 생각하여 그것을 떼어내고 아름답고 투명한 명주를 만들려고 노력하는 것은 망념을 벗어나서 깨치려는 북종(北宗)의 견해이다. 둘째로 흑색이 마니주 자체이므로 본래 투명성은 볼 수가 없다고 생각하는 것은 일체의 행위가 그대로 깨침이라는 홍주종(洪州宗)의 견해이다. 셋째로 구슬의 흑색이 허망할 뿐만 아니라 명주 그 자체도 공(空)이라고 생각하는 것은 일체개공을 주장하는 우두종(牛頭宗)의 견해이다. 넷째로 마니주의 흑색은 공이지만 마니주는 불공(不空)이라는 것을 잘 인식하여 마니주 그 자체가 지니고 있는 투명성을 잘 알아차리는 것은 영지(靈知)를 강조하는 하택종(荷澤宗)의 견해이다. 따라서 번뇌를 그대로 긍정하는 것이 홍주종이라면, 하택종은 번뇌의 한가운데 있으면서도 거기에서 공적영지(空寂靈知)를 강조하여 이를테면 투명성이 현재하고 있음을 인식한다는 점에서 서로 차이가 있다.

바로 지눌은 이와 같은 종밀의 견해를 대부분 수용하는 자세를 취하였다. 따라서 종밀의 견해에서 보이듯이 지눌의 견해도 또한 여러 선문에 대한 입장은 물론이고, 나아가서 선과 교에 대하여 상호 보완적인 입장에 근거하여 선교융합의 면모가 드러나 있다. 그러면서도 지눌의 견해가 전체적으로 선을 중심에 놓아두고 그에 상응하는 차원으로 교를 이해하는 견해가 농후하다는 것은 곳곳에서 발견할 수가 있다.

가령 『법집별행록절요병입사기(法集別行錄節要幷入私記)
』에서는 다음과 같이 말한다.

나 지눌이 교학자를 보건대, 권교(權敎)의 설명에 막혀서
진(眞)과 망(妄)을 별개의 것으로 집착함으로써 스스로 퇴굴
심(退屈心)을 일으키고, 혹 입으로 사사무애(事事無碍)를 말
하면서도 관행(觀行)을 닦지 않으며, 자심에 오(悟)·입(入)의
비결이 있음을 믿지 못하고, 선자들이 견성성불(見性成佛)
이라고 말하는 것을 듣는 경우에는 곧 돈교(頓敎)의 이언
(離言)이라는 이치에서 벗어나지 못했다고 말한다. 그러면서
도 그 가운데 원만한 깨침과 본래심, 불변과 수연, 성(性)과
상(相), 체(體)와 용(用), 안락과 부귀 등이 제불의 의도와
동일한 줄을 모르고 있으니, 그 교학자들을 어찌 지혜로운
사람이라고 할 수 있겠는가.41)

물론 이 대목은 교학자와 선학자의 병폐를 싸잡아 평가
하는 대목의 일부분에 불과하지만, 적어도 교학에 대한 지
눌의 입장이 어떤 것이었는가는 짐작해볼 수가 있다. 뿐만
아니라『수심결(修心訣)』에서는 다음과 같이 말한다.

만약 자심(自心) 밖에 부처가 있고 자성(自性) 밖에 깨침이
있다고 말하며 굳게 그런 생각을 고집하면서 불도를 추구하
려는 사람이 있다고 하자. 그 사람은 설령 진사겁(塵沙劫)
이 지나도록 몸을 태우고 팔을 불리며 뼈를 부수어 골수를

---

41)『法集別行錄節要幷入私記』, (韓國佛敎全書4, p.746中)

캐며 피를 뽑아 사경을 하며 앉아만 있고 눕지 않으며 하
루 가운데 묘시에 한 끼만 먹으며 내지 일대장경(一大藏經)
을 달달 외우며 갖가지 고행을 닦는다고 할지라도, 마치 모
래를 쪄서 밥을 지으려는 것과 같아서 단지 수고만 더할
뿐이다. 그러나 무릇 이 자심을 알게 되면 항사(恒沙)의 법
문과 끝없이 오묘한 뜻을 추구하지 않아도 저절로 터득된
다.[42]

지눌은 선교의 관계에 대하여 기본적으로는 그 융합적이
고 보완적인 측면을 간과하지 않으면서도, 한편으로는 궁
극적인 깨침으로 나아가는 경계에 대해서는 분명히 차별의
입장을 인정하고 있었다. 이후에 지눌은 선과 교의 회통을
시도하였지만 궁극에는 미완성에 그치고 말았으며, 혜심은
교학의 측면을 지해(知解)로 간주하고 의리를 통해 선을
이해하는 의통선(義通禪)의 입장에 빠지는 것을 배격하였
다.

선주교종의 전개

이와 같이 선교에 대한 융합의 면모 내지 차별에 대한
견해가 공존하고 있던 고려 중기의 시대적인 추이는 이후
후기에 진정천책(眞靜天頭: 1206-?)의 『선문보장록(禪門
寶藏錄)』에 이르면 선교차별의 모습이 더욱더 심화되어 나

---

42) 『牧牛子修心訣』, (韓國佛教全書4, p.708中)

타난다. 가령 『선문보장록』은 제목에 드러난 것처럼 선문에서 전해져 내려오는 여러 가지 어록에서 발췌한 것으로 주옥과 같은 글들을 모아 집대성한 책이라는 의미이다. 상·중·하 삼권으로 구성되어 있는데, 권두에 서문이 있고, 선교대변문(禪敎對辨門)·제강귀복문(諸講歸伏門)·군신숭신문(君臣崇信門)으로 구성되어 있다. 이들 삼문에는 각각 25칙·25칙·39칙이 수록되어 있고, 마지막 대목에는 니파삼칙(尼婆三則)이 있어 총 92칙이 수록되어 있고, 전체에 대하여 각각 그 출처가 밝혀져 있다. 그리고 맨 끝에는 발문이 붙어 있다.

여기에서 선교대변문은 선과 교를 상대시켜 그 우열을 논의한 것이고, 제강귀복문에서는 강학하는 스님이 선승에게 설복된 일화를 모은 것이다. 다분히 의도적이고 계획적인 내용들로 채워져 있지만, 당시의 선교관을 엿보기에 충분하다. 가령 선교대변문에서 다음과 같이 말한다.

대저 교외별전이란 모든 부처님과 모든 조사들에게 공통된 법칙이다. 곧 교외별전의 법칙은 문자로 어찌할 수 있는 것이 아니기 때문에 교외라 말하고, 순서의 차례나 수행의 계급을 거치지 않고 불심종(佛心宗)을 깨쳐 곧바로 법인을 수용하기 때문에 별전이라 한다. 교법은 유언(有言)으로부터 무언(無言)에 이르는 것이고, 심법은 무언(無言)으로부터 무언(無言)에 이르는 것이다. 무언으로부터 무언에 이르는 것은 사람들이 얻을 수 없는 것을 가리킨 것으로 억지로 선

이라 이름한다.[43)]

이것은 선과 교를 상대시켜 선의 우월적인 입장을 논의한 것에 해당한다. 곧 선이 교에 상대하여 그 우위에 있다는 내용으로 채워져 있어서 당시에 이미 선법의 흥기로 말미암아 선주교종(禪主敎從)의 성향이 정착되어 있음을 엿볼 수가 있다.

한편 선과 교에 대한 이와 같은 견해는 고려 말기에도 지속되었는데, 교학에 대한 올바른 이해가 필요함을 주장하는 주장이 두드러지게 나타났다. 원나라를 통해서 수입된 임제종(臨濟宗) 법맥에 근거한 정통성의 의식은 달마선법의 정전(正傳)이라는 우월의식으로 다져졌는데, 백운경한 및 태고보우 등을 통한 선주교종(禪主敎從)의 입장에서 전개된 선교융합적인 전통이 그것이었다.

백운경한(白雲景閑: 1299-1374)은 진정한 설법이란 교학 곧 경전에 있는 그대로를 설하는 것이 아니라 경전의 내용을 터득하는 것으로부터 시작하여 교학 곧 경전을 자유롭게 활용하는 것으로 간주하였다. 곧 백운은 삼보에 대한 교학의 입장에 의거한 설명으로서 교학의 불법에 대하여 설법하고 드러냄에 있어 이사구절백비(離四句絶百非)하는 정신으로 분별심을 벗어난 직관의 방식을 강조하였다. 태고보우(太古普愚: 1301-1382)의 선관은 화두를 궁극까

---

43) 『禪門寶藏錄』 卷上, (韓國佛敎全書6, p.471上)

지 참구함으로써 깨침을 추구하고 경험하였다. 그는 깨침
의 경험을 바탕으로 하여 다시 안목이 밝은 선사에게 참문
하여 구경의 인가를 받지 않으면 가치가 없는 것으로 간주
하였다.

이 경우에 인가의 강조는 교학적인 언설을 초월하여 선
법의 방식에 근거한 이심전심(以心傳心)의 심법이었다. 보
우에게 있어서 경전의 이해는 선과의 대립관계이거나 또는
일여라는 입장이 아니다. 오직 교는 중하근기를 위한 방편
이며, 나아가서는 미묘한 심지를 터득하기 위한 하나의 예
비단계였다. 교학에 대한 이해가 깊었음에도 불구하고 방
편으로 간주하여 사교입선(捨敎入禪)의 입장이었다.

이와 같은 그의 태도는 화엄을 비롯한 갖가지 경전에 의
거하여 선풍을 진작시키는 모습으로 구현되었다. 곧 화엄
선(華嚴禪)을 조사선(祖師禪)의 입장에서 수용한 것으로 화
엄삼매를 일종의 공안이라는 차원에서 원용하고 있음을 보
여주었다. 이로써 태고는 교학을 선법의 보조적인 입장으
로 간주하여 충분히 그것을 활용하고 또한 접화의 수단으
로 널리 활용할 수가 있었다.

이후 조선시대의 선법에 이르러서도 이와 같은 선주교종
(禪主敎從), 종교입선(從敎入禪), 사교입선(捨敎入禪)의 풍
조는 여전히 유효하게 전개되어 갔다. 고려시대 선종사의
일반적인 모습으로 전개되었던 이와 같은 선과 교의 차별
적인 관계는 이후에도 크게 달라지지 않고 지속되었다. 특

히 선법의 전승시기로 평가할 수 있는 조선시대에는 선교차별의 주장이 선주교종의 융합이라는 모습으로 변용되었을 뿐이지 그대로 존속되었다. 그 까닭은 선법이 토착화되고 발전된 상황에서는 더 이상 교학을 의식할 필요가 없었을 뿐만 아니라 교학과 대결할 필요가 없었기 지극히 당연한 현상이었기 때문이었다.

바로 고려시대 선법의 선교관에서 선주교종의 입장은 선교차별이면서도 선교융합이라는 명분을 내세움으로써 교학에 근거한 선법의 우월성을 강조하는 입장으로 전개되었던 점이 엿보인다.

16. 거사선풍(居士禪風)의 정착

한국의 선종사에서 신라시대 및 고려 초기는 선법의 수
입기 및 정착기에 해당한다. 8세기 중반부터 시작된 선법
의 수입은 10세기 말까지는 중국의 선종오가의 전래가 있
었고, 아울러 구산문의 형성과 그 전개가 이루어졌다. 그
런 까닭에 10세기 말까지는 본격적인 발전이라기보다는
선법의 수용이라는 특징으로 이해할 수가 있다.

그러나 이후 고려시대에는 몇 가지 점에서 주목할 만한
선법의 전개가 출현하였다. 사굴산문과 가지산문의 번성에
편승한 구산문의 면면한 전승, 간화의 방법을 통한 새로운
선수행법의 도입, 지눌의 저술 및 순수어록의 출현에 따른
선문헌의 본격적인 전개, 선과 교의 관계를 비롯한 공안선
및 조동오위 등 선리에 대한 이해와 재발견, 『직지』 및 원
대 전등사서의 수용에 의거한 전등법맥에 대한 인식의 정
착 등 다양한 방식으로 전개되었다. 이러한 재발견과 더불
어 이자현(李資玄)은 재가인의 신분으로 『능엄경』의 선수
행에 근거하여 능엄선(楞嚴禪)을 수용하는 안목을 보여주
었다.

고려 중기에는 이전 천태종의 개창에 자극을 받아 선종
계통에서도 기존 산문의 성격을 벗어나 하나의 종파로서
면모를 갖추어가기 시작하였다. 고려 무인정권 시대와 함
께 지눌의 출현으로 말미암아 한국적인 선사상의 정립과

더불어 새로운 결사운동을 통한 선종의 기반을 탄탄하게 구축한 것이다. 나아가서 지눌에 의한 송대 간화선의 도입은 혜심에 이르러 본격적인 간화선 위주의 선풍을 진작하게 되었다. 이와 같이 일반화되고 보편화되어 갔던 선법은 일반 지식인뿐만 아니라 귀족계층에서도 교학불교와 더불어 수양과목으로서 선수행이 필수적인 교양으로 수용되었는데, 소위 거사선(居士禪)의 선풍으로 이자현(李資玄: 1061-1125)이라는 인물이 있었다.

진락공(眞樂公) 청평거사(淸平居士: 1061-1125)로 불렸던 이자현은 당시 가지산문의 계승자였던 학일(學一: 1052-1144) 및 탄연(坦然: 1070-1159)을 비롯한 당시의 선승들과 교유하면서 나름대로 독자적인 선풍을 다져나아갔다. 그 기반은 『능엄경』을 중심으로 하는 능엄선의 흥기와 송대에서 수입된 간화선의 도입이었다. 더욱이 『금강경』을 애독하여 금강거사로 불렸던 이오(李顗: 1050-1110)를 비롯하여 설당거사(雪堂居士)라 불렸던 김부식(金富軾: 1075-1151)과 그의 동생인 김부철(金富轍) 등은 그 선구적인 사람들에 속했다.

이러한 분위기에서 이자현은 일찍이 벼슬을 그만두고 청평산 문수원에 은거하면서 참선과 경전의 공부로 일관하였다. 그는 일찍이 『설봉어록(雪峰語錄)』을 읽고 그 가운데에 "우주법계가 그대로 모두가 눈[眼]인데 그대는 어디에 웅크리고 앉아 있겠는가." [44]라는 대목에 이르러 깨침을 경험하였다. 이후로 운문문언(雲門文偃: 864-949)의 어록 등 여러 가지 어록과 경전을 애독하였다. 경전으로는 『능엄경』을 중시하여 제자들에게도 권장하였는데, 지(地)·수(水)·화(火)·풍(風)·공(空)·근(根)·식(識) 등 칠대오입(七大悟入)을 통한 망념의 타파를 중시하고 그것을 통한 깨침을 강조하였다.

나아가서 일체의 존재가 여래장(如來藏) 아님이 없다는 교리 대해서도 탐구하였다. 구체적인 수행의 방법으로 25가지 원통(圓通) 가운데 이근원통(耳根圓通)은 이자현에게 특별한 것이었다. 이근원통은 반문문자성(反聞聞自性)으로서 소위 소리를 듣고 있는 자신의 자성을 다시 돌이켜 관찰하는 수행으로 귀결된다.

원통의 수행법이란 25명의 성인이 각기 자신이 깨친 원통방편에 대하여 설명했을 때, 부처님의 지시를 받아 문수가 차례로 25명의 성인이 진술한 견해에 대하여 그 시비를 평가하고, 마지막에 해당하는 관세음의 이근원통이야말로 최상의 방편이라고 찬탄한다. 25가지 원통은 육진(六塵)과 육근(六根)과 육식(六識)과 칠대(七大)가 원통하도록 수행하는 것을 말한다. 이자현이 항상 곁에 두고서 좌선수행의 방법으로 닦아갔던 것이 25가지 원통수행이란 『능엄경』45)에 의거하면 다음과 같다.

---

44) 『景德傳燈錄』卷10, (大正新脩大藏經51, p.279上) "雪峯曰。盡乾坤是箇眼。汝向什麼處蹲坐。僧無語"
45) 『首楞嚴經』卷5, (大正新脩大藏經19, pp.125下-127下)

육진오입(六塵悟入) 가운데서 성진오입(聲塵悟入)은 교진여가 부처님의 음성을 듣고 사성제를 깨친 것이다. 색진오입(色塵悟入)은 우파니샤타 곧 진성(塵性)이라는 수행자가 부정관(不淨觀)을 관찰하여 무학도(無學道)를 성취하는 것이다. 향진오입(香塵悟入)은 향엄동자가 두루 유위(有爲)를 관찰하다가 침수향이 타는 냄새를 통하여 무루지를 얻은 것이다. 미진오입(味塵悟入)은 약왕과 약상이 약초의 맛을 통하여 보살지를 얻은 것이다. 촉진오입(觸塵悟入)은 발타파라 곧 현호(賢護)가 때를 씻는 물을 통하여 무소유의 경지를 얻은 것이다. 법진오입(法塵悟入)은 마하가섭과 자금광 비구니 등이 육진이 모두 공적한 줄을 터득하여 멸진정(滅盡定)을 얻은 것이다.

육근오입(六根悟入) 가운데서 안근오입(眼根悟入)은 아나율다 곧 무빈(無貧)이 요견조명(樂見照明)의 금강삼매를 통하여 얻은 지혜이다. 비근오입(鼻根悟入)은 주리반특가 곧 단도(繼道)가 출입식을 통하여 무학위(無學位)를 얻은 것이다. 설근오입(舌根悟入)은 교범바제 곧 우가(牛呵)가 혀를 통하여 무학위를 얻은 것이다. 신근오입(身根悟入)은 필릉가바차 곧 여습(餘習)이 촉각을 통하여 무학위를 얻은 것이다. 의근오입(意根悟入)은 수보리 곧 공생(空生)이 공성(空性)을 통하여 무학위를 얻은 것이다.

육식오입(六識悟入) 가운데서 안식오입(眼識悟入)은 사리불이 심견(心見)을 통하여 아라한을 얻은 것이다. 이식오입

(耳識悟入)은 보현보살이 심문(心聞)을 통하여 지혜를 터득한 것이다. 비근오입(鼻識悟入)은 손타라난타가 출입식(出入息)을 통하여 수기(授記)를 받은 것이다. 설식오입(舌識悟入)은 부루나미다라니자가 대변재(大辯才)의 음성을 통하여 아라한을 얻은 것이다. 신식오입(身識悟入)은 우파리가 청정계율을 통하여 아라한을 얻은 것이다. 의식오입(意識悟入)은 대목건련이 신통력을 통하여 아라한을 얻은 것이다.

칠대오입(七大悟入) 가운데서 화대오입(火大悟入)은 오추슬마 곧 화두(火頭)가 화광삼매를 통하여 아라한을 얻은 것이다. 지대오입(地大悟入)은 지지보살이 비사사불을 위하여 땅을 평탄하게 한 수행으로 무생법인을 얻은 것이다. 수대오입(水大悟入)은 월광동자 곧 수천(水天)이 수성관법(水性觀法)을 통하여 동진(童眞)이란 이름을 얻은 것이다. 풍대오입(風大悟入)은 유리광보살 곧 무량성(無量聲)이 시공을 관찰하여 무생법인을 얻은 것이다. 공대오입(空大悟入)은 허공장보살이 정광불(定光佛) 밑에서 무변신(無邊身)을 통하여 무생법인을 얻은 것이다. 식대오입(識大悟入)은 미륵보살 곧 자씨(慈氏)가 식심삼매(識心三昧)를 통하여 무생법인을 얻은 것이다. 근대오입(根大悟入, 見大悟入)은 대세지 법왕자 곧 무량광(無量光)이 육근을 통하여 삼매를 터득하는 것이다.

마지막으로 이근원통(耳根圓通)에 대한 반문문자성(反聞

聞自性) 수행의 내용은 다음과 같이 부처님이 게송으로 보여준 설법에 잘 드러나 있다.

> 그대들이 전도하여 듣는 바탕을 돌이켜서 듣고 있는 자성을 듣는다면[反聞聞自性] 그 자성은 최상의 도를 성취하는데 원통의 경우도 실로 그와 같다. 이것은 바로 미진불이 열반에 들어간 하나의 길이었다. 과거의 제여래도 이 반문문자성의 수행으로 이미 성취하였고, 현재의 제보살도 지금 각자 원명한 수행문에 들어가며, 미래의 납자들도 반드시 이 수행법에 의지해야 한다. 나도 또한 이로써 증득하였듯이 관세음만 그런 것이 아니다.46)

이처럼 『능엄경』의 경문에서도 이근원통의 중요성을 부각시켜 육근오입 가운데서 이근오입에 대한 설명은 생략하고 따로 지면을 할애하여 설명하고 있다. 이로써 보면 중생의 육근 가운데 이근방편(耳根方便)이 가장 뛰어남을 말하여 관세음보살이 원통대사(圓通大士)라 불렸다는 것은 그만한 까닭이 있다.

이자현은 바로 이 25가지 원통의 하나하나에 대하여 스스로 수행을 통하여 몸소 깨침을 맛보고서 그에 대하여 크게 확신을 지녔다. 이리하여 스스로 『능엄경』에 근거하여 자신뿐만 아니라 제자들에게도 그리고 선문에 몸을 담고 있는 사람들에게도 널리 그 수행법을 권장하였다. 그리하

---

46) 『首楞嚴經』 卷6, (大正新脩大藏經19, p.131中)

여 이자현은 직접 입적하는 날까지 『능엄경』을 강의하였다. 특히 왕명을 받들어 행한 『능엄경』 법회에는 늘 많은 사람이 남녀노소의 구분이 없이 몰려들었다고 전한다.

『능엄경』은 일찍부터 우리나라에 전래되었던 것으로 보인다. 그러나 우리나라에서 하나의 경전으로서 그 권위를 확보하게 된 것은 대각국사 의천(義天: 1055-1101) 이후로 보인다. 의천은 1085년에 입송하여 화엄종의 대가인 정원(淨源)을 만났다고 한다. 송대에 『화엄경』과 『반야경』과 『능엄경』 등 다방면에 조예가 깊었기에 능엄대사(楞嚴大師)라 불렸던 장수자선(長水子璿: 965-1038)에게서 『능엄경』을 배운 정원은 『능엄경』에 대하여 주석서를 남긴 사람이기도 하다. 이로써 『능엄경』의 위상이 부각되었기 때문에 의천은 그 주석서까지도 널리 수집하였다.

이와 같은 상황에서 수행의 구체적인 방법을 제시하고 있는 경전으로서 『능엄경』은 귀족계층 및 식자층으로부터 크게 호응을 얻을 수가 있었다. 특히 『능엄경』이 지니고 있는 구성의 치밀함과 올바른 수행으로부터 나타나는 수행의 경지, 그리고 잘못된 수행으로부터 나타나는 선병(禪病) 및 그 퇴치방법 등은 어느 경전에 못지않게 자세하고 효과적으로 제시되어 있다. 그 때문에 마음을 다스리는 지침서로서 『능엄경』은 선사들뿐만 아니라 교학을 공부하는 승려 및 사대부 계층에서 넓게 활용되어 사상적인 영역을 확대해가고 있었다.

또한 구체적인 이론과 실천이라는 두 측면에서 제기된 문성(聞性)과 견성(見性)의 문제는 조금이라도 수행에 관심을 두고 있는 사람에게는 충분히 매력이 있는 내용이기도 하였다. 곧 견성은 망심(妄心)을 타파하고 깨침을 얻어 가는 입장과 반대로 진심(眞心)을 일깨워 확대해 나아가는 입장은 법계 모두가 그대로 깨침의 완성이라는 조사선의 전개와도 부합되는 것이었다. 그것이 일반 중생들에게는 널리 일체 존재가 여래장 아님이 없음을 설명하는 것으로 수용되기에 충분하였다.

실제로 불성 및 여래장의 사상까지도 폭넓게 제시하고 있는『능엄경』의 입장은 더할 나위 없이 좋은 지남이었다. 이자현은 이와 같은『능엄경』사상의 이론적인 측면과 실천적인 측면을 문수원(文殊院)이라는 가람의 형태에 그대로 구현해 두었다. 그리고 스스로 문수원의 구조를 통하여 늘 수행과 깨침과 그 보급에 널리 힘썼다.

이후 혜조국사 담진과 대감국사 탄연 및 권적(權適: 1094-1146) 등도 이자현의 영향을 받았다. 이자현은 자신이 크게 영향을 받은 선의 사상과 수행을 바탕으로 하여『추화백약공낙도시(追和百藥公樂道詩)』・『선기어록(禪機語錄)』・『가송(歌頌)』・『포대송(布袋頌)』등 다양한 시문집을 저술하기도 하였다.

17. 선리(禪理)의 탐구

중국선종에서 출현한 선종오가의 선리가 고려시대 선법에 수용됨으로써 그 변용과 함께 새롭게 전개되는 모습을 보여주었다. 그에 대한 구체적인 모습은 고려시대 선문헌을 중심으로 다양하게 드러나 있다.

① 선종오가로서는 가장 먼저 수용된 위앙종의 선리에 대해서는 원상법(圓相法)과 관련된 법어가 정리되어 저술로 출현하였다. 곧 지겸(志謙: 1145-1229)이 1219년에 집성한 『종문원상집(宗門圓相集)』이 그것이다. 원상과 관련된 기연어구에 대한 법어를 선어록에서 발췌한 것인데, 남양혜충(南陽慧忠: ?-775)과 관련된 것으로부터 목암선경(睦庵善卿: 12세기 전후)에 이르기까지 46명 선사들의 법어 170칙으로 이루어져 있다.

거기에는 직접 원상의 그림이 수록된 것을 비롯하여 실제로 원상은 보이지 않을지라도 법어의 내용이 원상과 관련된 것을 수록하고 있다. 특별히 종파나 지역에 상관이 없이 전반에 걸쳐서 채록하였는데, 특히 신라의 요오순지(了悟順之: 807-883) 화상이 제시한 원상법이 중요하게 취급되고 있는 점은 주목된다. 중국의 선종사에서는 위앙종풍이 비교적 크게 전개되지 못했던 점을 감안한다면, 지겸의 『종문원상집』은 고려에서 위앙종풍의 선리가 재발견되어 전개됨으로써 중국 위앙종풍의 선리가 고려시대에는 지속적으로 수용되고 있었음을 보여주고 있다.

② 운문종의 선리에 대해서는 진정국사(眞靜國師) 천책(天頙: 1206-?)이 지은 것으로 알려져 있는 『선문강요집(禪門綱要集)』의 내용을 통해서 알 수가 있다. 『선문강요집』은 대부분 임제종지에 대하여 취급하고 있지만, 그 후반부에서 청산과 구름에 대한 「산운편(山雲篇)」 및 운문문언(雲門文偃: 864-949)의 「운문삼구(雲門三句)」에 대하여 그 선리를 논의하고 있다.

먼저 「산운편」에서는 백운자(白雲子)가 청산수(靑山叟)에게 질문하고 청산수가 백운자의 질문에 답변하는 형식으로 되어 있다. 백운자가 질문한 운문삼구에 대하여 청산수는, 운문삼구야말로 첫째는 체구(體句)이고, 둘째는 용구(用句)이며, 셋째는 체용구(體用句)라고 답한다. 또한 운문의 제자인 원명연밀(圓明緣密, 德山緣密)은 삼구 가운데 목기수량(目機銖兩)과 불섭춘연(不涉春緣)을 묶어서 수파축랑(隨波逐浪)과 절단중류(絕斷衆流)로 삼은 것이지 일찍이 그것을 변역(變易)시킨 것은 아니며, 또한 절단중류를 가지고 그것을 함개건곤(函盖乾坤) 앞에다 내놓고 천중(天中)과 일촉(一鏃) 곧 처음과 나중의 두 구는 임시로 붙인 것이 아니라고 답변한다.

나아가서 원명연밀의 제자인 보안도(普眼道)는 그 삼구를 게송으로 말하여 처음은 함개건곤이고 중간은 절단중류이며 나중은 수파축랑의 순서로 나열했다고 말한다.

　다음으로 「운문삼구」에 대하여, 운문에게는 비록 이 운문삼구라는 말이 있지만 일찍이 삼구라는 명칭을 내세운 적이 없었는데, 그 적자인 원명연밀이 처음으로 운문삼구라는 명칭을 내세워 첫째는 절단중류이고, 둘째는 수파축랑이며, 셋째는 함개건곤이라고 말했다는 것이다. 그리고 다시 덕산의 법사인 보안도 선사가 삼구라는 용어로 인하여 각각에 따라서 게송을 붙이고, 또한 별치일구(別置一句)를 내세웠다고 말한다.

　나아가서 일촉파삼관(一鏃破三關)에도 세 가지 뜻이 있다고 다음과 같이 말한다.

　첫째는 반조의 지혜로써 일촉(一鏃)을 삼는 경우이다. 만약 진실에 근거하여 반조할 때라면 삼(三)이니 일(一)이니 하는 견해를 짓지 않기 때문에 설할 때는 삼이라는 명자(名字)가 있지만, 반조할 때는 삼이니 일이니 하는 견해를 짓지 않는다. 둘째는 삼구중일구(三句中一句)를 살펴보면 곧 매 구마다 정해진 차제가 없어서 하나를 들면 전체가 수렴되는 경우이다. 그것은 모든 대대(待對)를 단절하였기 때문이다. 셋째는 별치일구를 살펴보면 곧 삼관(三關)의 시설조차도 자연히 소멸된다.

　이와 같은 운문종의 선리에 대해서는 이후로 그다지 주목되지 못하였다. 다만 조선 후기에 선리논쟁의 과정에서 백파긍선(白坡亘璇: 1767-1852)의 『선문수경(禪文手鏡)』에서 다시 언급되고 있다.

③ 조동종의 선리에 대해서는 동산양개(洞山良价: 807
-869)로부터 출현한 조동오위(曹洞五位)의 선리가 주목된
다. 조동오위는 조동종의 종지 가운데 핵심적인 내용으로
선종의 수증관에 대하여 납자가 수행과 교화하는 행위에
대하여 상하의 단계적인 측면이 아니라 수행과 교화의 입
장이 상호 작용하는 차원에서 다섯 가지 측면으로 나누고
거기에 철학적인 이치를 가미하여 전개한 선리이다. 이후
로 선종에서 점차 널리 보급됨으로써 조동종뿐만 아니라
임제종에서도 원용하여 크게 전개되었다. 그 결과 본래의
정통적인 조동오위로부터 변형된 오위가 출현하여 그들에
대한 이해와 해석과 응용의 측면 등 여러 가지 점에서 논
란이 불거졌다.

오위 가운데 제일위 정중편(正中偏)은 순수한 개인의 수
행 측면으로부터 이타의 교화 행위로 향하는 것을 상징한
다. 제이위 편중정(偏中正)은 정중편과 반대로 교화 행위로
부터 자리의 수행 측면으로 향하는 것을 상징한다. 제삼위
정중래(正中來)는 순수한 자리의 수행으로 일관하는 모습
을 상징한다. 제사위 편중지(偏中至)는 제삼위와 반대로 온
전히 이타의 교화행에 전념하는 모습을 상징한다. 제오위
겸중도(兼中倒)는 자리의 수행과 이타의 교화를 아울러 실
천하는 측면으로 수행과 교화의 융합적인 측면을 상징한
다. 이것이 소위 정통의 조동오위이다.

정통의 조동오위에서는 이들 오위의 구조에 대하여 제일

과 제이를 대구(對句)로 삼고, 제삼과 제사를 대구로 삼으며, 제일과 제이는 다시 제삼과 제사와 대구를 이루는 것으로 해석하고, 마지막의 제오의 겸중도는 이들 전체를 포함하여 자리의 수행과 이타의 교화를 자유자재하게 운용한다는 의미를 부여하고 있는 까닭에 오위의 중심은 제오 겸중도에 맞추어져 있다.

그러나 일부의 조동종 및 대부분의 임제종에서는 조동오위를 그대로 수용하지 않고 변형을 가하여 나름대로 의미를 부여하였다. 가장 일반적인 경우로는 제사위 편중지의 용어를 겸중지(兼中至)로 바꾸고, 전체적인 구조를 제일과 제이가 상대를 이루고, 제사와 제오가 상대를 이루며, 다시 제일과 제이는 제사와 제오와 대구를 이루고, 제삼의 정중래가 그 중심에 위치한 까닭에 정중래가 오위의 중심을 형성하고 있다는 주장이다.

이로써 정통의 조동오위를 회복하기 위한 다양한 논쟁도 끊이지 않았다. 이들 논쟁이 고려에도 전승되었다. 이에 대하여 가지산문의 보각일연(普覺一然: 1206-1289)은 1260년에 자신이 서문을 붙이고, 몇몇 조동선자의 견해 및 일연 자신의 주해를 가미하여 『중편조동오위(重編曹洞五位)』를 저술함으로써 그 논란에 대하여 정통의 조동오위를 옹호하였다. 거기에서 일연은 제삼위 정중래중심의 주장을 비판하고 제오위 겸중도중심의 주장을 정통으로 내세움으로써 조동종의 선리에 대한 이해를 재확인하였다.

나아가서 일연의 입장은 조동종지를 중심의 내용으로 하고 있는 오위사상을 확립함으로써 이후로 일본 선종의 조동오위 연구에도 영향을 주었다. 따라서『중편조동오위』에서 보여준 일연의 견해는 조동종지에 대한 올바른 이해뿐만 아니라 고려선법에서 조동종 선리의 위상에 대하여 짐작해볼 수 있는 근거를 제공해주고 있다.

　④ 임제종의 선리에 대해서는 위에서 언급했던『선문강요집』에서 임제삼구를 중심으로 전개되고 있는 것으로부터 본격적으로 출현한다. 청풍장로와 호월상인과 벽암노숙의 세 사람을 상징하는 「삼성장(三聖章)」에서는 삼구와 삼현에 대한 선리를 논의하고, 호월선객과 청풍법사의 두 사람을 상징하는 「이현화(二賢話)」에서는 앞의 「삼성장」의 연장으로서 삼구(三句)와 삼현(三玄)과 삼요(三要)에 대한 의미와 그 관계에 대하여 선리를 논의한다.

　다음의 「제이편(第二篇)」은 「이현화」의 부차적인 설명에 해당하고, 다음으로 자신을 우부(愚夫)라고 자칭하는 「일우설(一愚說)」에서는 임제삼구를 비롯하여 삼구와 사조용(四照用)의 연관 등에 대하여 일우 자신의 견해를 피력하고 있다. 이로써 삼성과 이현과 일우로 이어지는 이들 관계는 셋과 둘과 하나로 통하는 관계이다. 이를테면 「삼성장」에서 청풍장로의 견해로는 구(句)와 현(玄과) 요(要)가 동일한 차원이 아니라는 말이다. 그러나 이하의 「이현화」에서 청풍법사의 견해로는 같기도 하고 다르기도 하며 같고 다름이 없기도 하다고 말한다.

「일우설」에서 일우의 견해로는 구와 현과 요가 명연(冥然)하여 차별이 없다고 말한다. 이와 같은 논점의 차이는 「삼성장」의 설명이 「이현화」 및 「일우설」의 견해가 다르다는 것인데, 결국 그 차이점이란 「삼성장」의 경우에는 삼자에 대하여 교화를 위한 구조적인 관계로 파악한 것이고, 「이현화」 및 「일우설」의 경우에는 삼자에 대하여 궁극적으로 방편으로 제시된 기관(機關)의 관계로 파악한 까닭에 연유한 것일 뿐이다.

이에 「이현화」에서 청풍법사는 구와 현과 요가 같기도 하고 다르기도 하며 같고 다름이 없기도 하다고 말한다. 그러므로 「삼성장」과 「이현화」 및 「일우설」의 견해는 임제삼구에 대한 이해의 접근방식에서 반드시 감안하지 않으면 안 되는 점을 노출시켜주고 있다.

⑤ 법안종의 선리는 중국선종에서부터 특별한 하나로 전승되기보다는 다양하게 융합적인 모습을 보여주었다. 그래서 법안종은 선종을 정체성으로 내세우면서도 화엄(華嚴)의 교학의 측면을 다대하게 수용하였는가 하면, 유식(唯識)과 정토(淨土)와 천태(天台)까지도 크게 수용하였으며, 당시의 시대조류에 부응하여 정치와 결부하기도 하였다. 그 결과 법안종은 일시적으로 크게 발전하였지만 그 정체성이 애매모호하게 흘러감으로써 지지부진하였다.

그러나 한편으로는 다양한 분야의 수용으로 인하여 광범

위한 범위에 걸쳐 발전을 구가함으로써 고려 초기에는 일시적으로나마 법안종풍이 풍미하기도 하였다. 그 가운데 특히 『경덕전등록(景德傳燈錄)』을 출현시킨 것은 고려에서도 크게 주목되어 전등록(傳燈錄)에 대한 이해를 불러일으켰다. 그 결과 백운경한(白雲景閑: 1298-1374)의 『백운화상초록불조직지심체요절(白雲和尙抄錄佛祖直指心體要節)』은 『경덕전등록』을 절요한 성격으로 고려 선종에서 전등록에 대한 관심을 불러일으켜 주었다는 점에서 의의를 부여할 수가 있다.

그렇지만 한국의 선자들에 대한 보입(補入)이 전혀 보이지 않고 있다는 점은 전등의 인식에 대한 한계성을 노출시켜주고 있다. 이후 조선 초기에 각훈의 『해동고승전(海東高僧傳)』을 비롯하여 숭묵(崇黙)의 『통록촬요(通錄撮要)』 등이 출현하게 된 점은 그 고무적인 결과였다.

이처럼 고려시대 선법에서 찾아볼 수 있는 다양한 선리의 천착은 중국의 선종오가 전체에 걸친 선리의 이해가 고려에서도 수용되고 나름대로 전개됨으로써 적어도 선리에 있어서는 어느 특정한 종파에 대한 선리를 초월하고 있다는 점을 이해할 수가 있다.

18. 전등법맥(傳燈法脈)의 상승

고려 후기부터 한국의 선법에서는 전등의 법맥에 대한 인식이 중요하게 작용하였다. 그 배경은 송대에 출현한 수많은 전등사서(傳燈史書)의 수입과 함께 해동선법의 법맥에 대한 자각이 싹트면서 비롯되었다. 이와 같은 모습은 일찍이 진각혜심(眞覺慧諶: 1178-1234)이 『선문염송』에서 송대의 전등사서와 공안집(公案集)과 선어록(禪語錄) 등으로부터 공안을 발췌하여 편찬한 것으로부터 찾아볼 수가 있다. 이들 전등법맥에 대한 인식이 한국선의 경우만 아니라 일찍이 중국선종의 경우에도 선종의 형성과 그 전승에 지대한 역할을 했다는 점은 물론이다.

전등계보 성립의 조건

전등(傳燈)이라는 용어는 불조의 혜명을 등불에 비유한 말이다. 곧 스승과 제자 사이에 주고받는 붓다의 정법안장(正法眼藏)으로 그 범위는 멀리 과거칠불(過去七佛)로부터 마하가섭을 통하여 보리달마(菩提達磨)에 이르고, 나아가서 중국선에서 정통성을 강조하는 몇 가지 요소 가운데 하나의 기관(機關)으로서 중요시되었다. 이를테면 중국선종에서는 유교사회 전통의 영향을 받아서 종문의 계승이라는 사명감을 고취하였다.

이에 대한 몇 가지 방식은 전등을 강조하는 전법계보를 통한 법통설의 확립, 전법게송의 확립, 인가증명의 확립 등을 창출하였다. 그리고 이들에 대한 물증으로서 가사(袈裟)와 발우(鉢盂)의 전승을 강조하는 전통도 형성되었다. 가사를 통하여 그 정통성의 여부를 결정한다는 전의부법설(傳衣付法說)은 8세기 초반 조계혜능(曹溪慧能)의 문하로부터 비롯되었다는 설인데, 이로부터 발우 및 주장자 등으로까지 확대되어 갔다. 하택신회(荷澤神會)가 주장했던 가사의 부촉설은 남종의 전등법통설의 주장과 더불어 정법의 소재를 밝히기 위한 신물(信物)로 고안된 것이지만, 신회 이후의 중국 선종에서는 인가증명의 신물로 새로운 전통이 확립되었다.

특히 무주(無住)의 보당종(保唐宗)에서는 『역대법보기(歷代法寶記)』를 편집하여 자파의 정통성을 강조하는 이색적인 전의부법의 전등설을 주장하였으며, 『조계대사전(曹溪大師傳)』 및 돈황본 『육조단경(六祖壇經)』, 『보림전(寶林傳)』 등에 계승되어 선종의 전법상승 및 인가증명의 상징으로 정착되었다. 등불의 전승이라는 의미에 대해서는 『대지도론(大智度論)』에서 비롯되었는데, 직접 법을 계승한다는 의미로 사용된 경우는 『법화문구(法華文句)』에 보이며, 선종에서 정법안장의 전승이라는 의미로 활용된 경우에 대해서는 『속고승전(續高僧傳)』, 『부법장인연전(付法藏因緣傳)』, 『능가사자기(楞伽師資記)』, 『조정사원(祖庭事苑)』 기타에 다양하게 등장해 있다.

이런 점에서 전등은 정법안장을 전승하는 의미로서 정착되었는데, 여기에는 몇 가지 필수적인 요건이 구비되지 않으면 안 되었다. 우선 전등계보가 형성되기 위해서는 일차적으로 구비해야 하는 조건으로는 수행과 깨침과 인가의 과정이 전제되어야 하는데, 이것은 전법에 있어서 최소한도의 조건이었다. 이와 같은 수행과 깨침과 인가와 전법의 전통은 특히 교학불교가 발전해가던 당시 중국불교계에서 선법의 입장에서 자파의 정체성을 드러내기 위한 방편으로 강조한 것이었다. 그것은 기존의 교학불교와 다른 차별화의 일환이기도 하였다.

이와 같은 상황에서 선종의 경우 자파가 교학의 측면과는 전혀 다른 측면의 특징을 내세움으로써 선법이야말로 부처님의 정법안장의 핵심을 그대로 전승했다는 방안을 강구하게 되었다. 그것이 곧 다름이 아니라 전등의 계보에 착안한 원인이 되었다. 부처님의 팔만사천의 법문은 모두 언설을 통한 방편으로서 중생의 번뇌를 제거해주는 방편으로 지제전(止啼錢)에 불과한데, 부처님의 정법안장은 실상무상(實相無相)으로서 이심전심(以心傳心) 및 이법인법(以法印法)의 도리에 의거하여 전승되는 것임을 주장하였다. 이에 처음으로 그 심법의 소유자를 마하가섭으로 제시하고 그로부터 유래하는 계보에 착수한 것이 곧 전등계보의 출현이었다.

중국선종 전등계보의 출현

오늘날 접하는 중국선법의 시작은 보리달마로부터 시작되었는데, 이후에 전개되는 모든 선법 및 선종의 계보는 달마를 초조로 확정해두고 그 정통을 누가 계승하였는가 하는 점으로 나뉜다. 이에 대한 전등사서의 출현이 바로『능가불인법지(楞伽佛人法志)』·『전법보기(傳法寶紀)』·『능가사자기(楞伽師資記)』등 북종(北宗)의 전등사서였고, 돈황본『단경』·『보림전』·『조당집(祖堂集)』으로 계승되는 남종(南宗)의 전등사서였으며, 기타 정중종(淨衆宗)과 보당종(保唐宗)의 정통성을 주장했던『역대법보기』였다.

그런데 이런 과정에서 드러난 현상 가운데 하나는 보리달마를 중국선법의 정점에 내세우고 다시 그로부터 달마의 선법을 다시 이전의 시대 곧 인도의 전법으로까지 확대하여 결국 석가모니 부처님에게까지 소급시켜 그 정법안장을 계승했음을 강조하게 되었다는 점이 주목된다. 이것은 중국선법의 계보가 단순히 중국선에 국한되지 않고 불법의 근원에 통해 있음을 겨냥한 것이었다. 소위 인도선법의 계보와 관련하여 언급한 경론의 자료로는『부법장인연전』을 비롯하여『달마다라선경(達摩多羅禪經)』의 9조설,『마하지관(摩訶止觀)』의 23조설, 돈황출토본『단경』의 28조설 등이 있는데, 이후에 돈황본『단경』,『조계대사전』,『보림전

』을 비롯한 남종의 전등계보에 큰 영향을 끼쳤다.

이들 중국선종의 전등계보의 출현 및 인가증명(印可證明) 그리고 부법전의(付法傳衣) 등은 역사적인 사실을 주장하는 것이라기보다 선종에서 자파의 종지를 드러내고 보급하며 세력을 과시하기 위한 수단이고 기관이었다. 그 때문에 다분히 전법계보가 주장한 내용은 당사자가 살아 있는 현재가 아니라 당사자가 입적한 이후의 상황을 중심으로 과거로까지 소급하여 주장했다는 점이 크게 부각되었다. 곧 과거의 행적 및 선법의 가치를 어떻게 해석하고 자파의 이익에 부합되도록 끼워 맞출 것인가 하는 점이 개재되어 있다. 이로써 자파의 입장을 중심으로 정법안장의 역사적인 전승과 그 정통성을 뒷받침해주는 장치로서 선종파 자체 내에서 경쟁의 산물로 등장한 것이 전법계보였다.

한국선에서 전등법맥의 출현과 의의

한국의 선종사에서 법계의 정통성과 선법의 전승이라는 두 측면이 어느 때보다도 난립하고 있던 시기가 고려 후기였다. 이 무렵은 기존부터 고려 국내로 전승되어 오던 법계가 소위 조계선법으로 불리는 구산문의 선법과 외국의 유학승을 통해서 전승되고 다져진 중국 임제종 계통의 선법 사이에 모종의 합일점이 필요한 즈음이었다.

전자에 대해서는 소위 구산문 가운데 사굴산문과 가지산

문의 선법 및 법계가 주류를 구성하고 있었고, 후자에 대해서는 시기적으로 구분하면 14세기 초반에는 만항(萬恒: 1249-1319)과 충감(冲鑑: 1274-1338) 등 수선사 계통과 혼구(混丘: 1250-1322) 등 가지산문의 계통이 있었고, 14세기 중반 이후에는 태고보우(太古普愚: 1301-1382)와 나옹혜근(懶翁慧勤: 1320-1376)과 백운경한(白雲景閑: 1298-1374) 등을 통해서 전승되었다.

이들 사이에서 후자에 속했던 태고보우는 원융부(圓融府)를 설치하고 기존의 구산문을 당시에 수입된 임제종지의 기틀을 통하여 통합하려고 했던 시도는 대단히 신선한 자극을 주었다. 그러나 끝내 성공하지 못한 이유는 외적인 측면이었던 사회와 정치적인 이유를 무시할 수는 없겠지만, 선종의 내부에서 찾아볼 수 있는 직접적인 이유는 뚜렷한 전등계보가 등장하지 못했다는 점과 구산문으로 전승된 선법의 색깔이 분명하지 못했다는 점을 들 수가 있다. 이러한 시대부터 비롯된 국내에서 찬술된 전등사서로는 5종에 이른다.[47)]

첫째로 1372년에 『백운화상초록불조직지심체요절(白雲和尚抄錄佛祖直指心體要節)』 2권이 출현하였는데, 이것은 선종의 전등사서로서 선종 조사계보의 성격을 지니고 있다.

둘째로 이 『직지』가 출현한 157년 이후에는 『통록촬요

---

47) 김호귀, 「고승전」, (『테마 한국불교』7, 서울: 동국대출판부, 2019) pp.184-197.

(通錄撮要)』 4권(1529)이 간행되었다. 이것은 본래 중국에서 공진(共振)이 찬술한 『조원통록(祖源通錄)』 24권을 송대의 진실(陳實)이 요약하고 발췌한 것을 바탕으로 다시 조선 초기의 숭묵(崇黙)이 약간의 변형을 가하여 간행한 것이다.

셋째로 『불조종파지도(佛祖宗派之圖)』 1권은 그로부터 159년 이후(1688)에 무학자초(無學自超: 1327-1405)가 전승했던 것을 월저도안(月渚道安: 1638-1715)이 보완한 것이다. 이것은 선종의 종파와 법맥을 도표로 그려놓은 절첩본으로 세 부분으로 구성되어 있다. 하나는 과거칠불로부터 인도 및 중국을 거쳐 고려 말기 그리고 조선 초기의 나옹혜근-무학자초를 거쳐 청허휴정-사명유정으로 이어지는 법맥을 도식으로 낱낱이 나열한 부분이고, 둘은 선종오가의 법맥을 요약한 게송 부분이며, 셋은 월저도안 자신의 발문(跋文)이 수록된 부분이다. 내용은 선종오가 가운데 조동종을 제외한 4종을 남악의 법계로 포함시키고 있다. 이 점은 선종사에 대한 법맥의 오류로 제기되어 있는데, 이러한 시각은 조선시대를 관통해온 하나의 흐름이었다.

넷째로 『서역중화해동불조원류(西域中華海東佛祖源流)』 2권 1책은 조선 후기 영조 시대에 사암채영(獅巖采永)이 찬술한 것으로 1764년에 전주 송광사에서 간행되었다. 이것도 선종의 법맥상승에 대한 것이다.

다섯째로 『조계고승전(曹溪高僧傳)』 1권은 금명보정(錦

溪寶鼎: 1861-1930)이 찬술한 것으로 가장 최근의 고승전이다. 수록된 내용은 송광사를 중심으로 활동한 승려에 대한 기록으로 보조지눌(普照知訥)로부터 송광사 16국사, 태고보우에서 청허휴정(淸虛休靜) 및 부휴선수(浮休善修)로 이어지는 태고 법통의 조선시대 계보가 포함되어 있고, 송광사에 주석한 나옹혜근과 제자 무학자초 등 나옹계 승려, 그리고 편자가 속한 부휴 계통의 고승들이 중심을 이루었다.

이처럼 선종의 전등사서류가 처음에 출현한 이래로 지금까지 지속적으로 존속해 왔던 가장 큰 이유 가운데 하나는 전등법계(傳燈法系)를 강조한다는 점에 있다. 이것은 불교의 교학에 속하는 어떤 종파보다도 선종이 지니고 있는 특징이기도 하다. 그만큼 전등법계는 정법안장과 불조혜명을 계승하는 명분이었고 개별적인 종파를 역사적으로 유지시켜 주는 실제적인 방식이었다.

이와 같은 전등법맥의 상승(相承)은 중국민족의 오래된 정통의 존중, 내지 가문의 존속과 계승이라는 대의명분이 지극히 중요한 역할을 하였다. 그 때문에 정통의 강조라는 측면에서 보면 방계로 취급받는 부류는 언제나 따돌림을 당하고 오래지 않아 더이상 존속할 수가 없게 되어 버렸다. 이런 점에서 선종에서는 일찍부터 자파의 정통성을 내세우고 그것을 바탕으로 세력을 규합하고 대외적으로 명분을 내세우는 수단으로 법계를 강조하지 않을 수 없었다.

심지어 법계를 부분적으로 가감 내지 날조하는 일조차 비일비재하였고, 나아가서 정통의 계승자라는 물증을 새롭게 창조하기도 하였다. 이로써 선종의 역사는 그 세력에 걸맞는 명분을 확고하게 다질 수가 있었다. 고려 후기는 바로 이와 같은 선종의 전등법맥에 대한 시대적인 자각이 크게 싹트는 시대였다.

19. 여말선초(麗末鮮初)의 임제종풍(臨濟宗風)

백운경한

신라 말기 지리산화상(智異山和尙) 및 고려 초기에 혜조 국사(慧照國師) 담진(曇眞)을 통해서 수입된 중국 선종의 임제종은 고려 중기까지는 그다지 큰 역할을 보여주지 못 했다. 지눌 이후로 임제종 계통에서 출현한 간화선법의 보 편화가 이루어지면서 점차 나름대로 세력을 형성하였다. 그러나 고려 말기에 이르러 원나라를 통하여 백운경한(白 雲景閑), 태고보우(太古普愚), 나옹혜근(懶翁惠勤: 1320-1376) 등 일군의 선자들에 의하여 재차 임제종의 선법이 수입되면서 조선시대 그리고 오늘에 이르기까지 한 국선의 주도적인 세력으로 전승되어 왔다.

백운경한(白雲景閑: 1298-1374)의 선풍은 이름처럼 성 품이 천진스럽고 전혀 거짓이나 조작이 없고, 형상을 빌어 서 이름을 팔지 않았으며, 참으로 속세를 여읜 진경(眞境) 에서 노니는 것이었다. 백운이라는 명칭은 당시 사회의 상 황과 불교계의 상황이 흑운과 풍운으로 즐겨 등장하였던 것에 비교해 보면 더욱 분명해진다. 흑운과 풍운이란 비바 람을 몰고 다니는 난세의 기류를 상징하는 반면에 백운은 해와 달이 두둥실 떠올라 맑은 하늘가에 깨끗하게 떠 있는 한 점의 한가로운 구름을 드러내어 부처의 대자비가 구름처럼 자유자재하게 법우를 내려주는 것에 비유되었다.

백운경한 선풍의 특징은 임제선을 수용하면서도 무심(無心)과 무념(無念)을 강조하여 무심선(無心禪)이라 불렸다. 그는 조주의 무자(無字)와 부모미생전본래면목(父母未生前本來面目)과 만법귀일(萬法歸一)을 강조하면서 화두를 무심(無心)으로 들도록 하였다. 백운은 온 대지가 다 해탈문임을 강조하였다. 이러한 마음은 일체에 대한 집착을 벗어난 무심의 경지에 통하는 것으로서 대상을 대하여 일체를 파악하고 느끼고 활용하면서도 그로부터 초연할 줄 아는 무심의 자세를 보여준 것이다.

이 무심의 경지에서 대지를 바라보면 바라보는 대지가 모두 법신임을 말한다. 그리고 무심도인의 경지에서 토해내는 설법으로 스스로 깨친 자[自然覺者]임을 설하였다. 그의 무심선(無心禪)은 이미 중생을 부정한 경지를 그대로 드러내 보인 까닭에 절대선(絕待禪)으로 등장하되 중생선(衆生禪)으로 드러나 보이며, 그대로 대긍정의 무사선(無事禪)으로 활작용한다. 그 경지는 모두가 범행(梵行)을 구족하여 중생국토가 그대로 동일법성이고 지옥과 천당이 모두 정토이며 유성(有性)과 무성(無性)이 나란히 불도를 성취한다.

백운경한은 간화선을 수행의 정통으로 수입하여 펼치면서 임제종풍을 중심으로 한 제종파의 섭수를 꿈꾸었는데, 그것이 마침내 조계종풍의 현창으로 표명되었다. 백운은 부처를 밖의 대상이 아닌 자심에서 추구해야 한다는 이전의 사상적인 굴레를 벗어나서 자심에서 깨침을 추구해야 한다는 그 마음마저도 집착해서는 안 된다는 것을 강조하였다. 자심에도 집착하지 않는 그 마음이야말로 참학의 시작이고 수행의 연장이었다. 그래서 진정한 설법은 경전에 있는 그대로를 설하는 것이 아니라 경전의 내용을 터득하는 것으로부터 경전을 자유롭게 활용하는 것으로 파악하였다.

이처럼 백운경한은 임제정종을 계승하는 방식은 긍정하면서도, 나아가서 조사선에 대한 새로운 수용방식을 제시하였을 뿐만 아니라 간화선의 발전에도 근본적인 조사선의 입장으로 회귀시켰다. 근본적인 조사선은 당대에 선종오가의 종파가 형성되기 이전의 순수한 가풍을 말한 것으로 일체가 그대로 수행이요 깨침이며 진리라는 즉심에 근거한 불심을 말한다. 이것이 때로는 평상심(平常心)으로 등장하기도 하고, 무사선으로 나타나기도 하며, 공안(公案)의 제시하는 기관(機關)으로 나타나기도 하였다. 백운경한은 바로 이 점을 수용하고 그것을 바탕으로 하여 통합적인 조계선의 기틀을 마련한 것이다.

태고보우

태고보우(太古普愚: 1301-1382)는 19세 때 만법귀일

(萬法歸一)의 화두로 입참하여 수행을 하고 마침내 38세 때 깨쳤다. 46세 때 원나라에 들어가 석옥청공(石屋淸珙: 1272 -1352)에게 참문하고 인가를 받아 중국의 임제종맥을 이었다. 48세 때 귀국하여 공민왕의 왕사가 되었으나 신돈(辛旽)과의 불화가 있었다. 그 이유는 한편으로는 당시에 신돈을 중심으로 하는 화엄계통과 태고를 중심으로 하는 선종과의 세력대결이기도 하면서, 다른 한편으로는 순수불교의 전통을 이어가려는 세력과 정치를 배경으로 한 권문의 불교세력 간의 대결이기도 하였다.

임제선을 수용한 태고보우는 우선 그의 삶에서 조사선의 정신을 철저하게 이해하고 해석하며 실천하였다. 그의 선관은 화두를 궁극까지 참구함으로써 깨침을 추구하고 경험하였다. 그러나 이것으로 끝이 아니라 깨침의 경험을 바탕으로 하여 다시 눈밝은 선사에게 참문하여 구경의 인가를 받지 않으면 가치가 없는 것으로 간주하였다. 이리하여 국내에서 두 차례에 걸쳐 깨침을 경험한 이후에 원나라에 건너가 석옥청공(石屋淸珙: ?-1352)에게 참문하여 인가를 추구하였다. 중국의 임제종맥을 계승하면서도 단순한 임제선법의 계승에 그치지 않고 고려선법의 주류를 형성하고 있던 조계선법으로 받아들였는가 하면, 수행과 깨침과 인가에 대한 전통적인 수증관을 강조하였다.

그러나 수행법에 대해서는 널리 열린 마음을 지니고 온갖 근기를 상대로 갖가지 수행법을 제시하였는데, 염불과 정토에 대해서도 마찬가지였다. 그가 제시한 염불의 중심은 아미타불이었다. 이 말은 본래 생사가 없는 무량수(無量壽)이고 깨침의 양태임을 아울러 나타낸 말로서, 사람 모두에게 안락자재한 본성을 구비하고 있는데 그것이 곧 무량수이기 때문에 개개인이 아미타불을 지니고 있다는 것이다. 그것을 터득한 자가 불(佛)이고 그것에 대하여 설한 것이 교(敎)이므로 자성의 미타를 깨치는 것은 오직 자심의 청정을 각성하는 것이라 하였다. 이로써 내내 아미타불을 염하는 마음이 화두를 참구할 때의 염념불매(念念不昧)이고 상상불매(常常不昧)라는 것이다.

한편 당시까지 내려오던 구산문에 대한 통합을 시도하였는데, 궁극적으로는 호법(護法)을 위한 의지였다. 광명사(廣明寺)에 설치한 원융부(圓融府)를 설치하고 구산문(九山門)을 통합하여 일문(一門)으로 만들려는 것은 모두 일불(一佛)의 마음으로부터 유래한 본래성으로 돌아가려는 것임을 강조하였다. 그리고 청규(淸規)와 관련된 전적을 간행하였다. 아울러 국왕과 부모와 스승과 시주자와 도반에 대한 다섯 가지의 은혜를 잊지 말 것을 당부하면서 의식작법으로 의례화하기도 하였다. 또한 수순중생을 내세워 어디까지나 중생과 함께 하는 화광동진(和光同塵)의 선풍을 주장하여 스스로 깨침의 기연이 된 만법귀일(萬法歸一)을 비롯한 잡화삼매(雜華三昧)의 화엄선을 내세우기도 하였다.

환암혼수

고려 말기에 백운과 태고 및 나옹에게 보이는 선수행의 주류는 간화선의 수행법이었다. 그것은 지눌이 송대의 대혜종고(大慧宗杲: 1089-1163)의 간화선 수행법을 수입한 이래로 고려 말기에 재차 원대에서 수입한 간화선 수행법의 융합이었다. 그러나 이 무렵에는 환암혼수(幻菴混修: 1320-1392)에 의하여 기타 몽산덕이(蒙山德異: 1231-1308)의 간화선 수행법도 아울러 전승되었다. 혼수는 고려 말기에 태고보우 및 나옹혜근의 사법제자로서, 휘는 혼수(混修)이고, 자는 무작(無作)이며, 호는 환암(幻菴)이다. 혼수는 태고보우의 『행장』에 의하면 태고보우의 법맥을 계승하였다. 그러나 환암혼수의 『비문』 및 나옹의 『행장』과 『어록』 그리고 『나옹석종비음기(懶翁石鍾碑陰記)』 등에 의하면 나옹혜근의 법맥을 계승하였다. 이처럼 혼수가 여러 스승으로 참학한 경우를 종합해보면 네 가지가 있다.

첫째는 12세 전후에 계송(繼松) 스님을 따라 내전과 외전을 널리 공부하였다. 둘째는 강화도 선원사(禪源寺)의 식영감(息影鑑)에게 참문하여 『능엄경』의 25가지 방편수행을 수학하였다. 셋째는 고운암(孤雲庵)의 나옹혜근을 찾아가 문답을 나누고 입실하였다. 넷째는 태고보우의 문도에 이름이 올라 있다.

이와 같은 네 가지 경우를 통해서 보면 첫째의 계송은 몽산덕이(蒙山德異: 1231-?)에게 사사한 인물이다. 둘째의 식영감은 각엄복구(覺儼復丘)의 문도이면서, 식영감이 주석했던 신원사는 몽산덕이의 제자인 철산소경(鐵山紹瓊)이 주석한 곳이기도 하므로 역시 몽산의 선풍을 받았던 것으로 보인다. 그러나 식영감이 직접적으로 철산소경의 법을 계승했는지에 대한 여부에 대해서는 미지수이다. 셋째의 오대산 신성암(神聖庵)에 주석할 때에 가까운 고운암(孤雲庵)에 주석하고 있던 나옹혜근(懶翁慧勤)과 문답을 나누어 나옹혜근으로부터 입실을 허락받았다. 이때 나옹은 그 징표로 금란가사(金襴袈裟)와 상아로 만든 불자(拂子)와 주장자(拄杖子)를 주었을 뿐만 아니라 후에 나옹이 주관한 공부선(功夫選)에 응시하여 혼수만 답변하여 인정을 받았다. 넷째의 경우는 태고보우의 행장으로부터 18세기에 간행된 『해동불조원류(海東佛祖源流)』에 이르도록 보편화된 설이다. 특히 편양언기의『종봉영당기(種峯影堂記)』와 이식(李植)이 『청허당집(淸虛堂集)』에 붙인 「서문」과 이정구(李廷龜)가 쓴 청허의 『비문』 등 17세기에 출현한 법통설의 계보에서 더욱 강조되었다.

이 가운데 넷째의 경우에 대해서는 태고보우의 법계를 계승했다는 것, 나옹혜근의 문도라는 것, 보조지눌의 법통을 계승했다는 것, 나옹과 태고의 법계를 모두 계승했다는 것 등이 제기되었다. 이러한 주장에는 그만한 논지를 바탕으로 하여 주장되었다는 점에서 각각 설득력이 있다. 이러한 법계의 확정은 각각의 종파나 문중이 그에 따라서 오늘날 정통으로 혹은 방계로 취급받는 중요한 문제라는 점에서 소홀히 할 수 없는 문제이다.

이러한 문제점 관련하여 장구한 선의 역사에서 선이 단순히 수행의 일종이거나 사상의 편린이라는 단편적인 측면을 넘어서 선종이라는 집단으로 출현한 이후에는 어떤 점이 가장 중시되었는가를 생각해볼 필요가 있다. 아직 선이 수행이 방식과 선법 내지 선사상의 범주에 머물고 있었던 인도불교의 경우에는 무엇보다도 깨침이 중시되었다. 그러나 선이 한자문화권에 전승되면서 선종으로 정립되면서부터 깨침을 바탕으로 하여 그 전법이 더욱더 중요시되었다. 그래서 누구로부터 깨침을 터득했는가보다 누구로부터 인가를 받았느냐가 중시되었다. 곧 깨침은 어디까지나 스승의 지도를 받아 자신이 터득하지 않으면 안 되는 자내증(自內證)의 문제이지만 전법과 인가는 그와는 다르기 때문이다. 따라서 누구로부터 인가받았는가 하는 점은 곧 대의와 명분을 중시했던 사회에서는 자체의 집단이 생존과 번영을 구가하느냐 아니냐에 대한 가장 중요한 명제였다. 이로써 선종에서는 깨침은 전법의 필요조건으로서 중시되었다.

나아가서 부처님의 본의가 지혜와 자비에 근거한 중생제도라는 최상승(最上乘)과 대승(大乘)의 이념을 표방하면서

불조혜명의 계승을 내세우는 선종에서는 전법으로만 그 본
래적인 의의를 다할 수는 없었다. 이로써 전법의 중시는
당시의 사회에서 얼마나 큰 영향을 발휘했느냐 하는 대중
의 접화라는 조건을 아울러 중시하게 되었다. 깨침과 전법
은 각각 대중을 접화하고 집단을 유지해 나아가기 위한 매
우 유용한 수단이기도 하였다.

그러나 그것이 대중접화라는 교화의 직접적인 목적일 수
는 없었다. 따라서 당시의 사회에서 집단을 이끌어 나아가
고 제자를 배출하며 영향력을 행사하는 것이야말로 더욱
현실적이면서 명분도 내세울 수 있는 전법의 궁극이기도
하였다.

이런 점에서 어떻게 깨쳤느냐, 그리고 누구에게서 인가
받았느냐 하는 것은 어떤 역할을 하였고 어떤 교화를 했는
가에 따라서 당시의 대중들과 국가로부터의 호응을 받는
척도가 되었다. 고려 말기에 태고보우와 백운경한 등에게
서 보이는 역할은 나아가서 그 법계에까지 큰 영향을 끼쳤
다. 실로 선종사의 경우만 그런 것은 아니었지만, 깨침과
그 인가조차도 당시에 활약한 인물의 영향력에 따라서 결
정되는 경우가 허다하였다.[48]

이런 점으로 보면 혼수가 전승한 법계에 관한 다양한 주
장들은 당시 불교계의 평판과 각각의 영향력과 무관하지는

---

48) 선종의 정통적인 선법에 비추어 보면, 당시에 遠師의 개념에 따라
    지역 내지 시대를 초월하여 간접적으로 이루어진 깨침의 인가와
    전법의 전통에 대해서는 반드시 재고할 필요성이 제기된다.

않았다. 이것은 혼수가 사사한 인물은 모두가 임제종의 법맥을 전승하고 있는 점은 당시에 원나라와 명나라의 교체기에서 불교계의 모든 면에서 가장 큰 영향력을 행사하고 있던 집단이 여전히 선종의 임제종이었기 때문이다.

20. 조동선풍(曹洞禪風)의 전승

조동선풍의 형성

당나라 말기 9세기 중엽에 동산양개(洞山良价: 807-869)와 그의 문하인 조산본적(曹山本寂: 840-901) 및 운거도응(雲居道膺: ?-902)을 중심으로 형성된 조동종(曹洞宗)은 한국 및 일본에서 오늘날까지 면면하게 전승되어 오고 있다. 『경덕전등록』에는 동산양개의 법사로서 26명의 이름이 전한다. 이들 가운데 조동종의 교단에 큰 영향을 끼친 사람은 운거도응과 조산본적이다.

도응은 동산양개를 15년 동안 모시고, 입적한 이후에도 탈상할 때까지 2년을 더 동산에 머물러 총 17년 동안 동산에 주석하였다. 이후로 운거산으로 들어가 20년 가까이 주석하면서 천 명이 넘는 대중을 거느렸다. 이들을 통해서 초기 조동종의 교단의 형세를 짐작해볼 수 있다. 그 가운데 고려 초기에 전승한 조동선풍은 운거의 선풍이 절대적이었다.

『조당집』에는 동산으로부터 도응으로 계승되는 일련의 선풍이 전수(展手) · 조도(鳥道) · 현로(玄路)의 동산삼로(洞山三路)와 괄골선(刮骨禪)이 강조되어 있다. 전수는 유인하여 접화하는 방편으로서 중생을 화익(化益)하는 것을 의미한다. 조도는 불염오(不染汚)의 수행을 비유한 것으로 어떤 흔적도 남겨두지 않는 자유무애한 납자의 수행으로, 분별이 초월되고 집착이 단절된 소식이다. 마치 새가 허공을 날아가도 그 종적이 전혀 남아 있지 않은 모습이다. 현로는 현묘한 길을 의미하는데, 유무(有無) 및 미오(迷悟) 등 이견(二見)을 초월한 공적한 길을 가리킨다.

또한 괄골선이라는 용어는 조동종 선리의 성격을 잘 보여주는 개념으로 주도면밀(周到綿密)과 용의주도(用意周到)의 정신을 나타낸다. 일상의 행위에서 매사에 소홀함이 없이 여법하게 용심하는 모습이 마치 뼈를 깎아내는 것처럼 엄격한 수행과 자기 자신에 대한 의지의 자립을 강조한 말이다. 괄골선의 선풍은 운거도응(雲居道膺:?-902)으로 계승되어 일상에서 사용하고 있는 분별의 언어에 대한 집착을 배제하고 누구나 자신만의 언어를 지니고 그것을 진실하게 자각할 것이 강조되었다. 마치 몸에 들어간 독은 뼈를 쪼개서 도려내지 않으면 안 되는 것과 같은 점에 비유한 것이다.

이들 동산삼로와 괄골선은 결국 용의주도하고 주도면밀한 조동의 행지를 지향하는 가풍을 드러낸 것으로서 독특하다. 기타 조동종지로 중요시된 것은 일체의 상을 초월하여 종적을 남겨두지 않는 몰종적(沒蹤跡)의 수행을 중시하였고, 제일의제(第一義諦)와 본래무일물(本來無一物)에 근거한 본증(本證)을 강조하였으며, 바로 현재의 자리에서 깨칠 것을 도모하는 직하승당(直下承當)과 모든 깨달음은 현재 눈앞에 펼쳐져 있다는 것을 자각하는 현성공안(現成公

案)을 체험하는 것 등이다.

그런데 일반적으로 조동가풍을 언급할 때 소급하여 청원행사(靑原行思: ?-740)로부터 석두희천(石頭希遷: 700-790) 및 약산유엄(藥山惟儼: 751-834) 그리고 운암담성(雲岩曇晟: 782-841)에 속하는 선풍까지도 포함시키고 있다. 따라서 넓은 의미의 조동가풍에서는 석두의 『참동계(參同契)』사상을 조동선지의 연원으로 간주하고 있다. 그 까닭은 『참동계』에서 설파한 열린 관계[回互]와 닫힌 관계[不回互]를 비롯한 기타의 사상적인 뿌리가 본격적인 조동종지인 조동오위(曹洞五位)의 바탕을 이루고 있기 때문이다.

그리고 조동종의 종풍은 동산양개와 다른 항렬에 해당하는 도오원지(道吾圓智: 769-835) - 석상경제(石霜慶諸: 807-888)의 문하인 동안상찰(同安常察: ?-961)이 지은 『십현담(十玄談)』의 선리(禪理)까지도 포함된다. 그 까닭인 본래 화엄교학의 십현(十玄)을 빌려 칠언율시의 형식으로 저술한 것인데, 순서대로 심인(心印) · 조의(祖意) · 현기(玄機) · 진이(塵異) · 불교(佛敎)의 다섯 항목에 대해서는 선종의 요지(要旨)를 서술하였다. 그리고 환향곡(還鄕曲) · 파화향곡(破還鄕曲) · 회기(回機) · 전위(轉位) · 정위전(正位前)의 다섯 항목에 대해서는 납자가 수행으로 경력해야 하는 요로(要路)를 서술한 것이기 때문이다. 그리고 이것은 동산양개의 오위를 실천적인 측면에서 열 가지의 조목으로 확대해석한 것이기도 하다. 이 『십현담』
에 대하여 법안문익(法眼文益: 885-958)은 『십현담청량화
상주(十玄談清凉和尚註)』를 남겼다.

한국에서 조동선풍의 전승

조동가풍이 한국에 전승된 것은 신라 말기에 고려에 조
동종의 선풍을 전승한 처음은 낭공행적(朗空行寂:
832-917)이었다. 낭공대사는 입당하여 석상경제의 법을
계승하였다. 이후로 고려 초기에 조동종풍을 전승한 인물
로는 중국 조동종 제2세 운거도응의 문하생들이 주류를 형
성하였다. 해동의 사무외대사(四無畏大士)로 불렸던 이엄
(利嚴)·경유(慶猷)·형미(逈微)·여엄(麗嚴)을 비롯하여
20여 명에 달하였다.

그러나 중국 조동종의 세력이 미약해진 결과 고려시대에
는 전반적으로 그 법맥의 전승자가 보이지 않는다. 다만
진각혜심(眞覺慧諶: 1178-1234)이 찬술한 공안집 『선문
염송(禪門拈頌)』 30권에 인용된 내용으로 보면 단일문헌으
로는 송대 조동종의 굉지정각(宏智正覺)의 『굉지선사광록
(宏智禪師廣錄)』에 가장 많이 의거하고 있는 점이 엿보인
다.

이보다 약간 이후에 가지산파에 속하는 보각일연(普覺一
然: 1206-1289)은 조동종지의 중요한 선리인 조동오위에

대하여 『중편조동오위(重編曹洞五位)』(『重修曹洞五位』라고도 한다) 3권을 찬술하였다. 이것은 일찍이 중국의 조동종에서 형성되고 전승된 오위에 관련된 자료를 정리하고, 나아가서 오위의 전승에 관한 몇 가지 이견에 대하여 조동종의 정통성이라는 입장에서 자신의 견해를 주장하였다. 제명에 보이는 '중편(重編)' 내지 '중수(重修)'라는 말에 나타나 있듯이, 기존에 송대에서 편찬되었던 오위설에 대한 문헌을 집대성하여 재편했다는 의의와 함께 한국의 선종사에서 오위에 대한 거의 유일한 문헌으로서 가치를 지니고 있다. 여기에서 일연은 기존에 편찬된 조동오위에 관한 몇 가지 자료를 중편한 이유에 대하여 그 서문에서 다음과 같이 말한다.

첫째, 동산양개 시대의 가르침이 세월이 흘러감에 따라서 어지러워지고 단절될 위기에 처하였기 때문에 사람들로 하여금 오위에 대하여 올바른 이해로 인도하기 위함이다. 둘째, 처음에 조산본적이 갖가지 주석을 붙이고, 그의 제자인 조산혜하(曹山慧霞)가 그것을 편집하였으며, 다시 그 제자 광휘(光輝)가 그것을 해석하여 세상에 유포하였다. 그러나 그 언사가 어려웠기 때문에, 보법선사(普法禪師) 노겸(老謙)이 당시에 유행하고 있던 송본(宋本)을 얻어 중간(重刊)하고, 다시 거기에 조동의 유문(遺文)과 소산(疎山) 및 말산(末山)의 『어결(語訣)』을 합하여 하편(下篇)으로 삼았는데, 이것도 역시 오류가 많았다. 때문에 일연이 조계의 소융화상(小融和尙)을 만나 의기투합하여 그 오류를 바로 잡기 위하여 다시 노겸본(老謙本)을 검열하여 거기에 배열을 변경하고 생략하면서 새롭게 후세의 오위설을 가미하였다.

일연은 이와 같은 원칙을 바탕으로 하여 『중편조동오위』에서 구체적으로 몇 가지를 확정하였다. 석두의 『참동계』와 더불어 조동종지의 근원을 형성하고 있는 『보경삼매』에 대한 작자의 문제를 동산양개로 확정하였다. 또 「축위송(逐位頌)」에 대한 작자의 문제를 조산본적으로 확정하였다. 또 오위에서 제사위(第四位) 명칭을 겸중지(兼中至)가 아닌 편중지(偏中至) 확정하였다. 이와 같은 일연의 견해는 원시 조동종의 오위에 근거하여 동산과 조산의 오위에 대한 제방의 오류를 지적하고 교정한 것이었다는 점에서 중요한 의미를 갖는다.

또한 구체적인 대목에 대하여 일연은 「동산오위현결(洞山五位顯訣)」에 대해서는 네 곳, 또한 「천동사차송(天童四借頌)」의 경우는 네 곳, 조산 「축위송」의 경우는 세 곳, 「원진장로간(元眞長老揀)」의 경우는 한 곳, 「보협론(寶篋論)」의 경우는 두 곳, 「동산삼구(洞山三句)」의 경우는 세 곳, 「정재한한거사조동찬(定齋閑閑居士曹洞贊)」의 경우는 한 곳 등 총 18회에 걸쳐서 자신의 견해를 보왈(補曰) 혹은 보운(補云)의 형태로 가미하여 주석을 가하여 당시까지 전승해왔던 조동오위에 대하여 그 정통성의 유지에 중요한 역할을 하였다.

이후 조선 초기에 설잠(雪岑) 김시습(金時習: 1435-1493)은 중국에서 찬술된 동안상찰의 『십현담』에 대한 주해인 법안문익의 『십현담청량화상주(十玄談淸凉和尙註)』에 근거하여 『십현담요해(十玄談要解)』를 남겼다. 여기에서 김시습은 다양한 선어록을 인용하여 주석을 붙였다. 그리고 구성을 보면 1475에 설잠이 폭천산(瀑泉山)에서 붙인 「십현담요해서(十玄談要解序)」, 선종오가의 종파는 모두 방편이라 설명한 「오파원류도(五派源流圖)」, 법안문익이 동안상찰의 『십현담』에 붙인 주석에 다시 조목조목 설잠이 해석을 가한 「십현담요해(十玄談要解)」, 그리고 부록으로 「문수면목(文殊面目)」·「관음묘창(觀音妙昌)」·「보현묘용(普賢妙用)」의 「조주삼문(趙州三門)」 및 「십현담음의(十玄談音義)」를 수록하였다.

설잠의 『십현담요해』는 동산양개의 오위에 근거한 동안상찰의 『십현담』이 지니고 있는 오위의 사상을 이어받아 한국에 전승시켰다는 점에 우선 의의가 있다. 나아가서 설잠은 자신의 입장을 통해서 기존의 「오위송(五位頌)」을 하나로 엮어 거기에 주석을 가하고 『오위군신도(五位君臣圖)』의 경우처럼 도해를 곁들인 점은 당시의 조동선법에 대한 이해와 더불어 오위의 실천적인 측면을 긍정하여 파악하려 한 점이 엿보인다. 조동선법 특히 오위사상에 대한 설잠의 이러한 노력은 자칫 논리적이고 철학적인 입장으로 치우치기 쉬운 동산양개와 조산본적 및 운거도응으로 대표되는

원시조동종의 교의에 대한 몇몇 기관(機關)에 대하여 선수
행의 역동성을 모색했다는 점이 잘 드러나 있다.

이후 환성지안(喚惺志安: 1664-1729)은 『선문오종강요
(禪門五宗綱要)』에서 조동종의 종지에 대하여 그 대의를
향상(向上)에 대한 해명이라고 전제하고, 이어서 방편으로
오위(五位)를 열어서 삼종의 근기를 교화한다고 평가하였
다. 나아가서 조동종의 교의에 대해서는 편정오위(偏正五
位), 공훈오위(功勳五位), 군신오위(君臣五位), 조산삼타대
양명안화상석(曹山三墮大陽明安和尙釋), 동산삼종삼루(洞山
三種滲漏), 동산창도삼강요(洞山唱道三綱要) 등 여섯 가지
를 중심으로 상세하게 해설을 가하였다. 환성지안의 『선문
오종강요』는 이후에 백파긍선(白坡亘璇: 1767-1852)의 『
선문오종강요사기(禪門五宗綱要私記)』를 통하여 다시 평가
되었다.[49]

이후 근세에 만해용운(萬海龍雲: 1879-1944)은 『십현
담주해(十玄談註解)』를 찬술하였다. 1925년 여름 설악산
오세암에서 『십현담요해』를 보고 찬술한 것으로 일종의 불
교시의 성격을 지니고 있다. 그러면서도 선행의 모든 주석
을 벗어나서 『십현담』의 원문에 충실하게 현대적인 주석을
도모한 것이다. 여기에는 『십현담』의 의의를 보살행으로
승화시키고자 하는 조동종지의 선사상에 대하여, 소위 터
럭을 뒤집어쓰고 뿔을 머리에 이고 있다는 피모대각(被毛

---

49) 김호귀, 『선리연구』, (서울: 하얀연꽃. 2015)

戴角) 및 인간이 아닌 다른 부류의 중생으로 화현하여 보살행을 펼쳐가는 이류중행(異類中行) 등으로 대변되는 중생교화의 실천을 중심으로 전개한 점이 주목된다. 이처럼 조동종의 가풍은 교단의 측면으로는 미미하였지만, 그 중요한 교의는 고려와 조선을 통하여 면면하게 전승되어 왔다.

21. 조선 초기의 선법

  태고보우와 나옹혜근의 선법을 계승한 환암혼수(幻菴混
修: 1320-1392)는 고려 말기의 임제정종의 법맥과 그 사
상을 전승한 인물로 임제정종 제2의 계승자이다. 여기에서
제2기의 계승자란 고려 말기에 원나라를 통하여 임제정종
을 전승한 태고보우와 나옹혜근과 백운경한 등 일군의 계
승자를 의미한다. 그 제1기의 계승자는 신라 말기 지리산
화상 및 고려시대 초기에 혜조국사 담진을 비롯한 일군의
임제선법의 수용자들을 가리킨다.

  환암혼수의 생애에 관한 기본자료는 「충주청룡사보각국
사환암정혜원융탑비문」(1394년 건립)이다. 환암이라는 시
호는 이때 조선 태조로부터 추증된 것이다. 환암혼수의 성
은 조(趙)씨이고, 휘는 혼수(混修)이며, 자는 무작(無作)이
고, 호는 환암(幻菴)이다. 29세에 금강산에 들어갔다. 2년
후 31세에 어머니의 병환 소식을 듣고 가까운 경북 성주
(星州)에서 5-6년을 지냈다.

  어머니가 돌아가시자 법화경으로 명복을 빌고 나서 강화
도 선원사(禪源寺)의 식영감(息影鑑, 息影菴, 息影淵鑑) 스
님에게 참하여 능엄경의 25가지 방편수행을 수학하여 그
진수를 얻었다. 오대산 신성암에 주석할 때에 가까운 고운
암에 주석하고 있던 나옹혜근과 문답을 나누어 나옹혜근으
로부터 입실을 허락받았다. 나옹은 그 징표로 금란가사(金

襴袈裟)와 상아로 만든 불자(拂子)와 주장자(拄杖子)를 주었다. 이로써 나옹의 법통을 계승하기도 하였다.

51세에는 회암사에서 공민왕의 명으로 공부선장(功夫選場)이 실시되어 선교양종의 대덕들이 대거 참여하였는데, 혼수스님도 여기에 참여하였다. 나옹혜근이 감독관으로 있어 일착어(一著語)를 던졌는데, 혼수만이 당문구(當門句)와 입문구(入門句)와 문내구(門內句)의 삼구법문에 대하여 명쾌한 답변을 하여 인정을 받았다.

환암혼수는 고려 말기에 불교계를 이끌어갔던 지위에 있었음에도 불구하고 그의 저술은 보이지 않는다. 다만 『환암어록』(상·하)이 있었다고 전하지만 현존하지는 않는다. 직접적인 기록들 가운데 태고보우의 「행장」에 의하면 태고보우의 법맥을 계승했으며, 환암혼수의 「비문」 및 나옹의 「행장」과 어록 그리고 「나옹석종비음기」 등에 의하면 나옹혜근의 법맥을 계승한 것으로 보인다.

환암은 『능엄경』을 통한 수행과 교화를 지속하였으며, 몽산덕이의 간화선풍 계승하였다. 또한 공부선장(功夫選場)을 실시하는 데 있어서 감독관으로서 입문삼구의 일착어를 제시하였다. 그때 나옹이 제시한 질문은 다음과 같다.

행(行)은 도달했어도 설(說)이 도달하지 못했다면 능행(能行)이라 할 수가 없고, 설은 도달했어도 행이 도달하지 못했다면 능설(能說)이라 할 수가 없다. 설령 행도 도달하고

설도 도달했다 하더라도 그것은 모두 문외사(門外事)일 뿐
이다. 그러면 입문일구는 도대체 무엇이겠는가. 입문구가
무엇인지 분명하게 말해 보라, 나아가서 당문구는 또 무엇
이고, 문리구는 또한 무엇인가.50)

혼수는 출가의 은사로서는 식영암(息影庵, 息影鑑, 息影
淵鑑)과 계송대사(繼松大師)가 있었고, 사승(師承)으로는
태고보우와 나옹혜근을 들 수가 있으며, 문도로는 그의 비
문과 『해동불조원류』 및 기타의 자료를 통해서 확인할 수
있는 것은 59명과 이 외에 몇 명의 시자 등이 있다. 만년
에 1384년을 전후하여 조선건국 직전까지 약 10여 년 동
안 국사로 있으면서 당시 왕사였던 찬영(粲英)과 함께 불
교계를 주도하였다.

이 가운데 상수제자는 천봉만우(千峯卍雨: 1357-?)로서
처음에는 구곡각운(龜谷覺雲)의 제자였으나 후에 혼수의
법을 잇고 그 행장을 지었다. 만우는 예천 보문사, 황악산
직지사, 회암사, 흥천사 등에 머무르면서 유생들과 교류하
기도 하고 그들에게 가르침을 주기도 하였다. 각운은 처음
에 졸암연온(拙庵衍昷)에게 출가하였지만 공민왕의 예우를
받아 대선사의 칭호를 받았으며, 널리 『전등록』을 강의하
기도 하였다. 이후 우왕 국사의 책봉을 사양하고 백련사로
들어갔던 인물이다. 이러는 과정에서 이전의 산문의 개념

50) 『懶翁和尚語錄』, (韓國佛敎全書6, p.722上)

보다는 문중의 개념이 점차 대신하였는데, 조선시대에 들어서는 산문의 개념이 거의 사라져버리고 만다. 따라서 법계의 문제 및 사승의 관계도 애매모호해지고 당시의 실세를 따라 법맥을 잇는 풍조가 거세졌다.

이것은 조선시대를 거쳐오면서 더욱더 심해졌다. 이러한 상황은 16세기에 들어오면서 불교계가 더욱더 위기에 처하게 되자 자파의 법계문제를 자각하면서부터 더욱 확실한 기록을 필요로 하였다. 이에 법통의 정통 내지 사승의 관계를 목적으로 내세우는 분위기가 만연하였다. 이러한 결과 혼수 법맥의 위상도 1625년 서산의 문도였던 편양언기의 『종봉영당기』에서 뚜렷해지게 되었다. 그 기록에 의하면 태고화상이 중국에 들어가 석옥청공으로부터 법을 받아 왔는데, 그것이 혼수에게 전해졌으며, 다시 구곡각운 - 벽계정심 - 벽송지엄 - 부용영관 - 서산청허로 이어졌다는 것이다. 이 법계는 이후에 서산의 증손에 해당하는 월저도안의 『불조종파지도』와 도안의 5세 후손에 해당하는 사암채영의 『해동불조원류(海東佛祖源流)』를 거치면서 조선 중후기를 통관하는 큰 흐름으로 자리매김하였다.

이것은 이전에 이미 고려시대를 거쳐 전승해 내려온 구산선문의 제파 가운데 사굴산문파와 가지산문파의 선법과 원나라를 통해 전승된 임제선법의 두 가지의 경우가 조선 초기 선법의 특징과 성격을 구분짓는 중요한 요소가 되었기 때문이었다. 그것은 사굴산문파와 가지산문파의 선법의 성격은 조선시대 선법의 특징과 성격에서 내용적인 측면에 해당하고, 임제선법의 성격은 종조상의 문제에 대하여 현재의 한국선에 이르기까지의 법맥에 관여되어 있기 때문이다.

이 가운데 어느 한 측면만 강조하여 법통의 정통성 내지 선사상의 맥락을 논한다면 결코 바람직하지 못하다는 것은 명확하다. 그 이유는 태고보우를 비롯한 당시의 고승들이 이미 국내에서 선법을 터득하고 중국에 건너가 임제정종의 종사들로부터 인가를 받았을 뿐만 아니라 귀국해서는 이미 전승되어 오고 있던 몇몇 구산문의 법계 내지 선법과 융합하는 형식으로 전개되었기 때문이다.

따라서 조선시대는 고려시대에 형성되고 전승되어 오던 구산문의 성격이 태고보우를 통해서 통합이 시도되었던 만큼 이미 선종계에서는 새로운 선사상의 패러다임을 필요로 하였다. 그것이 곧 법맥을 중심으로 하는 자파의 정통성을 주장하려는 문중을 중심으로 하는 선법의 출현으로 나타났다.

이것이 이후 11종으로 대변되는 불교 전반에 상대하여 조계종을 비롯하여 선종의 성격이 짙은 몇 개의 종파가 아예 교종과 선종이라는 단순한 선교의 구분으로 불렸다는 점에서 진정한 선법의 전개와는 다른 교단사적인 측면만 유지되어 갔다. 그 때문에 새로운 선종 내지 선법의 개념을 드러내지 못하고 인물중심으로 유지되어 갔다. 따라서 필연적으로 법계가 강조되지 않을 수 없었다. 나아가서 거의가 새로운 선법의 교의 내지 선리를 출현시키지 못하고 기존의 선법에 대한 교의 및 선리에 대한 재해석이 이루어졌다. 그 때문에 역으로 전통의 선법에 대한 심도 있는 연구와 그에 따른 새로운 관점에 대한 방향을 제시하는 기회가 되기도 하였다.

그것이 곧 법맥을 중심으로 하여 자파의 정통성을 주장하려는 문중개념에 의한 선법의 출현이다. 문중개념에 의한 선법의 출현은 일종의 선종이라는 종파의 개념에 대한 과감한 도전이기도 하다. 그것은 그 어떤 사상적인 도그마나 교판에도 속해있지 않던 선종이 시대가 흘러감에 따라 점차 형해화되어가는 현상에 대한 반박의 발로이기도 하다. 특히 정치적으로 사회적으로 격변을 맞이한 여말선초의 상황은 선종계에도 그만큼 새로운 무언가를 요구하는 시대로 부각되었다.

이로써 각각의 법계를 바탕으로 한 각각의 법통설은 자파가 적손이라는 의식과 더불어 그에 상응한 문중의 개념으로 굳어져 갔다. 이것이 바로 각각의 법계에 해당하는 문중을 중심으로 하는 선문의 출현이었다. 조선시대에 이와 같은 문중의식은 시대를 거치면서 자파의 정통설을 주장하는데 그치지 않고 나아가서 불교가 쇠퇴하기 이전의 순수한 임제정통의 정맥을 부흥시키려는 것으로 나타났는데, 이와 더불어 이후에는 임진왜란의 발발과 함께 구국을

위한 현실에 대한 참여를 내세우는 선풍의 진작으로 나타
나기도 하였다.

이처럼 조선시대의 선법은 시대상을 그대로 반영하면서
도 그로부터 새로운 어떤 것을 일구어내려는 움직임으로
나타났다. 이것은 이전 고려시대에도 지속되었던 조사선의
가풍이 일상의 현실과 부단한 창의성을 바탕으로 전개되었
던 조사선의 본래성이 발휘된 결과였다. 비록 사회적으로
암울한 신분상의 한계에도 불구하고 이와 같이 선법을 문
중개념으로 변화시켜 나아갔던 것은 선법의 유지와 보존이
라는 생존의식이 바탕에 깔려 있었기 때문이다.

고려시대 보조지눌의 선법이 조선의 선법에 직접적으로
어떤 영향을 끼쳤는가 하는 것에 대한 연구는 밝혀진 바가
거의 없다. 그럼에도 불구하고 보조의 선법과 법맥은 오늘
날에 이르기까지 한국불교의 중흥조사로서 한 축을 형성하
고 있다. 바로 그 와중에서 고려의 선법과 조선의 선법을
직접적으로 이어주는 매개체는 무엇인가 하는 것이 설명되
지 않으면 안 된다. 설령 직접적인 연결고리가 없다면 그
이유는 무엇인가. 나아가서 그것을 대체한 것은 도대체 무
엇이었는가. 사실 이와 같은 문제들에 대한 해명은 대단히
빈약하다.

이런 점에서 이전부터 해동에 전승되어 오던 선법이 독
자적인 법맥의 상승을 주장하지 못하고 고려 말기에 원나
라로부터 직수입된 법맥을 수용하여 거기에서 새로운 정통

성을 확보하려는 측면으로 부각되기에 이르렀다. 그 먼 원인은 아직까지 고려시대로부터 전승된 보조선맥의 직접적인 계승이 불확실하다는 점에서 찾아야 할 것이다. 따라서 태고와 나옹과 경한이 국내에서 어떤 사법관계를 계승했는가에 대한 고증은 보조 법맥의 계승관계를 구명함에 있어서도 반드시 필요한 일로서 금후의 과제이기도 하다.

이런 측면에서 조선시대로 계승되는 선법의 정통성을 기존의 보조의 법맥에서 찾으려는 노력보다는 임제종풍의 새로운 법맥을 수용하여 강조하는 것은 분명히 대단히 소극적인 방법이었다. 그 이유는 당시 교단사의 측면과 정치적인 측면을 반영한 것에서 찾아야 할 것이다. 특히 그 사법관계에서 보면 보조 이후 고려 말기에 원나라로부터 임제종 법맥의 수용은 14세기 초반에는 만항과 충감 등 수선사 계통과 혼구 등 가지산문의 계통에 의하여 수용되었으며, 14세기 중반 이후에는 고려 말기에 소위 태고와 나옹과 백운 등을 중심으로 전승되었다는 것이 두 가지 측면을 잘 보여주고 있다. 또한 이 시대에 원으로부터 수용된 선풍과 그 법맥의 강조는 기존의 임제종풍 곧 대감국사 탄연이 북송시대 임제종맥의 육왕개심의 선법을 수용한 것과 보조의 선풍이 그다지 널리 전개되지 못했던 것을 보여주는 방증이기도 하다.

이런 상황에서 같은 임제종맥이면서도 고려 말기에 전승된 임제종맥이 이전 고려시대를 일관하여 전승되어 오던 임제종풍과 다른 입장에 있었던 이유는 다음과 같이 생각해볼 수 있다. 우선은 임제종풍을 수용한 당사자가 이전과는 달리 직접 중국유학을 통하여 그 선풍과 법맥을 수용했고, 나아가서 중국의 임제종 승려가 직접 고려에 와서 전승했다는 점이다. 다음으로 교단적인 관점에서 보아 임제종풍만이 맹위를 떨치고 있던 송대의 상황과는 달리 원대에는 임제종풍의 세력이 정토 및 염불신앙과 더불어 라마교의 세력에 그 자리를 내주면서 궁여지책으로 소위 임제정종의 선사들이 우리나라 및 일본으로 그 법맥의 범위를 확대시켜 나아갔다는 점이다.

이런 와중에서 기존의 임제종풍과는 달리 고려 말기에 수용된 임제종풍은 그 정통성을 중국이 아닌 외국에서 뿌리내리려는 일환으로서 그 사법관계를 강조하였다. 따라서 고려 말기에 수용된 임제선풍은 그 어느 시기보다도 당연히 법맥의 정통성을 수반할 수밖에 없었다. 이와 같은 상황은 특히 일본보다도 이미 선법이 뿌리를 내리고 있었던 고려에서 더욱 심하였다. 그 때문에 보조의 선풍과 그 법맥은 상대적으로 세력의 판도에서 열세를 극복하지 못했던 것은 당연한 것이었다. 구곡각운이 보조법계의 졸암연온을 득도사로 삼았었지만, 후에 임제법맥을 계승하게 된 이유 가운데 하나도 바로 여기에 있었다.

이로써 복잡다단했던 고려 말기에 수용된 임제종의 법맥은 인물을 중심으로 몇 가지로 등장하였다. 그 가운데 조선 중기 이후에 거의 확정적으로 형성된 법맥은 태고보우 - 환암혼수 - 구곡각운 계통이었다. 특히 구곡의 4세 손에 해당하는 청허 및 부휴의 문도들에 의해서 기록된 자료에 의하면 더욱 그렇다. 이들 기록에 의하면 고려 말기로부터 조선 초기에 걸친 임제종의 해동법맥은 태고 - 환암 - 구곡 - 벽계 - 벽송 - 부용 - 부휴와 청허로 계승되었다.

구곡각운에 대한 자료는 『목은집』·『도은집』·『유항시집』·『삼봉집』·『원재집』·『사가집』·『조선사찰자료』·『송광사개창비』 등에서 찾아볼 수 있다. 그 생몰연대는 의심스럽기는 하지만 1318년 출생과 1383년 입적을 크게 벗어나지는 않은 듯하다.

한국의 선종사에서 법계의 정통성과 선법의 전승이라는 두 측면이 어느 때보다도 난립하고 있던 시기가 고려 후기였다. 이 무렵은 기존부터 고려 국내로 전승되어 오던 법계가 소위 조계선법으로 불리는 구산문의 선법과 외국의 유학승을 통해서 전승되고 다져진 중국 임제종 계통의 선법 사이에 모종의 합일점이 필요한 즈음이었다. 전자에 대해서는 소위 구산문 가운데 사굴산문과 가지산문의 선법 및 법계가 주류를 구성하고 있었고, 후자에 대해서는 시기적으로 구분하면 14세기 초반에는 만항과 충감 등 수선사 계통과 혼구 등 가지산문의 계통이 있었고 14세기 중반 이후에는 태고와 나옹과 백운 등을 통해서 전승되었다.

　이들 사이에서 후자에 속했던 태고보우는 원융부를 설치하고 기존의 구산문을 당시에 수입된 임제종지의 기틀을 통하여 통합하려고 했던 시도는 대단히 신선한 자극을 주었다. 그러나 끝내 성공하지 못한 이유는 외적인 측면이었던 사회와 정치적인 이유를 무시할 수는 없겠지만 선종의 내부에서 찾아볼 수 있는 직접적인 이유는 뚜렷한 전등계보가 등장하지 못했다는 점과 구산문으로 전승된 선법의 색깔이 분명하지 못했다는 점이다. 당시에는 중국 당나라 시대에 형성된 선종의 오가를 통해서 전승되어 가는 즈음으로서, 고려에서도 특히 임제종 계통의 종지라는 점이 널리 인식되고 있었지만, 그와는 달리 선종의 오가가 분립되기 이전에 신라에 전승된 선법은 고려를 통하여 전승되면서 종파적인 성격보다는 그 사상적인 성격에 중점이 있었다. 이에 구곡각운은 전등법계의 중요성을 깊이 인식하고 『전등록』을 직접 강의하였다.

　벽계정심(碧溪淨心)은 조선초기 불교가 본격적으로 박해를 받기 시작하던 태종시대에 활동했던 인물로 조선시대 불교의 박해를 온몸으로 경험하였다. 그런 와중에도 구곡각운으로부터 계승한 정법안장을 훼멸치 않고 선법과 교학을 지엄과 법준에게 전승하여 불조혜명을 계승한 구도자였다. 조선 초기 불법의 박해를 맞이하여 벽계정심은 신분을 감추기 위하여 일시적으로 환속하여 머리를 기르고 가족과 더불어 황악산 고자골의 물한리에 들어가 숨어서 지내야 할 정도였다.

 따라서 벽계정심에 관한 그 행적조차도 분명하지가 않다. 채영의 『해동불조원류』라든가, 휴정의 『벽송당행적(碧松堂行蹟)』이라든가, 범해의 『동사열전』의 기록에 각각 약간의 차이가 있을 뿐만 아니라, 근거가 대단히 애매모호하여 어느 것을 사실로 삼아야 할지도 궁금하다. 그러나 분명한 사실은 그와 같은 배불의 시대를 살아가면서도 정법안장의 법맥을 벽송지엄(碧松智嚴)에게 전수하고, 교학의 법맥을 정련법준(淨蓮法俊)에게 전수했다는 내용이다. 그것은 불조혜명의 계승이라는 시대정신에 대한 벽계정심의 각성이었다.

 벽송지엄(碧松智嚴: 1464-1534)에 대한 자료는 그의 법손에 해당하는 청허휴정이 찬술한 『벽송당행적』과 『벽송당야로송(碧松堂埜老頌)』에 근거한다. 벽송의 법휘는 지엄이고, 호는 야로(埜老)이며, 그의 거처를 벽송이라 하였다. 벽송은 『선원제전집도서』와 『법집별행록절요』 등을 통해 교학을 다졌으며 『서장』과 『선요』 등을 통하여 선법을 터득하였다. 이 밖에도 11세기 말엽 송대에 공진이 찬술한 『조원통록(祖源通錄)』 24권을 촬요하여 6세 때 백운산 만수사에서 『조원통록촬요(祖源通錄撮要)』(『通錄撮要』라고도 한다) 4권으로 간행하면서 그 발문을 붙였다.

 이 『조원통록촬요』는 석가모니로부터 중국과 신라와 고려의 조사들을 열거하는 전등사서의 성격을 갖추고 있다.

특히 그 마지막에 해당하는 나옹혜근에 대해서는 말법시대에 불교의 정법안장을 부흥시킬 인물로 석가모니의 후신으로까지 칭송하고, 그 법계를 중요시하여 또 다른 측면에서 법계의 문제를 제기하는 계기가 되기도 한다. 또한 화엄학을 통한 해동 전통선법을 계승한 것은 교학과 선법의 상생을 위한 좋은 모범이었다.

부용영관(芙蓉靈觀)은 영남 진주 사람으로서 어렸을 적 이름은 구언(九彦)이었다. 휘는 영관(靈觀)이고, 호는 은암선사(隱庵禪師) 또는 연선도인(蓮船道人)이다. 두류산으로 가서 지엄대사 벽송에게 참문하여 그 법을 이었다. 영관은 평소 성품은 온아하였고 마음은 애증을 끊었으며 생각은 오로지 평등에 두어 설사 한 숟가락의 밥이라도 남과 함께 나누어 먹었다. 그러니 그것은 숙세에 심어 온 자비의 종자임을 알 수가 있다.

또한 그의 문자(文字)는 진실하고 올바르며, 의리(義理)는 명석했다. 무릇 학자를 제접함에 있어서는 힘쓰고 힘쓰면서 피곤해하지 않았으며 무릇 칠요(七曜)와 구장(九章) 및 천문과 의술에도 달통하지 않은 바가 없었다. 심지어 『장자』에도 달통하여 결의(決疑)하지 못함이 없었다. 이런 까닭에 문정(門庭)에는 뛰어난 유생들이 가득 모여들었으며 모두 함께 유교의 길을 가지 못하는 안타까움을 토로하였다. 그리고 마당 가득히 모여든 도속들은 함께 머물지 못함을 서운해하였다. 이런 까닭에 호남과 영남에서는 백의를 걸치고도 삼교에 두루 통달하였는데 그것이 곧 스님의 가풍이었다. 그러니 가히 전단수(旃檀樹)를 이식하니 다른 나무가 모두 거기에 훈습되는 것과 같았다.

경성일선(敬聖一禪)은 부용영관과 더불어 벽송지엄의 선법을 충실하게 계승한 선자였다. 속성은 장씨로서 울산 사람이었다. 법호는 경성(敬聖) 혹은 휴옹(休翁)으로 조선 성종 19년(1488)에 출생하여 선조 원년(1568)에 입적하였다. 경성일선의 인격은 출가의 본분사를 잊지 않는 주도면밀한 선자였고, 그 선풍은 활구를 참구하는 조사선의 현창에 있었다. 출가의 본분사에 대해서는 일생에 걸친 스님의 삶에 묻어나 있다. 그 선풍은 지엄의 활구법문을 통한 가르침에 철저하였다. 또한 선풍을 전개함에 있어서도 반드시 이타의 보살행을 빠뜨리지 않았다. 조사선이 지니고 있는 소승적인 가풍을 철저하게 배제하고 출가자의 신분으로 있으면서도 효성과 충절 그리고 후학들을 위한 자상한 법문으로 널리 알려져 있다.

부휴선수(浮休善修: 1543-1615) 부용연관의 걸출한 두 법안으로서 서산청허와 더불어 영관의 선법을 가장 충실하게 계승한 선사였다. 청허휴정의 사제로서 도덕이 뛰어나고 재기가 으뜸이며 문장과 필법이 세상을 두루 비추었다면, 부휴는 사제로서 법견이 고준하고 숙세부터 갖추고 태어난 납자의 면모가 있어 그 휘하에는 항상 700명의 대중이 따랐으므로 일대의 종사로 불렸다. 부휴선사의 행장은

그의 제자인 백곡처능(白谷處能: 1617-1680)이 쓴 『홍각
등계비명(弘覺登階碑銘』에 잘 나타나 있다.

부휴는 젊어서부터 내전과 외전을 두루 섭렵하였다. 특
히 재상이었던 노수신(盧守愼: 1515--1590)과 인연으로
그 장서를 7년에 걸쳐 모두 독파했다는 사실은 유명하다.
부휴의 수행은 첫째, 부휴가 무자화두를 통한 간화선의 수
행을 중시한 점이고, 둘째, 화두수행과 더불어 정토염불을
가미하였다는 점을 들 수가 있다. 또한 부휴는 일상의 삶
에서 임진왜란과 불법의 박해라는 내우외환의 현실에서 비
분강개하는 심정을 그의 시문을 통하여 토로하기도 하였
다. 그러는 한편 안빈낙도의 소탈한 납자의 면목도 아울러
드러내주고 있다. 결국 이와 같은 몇 가지 점에서 보자면
부휴는 시대의 상황을 가슴에 담고 살아가면서 운수납자의
기질을 비교적 자유롭게 전개했던 선자였다.

부휴는 무자화두를 통한 선지를 강조하였다. 그러면서도
부휴의 수행과 사상의 이면에는 늘상 교학을 바탕으로 한
좌선의 수행으로 일관하였다. 곧 그의 일생에서 불 수 있
듯이 교학적인 바탕에 근거한 선사상의 추구였다. 그것은
일찍이 스승이었던 영관이 주장한 바처럼 교에도 치우치지
않고 선에도 치우치지 않는 선교일치의 입장이었다. 그런
까닭인지 부휴도 팔만대장경에 수록되어 있는 온갖 가르침
을 두루 살펴보아도 찾아볼 수 없는 것이 있으니 그것은
향상일로의 향상문이고 삼세제불도 감히 설하지 못하는 것

이 있으니 그것이야말로 격외선의 도리라고 말하였다.

이것은 부휴가 곧 널리 대장경을 열람하고 난 이후에 선법에 매진한 정통적인 수행자의 공부방식이었음을 말해준다. 이미 교학을 공부하였으면서도 감히 언설로 표현할 수 없고 마음의 작용으로도 어찌할 수 없는 것이 있으니 그것이 격외도리의 조사선법이다. 그것은 참으로 명칭으로도 드러낼 수 없고 모양으로도 그려낼 수 없는 도리이기 때문에 반드시 자신이 직접 마음으로 깨우쳐 드러내지 않으면 안 된다는 것이었다. 이리하여 교학의 바탕에 근거한 선법의 수행이었다.

나아가서 부휴는 선정겸수의 전통을 중시하였다. 『부휴당집』에 의하면 부휴선수는 이와 같은 선법과 정토염불의 전통을 충실하게 계승하여 사바세계의 무상하고 번뇌가 많은 삶을 벗어나서 극락의 영원한 정토를 갈구하기를 바라는 심정을 시로써 드러내기도 하였다. 그것은 당시에 임진왜란이라는 내우외환의 분위기에서 하루속히 왜적을 물리치고 산문의 종풍을 본래대로 진작시키려는 심정의 토로였다. 선법의 추구가 마음의 안정을 추구하는 것이었다면 정토의 희구심은 당시 어지러웠던 상황에서 중생에게 더욱 안락한 삶을 보여주고자 했던 부휴의 자비행의 수행이었다. 따라서 이와 같은 부휴의 정신은 그의 700여 명의 제자들에게도 당시에 혼란과 분열의 불교계를 재정립하려는 의지를 북돋아서 출가자의 본분사가 무엇인지 일깨워주는

이정표였다. 선법과 정토염불의 바탕에 근거한 부휴의 가
르침은 이후 벽암각성(碧巖覺性: 1575-1660) - 취미수
초(翠微守初: 1590-1668) - 백암성총(栢庵性聰:
1631-1700) 등으로 계승되었다.

22. 계승기의 전등사서(傳燈史書)

『통록촬요』의 출현

조선시대 선종의 상황은 국가의 배불정책이라는 시대적인 영향으로부터 초연할 수 없는 입장이었다. 그 영향으로 조선 초기에는 겨우 명맥만 유지하는 정도로 불교가 쇠퇴하는 시기에 접어드는 과정이었지만, 그런 가운데서도 전등법맥의 의식이 싹텄던 것이 주목된다. 특히 한국선종사의 계승시기에 출현한 『통록촬요(通錄撮要)』가 1529년에 숭묵(崇黙)에 의하여 전남 광양 백운산 만수암에서 간행되었는데, 여기에는 벽송지엄(碧松智嚴: 1464-1534)의 발문이 붙어 있다. 본 문헌이 주목되는 것은 전등의 법맥이 희미해져 가던 시대에 중국 찬술의 문헌을 수입하여 한국 선종의 인물을 보완하여 출간되었다는 점이다.[51]

『통록촬요』는 『조원통록』의 촬요로서 인도와 중국 및 한국을 아우르는 전등사서에 해당한다. 중국의 송대에 촬요된 것을 해동에서 수입하여 새롭게 간행한 것인데, 그 과정에서 『통록촬요』의 찬술자는 남송시대 말기인 13세기 중반에 『대장일람』의 편찬자인 복건성 영덕(寧德)의 우바새 진실(陳實)로 비정된다. 그러나 당시에 『통록촬요』라는 명칭이었는지, 혹 다른 명칭이었는지는 분명하지 않다. 그

---

51) 김호귀 역, 『통록촬요』, (서울: 하얀연꽃, 2014)

리고 이것을 해동에 수입하여 나름대로 그 구조 및 내용 등 몇 가지에 변형이 가해져서 『통록촬요』라는 명칭으로 새롭게 간행한 인물로는 거기에 「후기」를 썼던 숭묵(崇黙) 으로 추정된다.

『통록촬요』의 근거가 되었던 『대장일람』 10권 가운데 제10권은 『통록촬요』의 구조 및 내용의 차이는 10여 가지에 이른다. 곧 권수, 품수, 인물의 수효, 칙명의 수효, 귀경게(歸敬偈)와 귀결게(歸結偈), 그리고 『대장일람(大藏一覽)』에만 수록된 인물과 『통록촬요』에만 수록된 인물 등이 그것이다.

『통록촬요』의 서지학적인 문제점 및 기타에 대해서 일찍이 고익진 교수가 논의한 글, 그리고 필자의 연구논문 정도에 그치고 있다. 다행스럽게 우리말 번역은 두 종류가 출간되어 있다. 일찍이 고익진 교수는 신라인 34명의 수록은 기존 전등사서의 단순한 답습이 아니라는 점, 나옹혜근에 대하여 자세한 소개를 하고 있는 점 등을 들어서 촬요자의 의도가 강하게 작용하여 문록(聞錄)되어 있는 점을 강조하고, 이로써 『통록촬요』는 단순한 촬요서가 아니라 『조원통록(祖源通錄)』을 중심으로 새로운 한국적 전등사를 의도하고 있음이 강하게 느껴진다고 평가하였다.

『조원통록』 24권은 현재 전승되지 않지만, 『통록촬요』가 바로 그에 대한 촬요의 성격을 지닌 것으로 보인다. 그 와중에 본 『통록촬요』에 상응하는 문헌으로 『가흥대장경』

제21책 속의 『대장일람(大藏一覽)』 제10권에 수록된 내용
이 유통되었다. 『대장일람』 10권의 중간본에는 만력 갑인
(1614) 초겨울에 한림원 시독학사 수수(秀水) 진의전(陳懿
典)이 학포헌(學圃軒)에서 쓴 서문이 붙어 있다. 그 때문에
중간본은 조선에서 개판된 『통록촬요』(1529)보다는 늦은
시기이고, 진실이 13세기 중반에 편찬한 것보다는 약 300
여 년 이후의 것에 해당한다.

이로써 보면 중국에서는 이미 『조원통록』 24권에 대한
촬요서가 13세기 중반, 곧 1118-1270년 사이에 『통록촬
요』 혹은 그 어떤 명칭으로 만들어져 있었을 것으로 추정
된다. 『대장일람』 10권은 서두에 진의전(陳懿典)이 쓴 「중
각대장일람서(重刻大藏一覽序)」가 붙어 있는데,[52] 이에 의
하면 10권, 8문, 60품, 1181칙이 기록되어 있다. 그리고
『대장일람』 제10권에 해당하는 제팔종설문지여(第八宗說門
之餘)에 종안품(宗眼品), 정전품(正傳品), 방출품(傍出品),
분파품(分派品), 산성품(散聖品), 오통품(流通品)으로 분류
된 형태로 수록되어 있다.

이에 상응하는 것으로 한국에서 조선 초기에 숭묵에 의
하여 새롭게 간행된 『통록촬요』 4권은 제일 종안품, 제이
정전품, 제삼 호현품, 제사 산성품, 제오 유통품으로 구성
되어 있다. 이처럼 구성은 품명과 수록된 칙의 내용 및 수
록된 인명 등에서 『통록촬요』 4권은 『대장일람』의 권10과

---

52) 『大藏一覽』卷1, (嘉興藏21, p.443下) "萬曆 甲寅孟冬 翰林院侍
讀學士 秀水 陳懿典 書于學圃軒"

대단히 밀접한 관계에 놓여 있다. 이로 보자면 기존에 중
국에서 찬술되었던 『대장일람』의 제10권을 바탕으로 한국
에서 새롭게 간행하면서 중국의 선사를 기록한 대목에 대
해서는 나름대로 선별을 가하고, 다시 한국의 선사들에 대
한 부분을 첨가하여 「후기」를 붙여서 간행한 것으로 보인
다.

『통록촬요』의 특징

① 우선 권수에 대해서 『대장일람』의 경우에는 1권으로
구성되어 있지만 『통록촬요』의 경우는 4권으로 구성되어
있는데, 어떤 근거에 의하여 권수를 나누었는가 하는 점은
보이지 않는다.

② 품명에 대해서는 『대장일람』이 6품인 것에 비하여 『
통록촬요』는 종안품·정전품·호현품·산성품·유통품의
5품이다. 곧 종안품과 정전품의 경우는 동일하고, 『대장일
람』 방출품과 분파품의 둘이 『통록촬요』에서는 호현품 하
나로 되어 있다. 이하 산성품과 유통품의 경우도 동일하
다.

③ 종안품 4칙과 정전품 37명과 유통품 2칙에 수록된
칙명 및 인명은 동일하다. 다만 『대장일람』의 경우에 방출
품과 분파품으로 나뉘어 있지만, 『통록촬요』에서는 그것에
해당하는 대목이 호현품 하나로 되어 있으면서 수록된 인

물의 숫자에 출입이 있다.

④『대장일람』의 경우는 고려의 도봉혜거(道峰慧炬) 한 명을 제외하고는 모두 151명의 중국인물로 채워져 있지만,『통록촬요』는 호현품을 통하여『대장일람』에는 보이지 않은 인물로서 신라 및 고려인 34명이 새롭게 수록되어 있다. 이 점은『통록촬요』가 한국에서 간행되면서 중국의 인물을 축소시키고, 대신 한국의 인물을 널리 포함시킨 것으로 보인다.

⑤ 그 구체적인 인물의 숫자는『대장일람』의 경우 인명은 총 154명이고,『통록촬요』의 경우는 총 132명이다. 구체적인 분포는 다음과 같다.『대장일람』의 경우 정전품에 33명이 있고, 방출품에 24명이 있으며, 분파품에는 남악파가 45명이 있고, 청원파가 46명으로서 91명이 있는데, 91명 가운데 중국인이 90명이고, 고려인으로는 도봉혜거 1명이 포함되어 있다. 산성품에 6명이 있다.『통록촬요』의 경우 정전품에 33명이 있고, 호현품에 93명이 있는데, 그 가운데 중국인이 59명이고, 신라 및 고려인이 34명이다.

⑥ 칙명의 경우는 모두 6칙씩으로 동일하다. 곧 종안품에 4칙이 있고, 유통품에 2칙이 있다.

⑦『대장일람』과『통록촬요』가 칙명에는 차이가 없이 동일하지만, 인물에서는 그 숫자에 차이가 있다. 그것은 종안품과 정전품과 산성품과 유통품을 제외한 나머지,『대장일람』의 경우 방출품과 분파품에 해당하는 것으로『통록

촬요』의 경우 특히 호현품 사이에서 나타난다. 곧 『대장일
람』의 방출품과 분파품을 합한 것에 해당하는 중국인 114
명(고려인 1명 제외)이 『통록촬요』의 호현품에서는 93명
(중국인 59명, 신라 및 고려인 34명)으로 줄어 있다. 이
점은 중국의 인물을 줄이는 대신 한국의 인물을 첨가한 점
은 분명히 『통록촬요』가 한국에서 새롭게 간행되었음을 뒷
받침해주는 것이기도 하다.

⑧ 『통록촬요』에서는 『대장일람』에 수록된 중국인 114
명 가운데서 55명을 제외하고 대신 신라 및 고려인 34명
을 수록하였다.

⑨ 또한 『대장일람』에는 없지만 『통록촬요』에만 수록된
사람은 48명으로서 신라 및 고려인이 33명(34명 가운데
신라 및 고려인 가운데 도봉혜거 1인은 중복됨) 추가되어
있고, 중국인은 15명이 추가되어 있어서 총 48명에 해당
한다. 곧 『대장일람』에는 없는 중국인이 『통록촬요』에 추
가된 인물은 석공혜장, 자옥도통, 중읍홍은, 총인, 담주용
산, 규봉종밀, 우두혜충, 조과도림, 초현회통, 고정간, 보
응성념, 분양선소, 영명연수, 오운지봉 등 15명이다. 그
이유는 추가된 중국인의 경우 『대장일람』에는 수록되어 있
지 않았을지라도 한국에 큰 영향을 끼쳤던 인물을 포함시
킨 것으로 보인다.

⑩ 『통록촬요』에서 자체의 목차와 그 내용을 비교해 보
면 내용에는 수록되어 있지만 목차에는 누락되어 있는 인

물이 북종수대사(北宗秀大師) 등 7명이 보이기 때문에 여기에서는 이 7명을 포함시켜 통계를 잡았다.

⑪『대장일람』의 6품 및 『통록촬요』의 5품 등 모두 각 품마다 「귀경게」 내지 「귀결게」가 2구의 형태로 갖추어져 있다. 다만 『대장일람』 방출품의 「귀경게」가 『통록촬요』 호현품의 「귀경게」와 동일하고, 『대장일람』 분파품의 경우만 2구의 형태로써 새롭게 추가되어 있다.

이처럼 『대장일람』과 『통록촬요』는 구조의 형식이라는 점에서 비교하자면 전체적으로는 거의 그대로이지만, 세세한 부분에 대해서는 상당한 차이점이 보인다. 이것은 곧 오늘날 보이는 『통록촬요』의 촬요자는 진실(陳實)이지만, 그것을 받아들여서 약간의 변형을 가하여 새롭게 간행한 사람이 분명히 한국의 어떤 사람이었을 가능성을 충분히 짐작할 수 있게 해준다.

『통록촬요』의 한국 간행과 그 의의

『통록촬요』에 수록된 인물의 내용 가운데서 무엇보다도 특이한 것은 고려의 보제존자 나옹혜근에 대한 기록이다. 나옹은 『통록촬요』에 수록된 인물 가운데서 그 연대가 중국과 한국을 통틀어서 가장 후대에 속하는 인물이다. 이것은 나옹이 입적한 이후 오래되지 않은 시대에 한국에서 『통록촬요』가 간행되었음을 보여주는 것이기도 하다.

또한 보조지눌 및 태고보우 등에 대한 기록은 언급조차 없고, 유독 나옹에 대해서만 이토록 심도 있는 기록을 보여주고 있는 것은 한국에서 『통록촬요』가 간행된 근본적인 이유가 어디에 있었는가를 엿볼 수 있다. 이 경우는 조선 초기에 선종의 전등법맥이 나옹혜근 정통설로 계승되는 일군의 사람에 의하여 간행되었음을 시사해주고 있다. 또한 그럼으로써 『통록촬요』의 전체적인 성격을 추정할 수 있게 해준다. 왜냐하면 나옹에 대한 기록이 분량으로뿐만 아니라 그 내용에서 단순히 한 사람의 인물로 기록하는 것에 그치지 않고 있기 때문이다. 『통록촬요』의 보제존자 나홍혜근장 말미에는 나옹이 가섭(迦葉)의 후신으로 다음과 같은 내용이 있다.

치성광명경에서 말한다. 세존께서 가섭존자에게 고하여 말했다. '내가 멸도한 이후 후오백세에 내 정법안장은 곧 신라로 갈 것이다. 5종의 외도가 성행하는 세상에서는 감히 내 정법안장을 파괴할 것이다. 그러나 경신 연간에 어떤 비구가 대사문이 되어 대불사를 일으키고 모든 외도를 타파할 것인데, 그 사람의 이름은 보제나옹이고, 그 법회의 이름은 공부선(工夫選)이다. 가섭이여, 반드시 알아야 한다. 내 후신이 바로 그 보제나옹이다.' 53)

---

53) 『通錄撮要』 卷4, (韓國佛教全書7, p.806上)

여기에는 말법시대에 부처님의 정법안장이 한국으로 전승된다는 예언이 드러나 있다. 이에 의하면, 그 말법시대의 말겁이 다한 후에 사람들의 수명이 10세로 한정되는 시대에는 견문각지식심외도(見聞覺知識心外道) 등 5종의 외도가 치성한다는 것이다. 그들 외도가 마치 삼대와 좁쌀알처럼 많아서 감히 내 정법안장을 파괴하기 때문에 여래가 재삼 거듭해서 나옹존자의 모습으로 화현하여 마침내 공부선의 법회를 통하여 정법안장을 전승하고 불국토를 수호하는 것이라고 말한다.

이것으로 보면 나옹이야말로 말법시대에 정법안장을 구현하고 주지하는 적임자로서 고려에 출현한다. 그와 같은 나옹의 위상에 대하여 중국에서 출현한 『대장일람』 제10권에는 기록되어 있지 않았지만, 한국에서 전등사서의 간행에 즈음하여 반드시 고려의 나옹의 전법상승의 필연성에 대하여 기록하면서 경전의 인용과 더불어 그 당위성을 제시해둔 것으로 보인다. 그 때문에 나옹은 곧 고려까지 계승되는 전법상승의 주장을 위해서도 전등사서의 성격을 지닌 본 『통록촬요』를 통하여 무엇보다 필요한 인물이었다. 그 결과 주목되는 것이 바로 그 전등사서의 궁극적인 종착점이 보제존자 나옹혜근으로 향하게 되었다는 점이다.

불조의 혜명과 부처님의 정법안장이 단절되지 않도록 후대에 전승하여 주지(住持)토록 하는 전등사서의 궁극적인 목표가 말법시대에 이르러 보제존자 나옹혜근을 통하여 실현된다는 점이 그대로 노출되어 있다. 그런 만큼 한국에서 간행된 『통록촬요』는 나옹의 행장을 비롯하여 정법안장의 전승자로서 나옹의 위상을 확고하게 부각시켜주고 있다는 점에서 한국선의 법맥을 논의할 경우에 간과해서는 안 되는 의의를 지니고 있음이 주목된다.

23. 조선 중기의 청허휴정(淸虛休靜)

시대적 배경

　조선시대는 정책적으로 불교를 억압하는 역사로 기록되어 있다. 그것은 16세기 불교의 상황도 예외는 아니었다. 불교가 국교의 취급을 받았던 고려 이래로 조선 초기에 와서는 불교의 11종이 7종으로 축소되었다. 이어서 다시 세종은 7종을 선교의 양종으로 통폐합하였다. 그 결과 선교의 양종에 따른 선종과 교종의 사찰을 중심으로 불교가 명맥을 이어가게 되었다. 특히 성종 시대에는 도첩제마저 폐지하고 출가를 금지하였는데, 그것을 『대전속록(大典續錄)』에 명문화시킴으로써 새로 출가하는 것이 불가능하였고, 이미 출가한 경우라고 할지라도 여러 가지 환경적인 여건 때문에 환속(還俗) 내지 귀속(歸俗)을 강요받게 되었다.

　심지어 연산군 시대에는 그 동안 존속해오던 선교의 양종마저 폐지하였고, 중종 시대에는 승과마저 폐지하였다.[54] 연산군은 사원전을 몰수하는 한편 출가를 금지시켰으며, 이외에도 공식적으로 행해오던 여러 가지 불교제도를 금지하였다. 가령 선교양종도회소(禪敎兩宗都會所)를 혁파한 경우라든가 승과를 완전히 폐지한 것 등이 그 대표적인 사례였다. 그 결과로 인하여 원각사(圓覺寺)가 철폐되었

---

54) 고영섭, 『한국불교사궁구』 2, (서울: 씨아이알, 2019) pp.5-6.

는가 하면, 홍천사(興天寺)는 궁중에서 말을 기르는 곳으로 바뀌기도 하였다.[55]

이와 같은 상황에서 왕위에 오른 명종은 어린 나이였기 때문에 문정대비의 수렴청정이 이루어졌는데, 문정대비의 개인적인 불교신앙으로 인하여 한때 불교중흥의 기운이 싹트기도 하였다. 가령 명종 5년(1550) 12월에는 선교양종의 복원에 대한 일련의 조치가 내려졌는데, 그 결과 일시적이나마 불교중흥의 기초가 마련되었다. 그 중심에는 허응보우(虛應普雨: ?-1565)가 있었다. 보우는 불교의 중흥정책으로 선교양종을 복원하여 승과를 부활시켰고, 출가와 도첩제를 허용시켰으며, 황폐한 전국의 사찰을 복원하는 등 다양한 역할을 하였다. 보우의 이와 같은 노력에는 문정대비의 절대적인 후원과 신임으로 가능하였지만 어디까지나 순수불교를 위한 것이라기보다는 국가적인 불교의 중흥이라는 한계일 수밖에 없었다. 그 때문에 보우가 꿈꾸던 결과를 완수하지 못하고 정치적인 상황의 변화에 따라 미완성으로 끝나버렸고 보우 자신도 그 희생이 되고 말았다.

그러나 미완성의 결과였지만 이후로 조선불교의 불씨가 되기에 충분하였다. 제도적으로는 선교양종의 존재감을 보여주었고, 승과와 도첩제를 통해서 승려의 지위를 확인하였으며, 선교의 관계뿐만 아니라 유교의 사유 속에서도 삼교의 관계에 대하여 재고할 수 있는 길을 열어놓기도 하였

---

55) 김경집, 『역사로 읽는 한국불교』, (서울: 정우서적, 2008) pp.208-210.

다. 이와 같은 선교양종의 복원과 승과의 부활은 1566년 까지 도승이 시행되면서 불교의 인적자원의 생산과 존립의 중요한 연결고리가 됨으로써, 일시적으로 불교가 회생되면서 그 연장선에서 이후 임진왜란이 일어났을 때 승병의 활동으로 이어지는 결과로 계승되는 먼 이유가 되기도 하였다.[56)

수행과 보살행

조선 중기 불교의 억압시대에 출현한 청허휴정은 당시의 정치적인 상황을 고스란히 경험할 수밖에 없었다. 그것은 휴정의 생애를 통하여 잘 드러나 있다. 청허휴정(淸虛休靜: 1520-1604)에 대한 행장은 『청허당집』 제7권에 수록되어 있는 「완산노부윤에게 올리는 편지상완산노부군서(上完山盧府尹書)」[57)에 가장 상세하게 기록되어 있다.

휴정의 속성은 완산 최(崔)씨이다. 속명은 여신(汝信)이고, 아명은 운학(雲鶴)이며, 자는 현응(玄應)이고, 당호는 청허당(淸虛堂)이며, 법명은 휴정(休靜)이다. 금강산 백화암에 주석한 인연으로 스스로 백화도인(白華道人)이라 하였고, 묘향산에서 오랫동안 법을 펼쳤기 때문에 세간에서

---

56) 김용태, 『조선불교사상사』, (서울: 성균관대학교출판부, 2021) pp.124-125.
57) 『淸虛堂集』7 「上完山盧府尹書」, (韓國佛敎全書7, pp.719中-721上) 기타 『淸虛堂集』 제4권본의 말미에 붙어 있는 것으로 鞭羊彦機가 쓴 「淸虛堂行狀」이 참고가 된다.

서산대사(西山大師)라 하였으며, 달리 풍악산인(風岳山人)·
두류산인(頭流山人)·묘향산인(妙香山人)·조계퇴은(曹溪退
隱)·병로(病老) 등이라고 하였다. 고향은 평안도 안주였
다. 운학은 9세 때 어머니를 여의고 10세 때는 아버지를
여의었다. 안주 목사였던 이사증(李思曾)이 운학의 재주를
갸륵하게 여겨 12세 때 서울로 데려가서 성균관에서 공부
할 수 있도록 해주었다. 유학을 공부하고 12세 때 과거에
응시했으나 실패하였다.

15세 때 친구들과 함께 지리산을 유람하다가 쌍계사에
서 숭인장로(崇仁長老)의 설법을 듣고는 발심하여 서울에
올라가지 않고 지리산에 남아서 갖가지 불교전적을 탐구하
였다. 또한 부용영관(芙蓉靈觀: 1485-1571)을 참방하여
3년 동안 공부를 하였다. 그리고는 경성일선(敬聖一禪)을
수계사(授戒師)로 하고, 석희법사(釋熙法師)와 육공장로(六
空長老)와 각원상좌(覺圓上座)를 증계사(證戒師)로 하며,
부용영관을 전법사(傳法師)로 하고, 숭인장로를 은사(恩師)
로 하여 득도(得度)하였다. 이후 여러 곳으로 만행을 하면
서 남원의 어느 곳을 지나다가 닭이 홰를 치며 길게 우짖
는 소리를 듣고서 대오하였다.

이후로 휴정은 더욱더 만행에 힘써 관동지방을 유람하고
서울로 올라와 승과에 응시하여 대선(大選)으로부터 시작
하여 마침내 선교양종판사(禪敎兩宗判事)에 이르렀다. 그러
나 그것마저 번거로운 일로 여기고 모두 벗어두고서 묘향

산과 지리산과 금강산 등을 널리 편력하였다. 그러다가 70세 때에 향로봉에 대하여 지은 시가 빌미가 되어 정여립(鄭汝立)의 모반사건에 무고하게 휘말렸으나, 오히려 선조대왕과 인연을 맺었다. 73세 때는 임진왜란이 일어나자 앞장서서 승군을 독려하여 팔도십육종도총섭(八道十六宗都摠攝)을 맡아 출가의 신분인데도 불구하고 구국을 위하여 분연히 일어섰다.

사명유정(四溟惟政: 1544-1610)과 중관해안(中觀海眼)과 기허영규(騎虛靈圭)와 뇌묵처영(雷默處英) 등에게 승병을 조직하게 하여 공을 세웠다. 선조와 명나라의 장군 이여송(李如松: 1549-1598)으로부터 찬탄을 받았지만, 전쟁이 끝난 후에 산으로 돌아가자 국가에서는 국일도대선사선교대총섭부종수교보제등계존자(國一都大禪師禪敎都摠攝扶宗樹敎普濟登階尊者)라는 호를 내려 그 공을 치하하였다. 그럼에도 불구하고 여전히 운수납자로서 면모를 유지하여 항상 천여 명이 모여들었으며, 그 법을 계승한 제자가 70여 명에 이르렀다.

임종이 다가왔을 때 목욕재계하고 가까운 암자를 돌아보고는 원적암(圓寂庵)으로 돌아와 위의를 정제하고는 불전에 향을 사르고 열반송(涅槃頌)을 남겼다. 그리고는 조용히 앉은 채로 85세에 묘향산 원적암에서 열반에 들었다. 세수 85이고 법랍이 60이었다. 제자 원준(圓俊)과 인영(印英)은 사리를 수습하여 묘향산 안심사(安心寺)에 안치하고, 사명

유정과 자휴(自休)는 정골사리를 금강산 유점사에 안치하
였다. 그리고 유품은 전남 해남 대흥사에 모셨다.

이처럼 휴정의 행적은 우선 첫째는 출가한 납자로서 승
려의 착실한 면모를 보여주었다. 사회에 대한 부조리와 인
생의 무상에 대한 자각으로부터 발심을 하였고, 이후에 출
가하고 선지식을 찾아가 의지하여 수행하며, 깨침을 경험
하고 열반에 이르기까지 교화에 매진한 이력이 그것이다.
다음으로 둘째는 승려의 신분으로서 당시에 철저하게 배제
되었던 불교의 위상을 한 단계 상승시켜주었다. 국가의 위
기를 맞이하여 자발적으로 전국적으로 승군을 조직하고 몸
소 지휘하면서 국가와 중생의 안위를 위한 구국의 사표로
서 충정을 발휘한 점은 배불의 역사와 사회에서 보여주었
던 지고지순한 자비심의 발로였다. 이어서 셋째는 출가자
내지 재가인을 위하여 후대의 불자들에게 다양한 분야에
걸쳐서 수많은 저술을 남겨줌으로써 불법에 대한 이해를
통하여 불조의 혜명을 계승하는 데에 큰 역할을 하였다.
휴정은 『청허당집(淸虛堂集)』을 비롯하여 『선가귀감(禪家龜
鑑)』·『도가귀감(道家龜鑑)』·『유가귀감(儒家龜鑑)』·『선
교석(禪敎釋)』·『선교결(禪敎訣)』·『운수단가사(雲水壇歌
詞)』·『설선의(說禪儀)』·『제산단의문(諸山壇儀文)』·『심
법요초(心法要抄)』·『삼로행적(三老行蹟)』·『선가금설록
(禪家金屑錄)』 등의 글을 남겼다. 휴정은 70여 명의 사법
제자를 배출하여 이전의 모든 법계는 부휴와 더불어 휴정
에게로 흘러들었다가 다시 부휴와 휴정으로부터 나왔다는

평가처럼, 청허의 법맥은 조계선맥의 근간을 형성하였
다.58)

『선가귀감』

『선가귀감』은 휴정의 다양한 저술 가운데 불교의 신행을
종합적으로 설명해 놓은 것에 속한다. 1564년(명종 19)에
저술된 책인데, 사명유정의 발문이 붙어 1579년(선조 12)
에 목판본으로 간행되었다. 이후 1590년 금강산 유점사
판본을 비롯하여 현재 10종이 전한다.59) 『선가귀감』이 저
술된 의도는 당시에 출가한 승려의 신분임에도 불구하고
본분에 충실하기보다는 오히려 당시 세간의 학문과 사대부
의 글을 숭상하는 폐풍을 지적하고 그것을 일소하려는 것
에서 비롯되었음을 엿볼 수가 있다. 더욱이 팔만대장경의
방대한 불전에서 납자들이 반드시 공부할 필요가 있는 내
용을 간추려서 공부하는 이들의 편의를 제공하려는 마음에
서 저술되었음도 아울러 알 수가 있다. 그럼으로써 불법의
공부에 뜻을 두고 있는 사람들이 잎을 헤쳐 가며 과일을
따는 수고를 벗어나도록 해주었다. 이에 삼장(三藏)과 조사
의 어록이나 기타 불전에서 반드시 익히고 실천해야 할 언
구를 모으고 거기에 휴정 자신의 견해를 간략하게 붙여서

---

58) 김호귀, 『인물한국선종사』, (경기도: 한국학술정보, 2010)
   pp.273-276.
59) 『禪家龜鑑』, (韓國佛教全書7, pp.634下-647中) 수록에 의거함.

꾸민 책이다.

『선가귀감』의 전체적인 구성은 경론 및 어록 등에서 발췌한 내용을 서술하고 각 내용마다 거기에 휴정 자신의 주해를 첨부하였으며, 경우에 따라서 짤막한 게송으로 대의를 피력해두고 있다. 전체적인 내용은 불법의 수행과 신앙에 이르기까지 다양한 주제에 걸쳐 있는데, 103가지 소주제로 이루어져 있다.

이것을 다시 대략적으로 정리하면, 하나는 출가납자의 본분에 대한 것이다. 출가의 정신과 계율을 잘 준수할 것, 일상생활의 규범 등 주요한 내용이다. 둘은 간화선을 비롯한 다양한 수행방편에 대하여 설명한다. 화두를 참구하는 태도와 방법을 비롯하여 선지식을 찾아 점검받아야 할 점 등을 설명한다. 그리고 기타 수행법에 대해서도 설명한다. 셋은 출가납자가 상식적으로 알아두어야 할 선종의 역사와 선리 등에 대하여 선종오가(禪宗五家)를 중심으로 그 선리와 법맥에 대하여 설명한다.

이처럼 『선가귀감』에서는 출가납자들이 반드시 이해하고 있어야 할 사항으로서 불법을 신행(信行)하는 다양한 방법과 그 의의를 비롯하여 비교적 쉬운 글을 인용하여 단편적으로 엮어두고 있다. 이제 그 구체적인 내용을 몇 가지 주제별로 살펴보면 다음과 같다.

첫째는 불법의 핵심을 일물(一物)이라는 용어를 동원하여 제시하고 있다. 여기에서는 본분(本分)과 신훈(新熏)의 내용으로 네 가지 단락을 통해서 보여준다. 본분이란 일체의 언설로 표현하는 것을 초월해 있다는 언어도단(言語道斷)과 일체의 분별심으로는 접근할 수가 없다는 심행처멸(心行處滅)의 경지를 말하고, 신훈이란 그것을 일상의 수행을 통해서 궁극에 자각하지 않으면 안 되는 것임을 설명하고 있다.

둘째는 선교의 차별이라는 주제로 선의 특성과 교학의 특성을 일곱 단락을 통해서 보여준다. 여기에서는 선과 교가 구별되지만, 궁극적으로는 보완의 관계임을 설명한다. 따라서 제불은 노파심에서 자비심을 보여준 것이라면, 이에 비하여 조사는 단도직입으로 깨침에 나아가도록 직지하는 방법을 드러내주었다고 말한다.

셋째는 간화선의 수행법으로 화두를 참구하는 방법에 대하여 열네 단락을 통해서 자세하게 설명해주고 있다. 활구를 참구하고 간절한 마음으로 정신을 집중하여 화두에 매진하여 일체의 분별심을 초월하지 않으면 안 된다는 것을 강조한다. 나아가서 화두를 참구함에 있어서 열여섯 가지 마음을 유지하여 끝내 생사를 물리치는 경지에 나아가야 한다고 말한다.

넷째는 신해(信解)하는 자세에 대하여 열두 단락을 통하여 설명한다. 화두를 타파한 연후에는 반드시 선지식을 찾아가서 인가를 받아야 함은 물론이고, 어리석음에 빠지지 말고 현명한 마음을 유지해야 한다고 말한다. 여기에는 반드시 제법개공(諸法皆空)의 이치에 따라서 생사와 열반마저도 분별하지 말 것을 주의시켜주고 있다.

다섯째는 수증의 기초적인 자세로서 반드시 이해하지 않으면 안 되는 이치를 여덟 단락을 통하여 제시하고 있다. 돈오와 점수의 의미, 게으름을 피우지 말 것, 청정한 지혜를 통하여 계율과 선정과 지혜에 의지할 것을 말해두고 있다.

여섯째는 실제로 다양한 수행을 소개해주는 수증의 방편에 대하여 열한 단락을 통하여 설명하고 있다. 여기에는 본래성불의 의미를 이해할 것, 보시(布施)와 인욕(忍辱)과 정진(精進)과 주력(呪力)과 예배(禮拜)와 염불(念佛)과 간경(看經)에 대하여 그 각각에 대한 요점과 명심해야 할 사항을 설명한다.

일곱째는 출가한 납자가 반드시 지녀야 하는 출가정신에 대하여 스물두 단락을 통하여 고구정녕한 언설을 통하여 낱낱이 언급하고 있다. 출가승려는 외전을 공부하지 말 것, 출가하여 세속의 명예와 부를 탐하지 말 것, 불법을 생활의 방편으로 활용하지 말 것, 시주의 은혜를 소중하게 생각하여 보은하도록 해야 할 것, 수도를 위한 몸을 학대하지 말 것, 잘못을 범했으면 반드시 참회할 것, 근검과 절약의 정신을 기를 것, 임종에 이르러서도 자기에 집착하지 말 것, 궁극적으로 기필코 깨달아야 할 것, 일체의 방편을 잘 활용할 것 등에 대하여 설명한다.

여덟째는 출가납자로서 반드시 알아두어야 할 것은 선종의 역사와 그 법맥 그리고 기본적인 선리에 대하여 스물네 단락을 통하여 설명한다. 여기에서는 선종오가의 법맥을 나열하고, 각각 그 정통(正統)과 방계(傍系)를 논하며, 기본적으로 전승되어 온 선리를 오가의 각 종파에 비추어 설명하고 있다. 그러나 임제종만 정통으로 간주하고 그 밖의 종파에 대해서는 방계라고 판별함으로써 임제종 위주의 우월의식이 다분히 노출되어 있는 점 그리고 선종사의 법맥과 관련하여 몇 가지 오류가 드러나 있는 점은 재고해야 한다.

아홉째는 전체를 아우르는 주제로 무집착(無執著)과 무분별(無分別)의 자세를 견지해야 할 것을 두 단락을 통하여 마무리하고 있다. 여기에서는 부처에 대해서도 집착해서는 안 되고, 나아가서 일체의 지해(知解)를 방하착(放下着)할 것을 요구하고 있다.

이와 같이 『선가귀감』에 설명되어 있는 다양한 주제와 갈래 그리고 충고와 반성 등의 내용은 출가납자들에게 공통하는 점일 뿐만 아니라 나아가서는 일반의 재가인의 불자에게도 적용되는 내용들로 이루어져 있다. 따라서 일찍부터 『선가귀감』에 대하여 휴정의 제자 유정이 왕명을 받들어 일본에 갔을 때, 일본 임제종 오산(五山)의 선승들을 위하여 『선가귀감』을 강의한 것을 토대로 하여 만든 『선가귀감주해(禪家龜鑑註解)』가 출현하였다. 유정의 이 강의는 당시에 일본의 선종 임제종의 부흥에 크게 관심을 불러모았을 뿐만 아니라 일본 임제종의 지침서가 되기도 하였다. 또한 2권 1책의 형태로 금화도인(金華道人) 의천(義天)이 한글로 구결을 달고 언해한 『선가귀감언해(禪家龜鑑諺解)』가 1569년에 보현사에서 출현하였다. 이것은 한문본이 완성된 지 5년 만인 1569년(선조 2)에 간행되었다는 점에서 일찍부터 수요가 많았다는 것을 알 수가 있다. 이것은 사명유정이 발문을 썼고, 그 후에 부휴선수가 교정하여 1610년에 중간하였다.[60]

간화선의 전통적 계승

간화선(看話禪)의 수행법에서 가장 보편적으로 활용되어 온 화두 가운데 하나가 구자무불성화(狗子無佛性話)이다. 이 구자무불성화는 조주종심(趙州從諗: 778-897)으로부터 연원되었고, 이후 북송의 오조법연(五祖法演: 1024-1104) 이후에 화두로서 본격적으로 정착되었다. 오조는 평소에 무자(無字)를 화두로 삼았는데, 이 무자를 터득한다면 천하의 사람들도 어쩌지 못한다고 보았다. 따라서 제자들에게 그 무자를 터득하는 방식으로서 무자화두(無字話頭)에 대하여 유(有)라고 답변하는 것도, 그리고 무(無)라고 답변하

---

60) 『禪家龜鑑諺解』는 1958년 청구대학(현재의 영남대) 『국어국문학 연구자료집』 제5권에 영인되었다. 원간본은 서울대학교 도서관과 이기문이 소장하고 있다.

는 것도, 또 양자를 모두 부정하는 것도 모두 용납하지 않았다. 곧 분별의 유와 무를 초월한 입장에서 무자화두를 참구토록 하였다.

간화선의 수행법을 고려에 수입한 인물은 보조지눌(普照知訥: 1158-1210)이었다. 지눌은 『간화결의론(看話決疑論)』에서 무자화두를 참구하는 경우에 열 가지 주의사항에 다음과 같이 언급하였는데,[61] 이것을 더욱더 세련되게 체계화 시킨 인물은 진각혜심(眞覺慧諶: 1178-1234)으로, 그는 「구자무불성화간병론(狗子無佛性話揀病論)」을 저술하였다.[62] 무자화두의 참구에 대한 십종의 간병론은 휴정의 『선가귀감』으로 계승되었는데,[63] 직접적으로는 진각혜심을 계승한 것이지만, 그 연원은 대혜의 가르침을 수용한 지눌의 『간화결의론』에서 찾아볼 수가 있다.

또한 휴정에게 있어서 화두를 참구하는 두 가지 방식 가운데 참구문(參句門)이 아닌 참의문(參意門)에 대해서는 특히 언설의 이해와 해석에 근거한 방식으로 간주하고 그것을 지해분별로 간주하여 지양해야 할 것을 말하였는데, 이것은 경전의 가르침에 의거하면서도 거기에 얽매이지 말 것을 말하는 것이기도 한다. 일찍이 지눌은 화두를 참구하는 방식에 대하여 "이 뜻에 의거하면 화두에는 참의(參意)와 참구(參句)의 두 가지 의미가 있다. 요즘의 화두를

---

61) 『看話決疑論』, (韓國佛教全書4, p.735上)
62) 『狗子無佛性話揀病論』, (韓國佛教全書6, pp.69中-70中)
63) 『禪家龜鑑』, (韓國佛教全書7, p.637上)

참구하는 사람은 대부분 참의를 살필 뿐 참구를 얻지 못하므로, 원돈문(圓頓門)에 의거하여 바른 이해를 밝혀낸 사람과 마찬가지이다."64)고 말한다. 이 경우는 경절문(徑截門)의 방식에 해당하는 가르침인 "무릇 참선납자라면 반드시 활구를 참구해야지 사구(死句)를 참구해서는 안 된다.65)"는 말처럼 참구문을 통하여 참구할 것을 제시한 것으로서 휴정은 이와 같은 방식을 수용한 것으로 보인다. 이에 휴정은 임제의 말을 인용하여 "활구에서 깨치면 부처와 조사의 스승이 되지만 사구에서 깨치면 자신도 건지지 못한다."66)는 말로써 특별히 활구를 들어 스스로 깨치게끔 하고 있다.

휴정은 일상의 화두수행에 대해서도 조사선법의 경절문을 실천하기 위하여 참선납자가 점검해야 할 도리라고 지적하여 그것을 구체적이고 지속적으로 끊임없이 자신에 대하여 열여섯 가지의 마음에 대한 철저하게 점검할 것을 강조한다.67) 일상생활의 모든 행위에서 화두수행을 강조했던 휴정의 이와 같은 가르침은 곧 지눌이 제기한 화두를 점검하는 방식에 대한 계승이었고 납자 자신에 대하여 더욱 철저하고 구체적인 방식으로 출현한 모습이었다. 이것은 납자에게 화두참구야말로 가장 일상적이면서 휴정이 제시한 가장 근본적인 수행의 모습으로 등장해 있음을 말해주는

---

64) 『看話決疑論』, (韓國佛敎全書4, p.737上-中)
65) 『禪家龜鑑』, (韓國佛敎全書7, p.636中)
66) 『鎭州臨濟慧照禪師語錄』, (大正新脩大藏經47, p.502上)
67) 『禪家龜鑑』, (韓國佛敎全書7, p.637下)

것이기도 하였다.

한편 휴정은 화두참구에서 마음을 화두에 집중해야 하는 자세에 대하여 『고봉화상선요(高峰和尙禪要)』를 인용하여 "첫째는 대신근(大信根)이고, 둘째는 대분지(大憤志)이며, 셋째는 대의정(大疑情)이다. 진실로 이 가운데 하나라도 빠지면 다리가 부러진 솥과 같아서 끝내 쓸모가 없어지고 만다."[68]고 세 가지 요소를 강조한다. 또한 공안을 들고 간절한 마음으로 공부하기를, 마치 닭이 달걀을 품듯이 하고 고양이가 쥐를 잡듯이 하며 배고플 때 밥 생각하듯이 하고 목이 마를 때 물을 찾듯이 하며 어린아이가 엄마 생각하듯이 하면[69] 그러면 반드시 투철하는 시기가 올 것임을 말한다. 이와 같은 자세는 마찬가지로 『청허당집』의 「기오대산일학장로」의 글을 통해서도 다시 공안을 참구하는 자세에 대하여 하루종일 사위의(四威儀)에서 공안을 들고 의단을 챙겨서 저절로 의심이 되는 경지를 유지하되 모기가 무소의 등에 올라타 주둥이로 찔러대듯이 간절한 마음으로 참구할 것을 일러두고 있다.[70]

---

68) 『禪家龜鑑』, (韓國佛敎全書7, 636c); 『高峰和尙禪要』 卷上(卍續藏122, p.673上-下)
69) 『禪關策進』, (大正新脩大藏經48, p.1099中)
70) 『淸虛堂集』, (韓國佛敎全書7, p.727中-下)

선교융합의 성격

8세기 중반부터 한국에 전래된 도신(道信: 580-651) 및 홍인(弘忍: 600-674)의 동산법문(東山法門)은 이후 9세기 중반부터 10세기 중반에 걸쳐 소위 구산문(九山門)이 형성되면서 몇 가지 특색을 갖춘 선풍으로 전개되었다. 이러한 가운데 선법의 측면에서 교학과는 차별되는 입장에서 선법의 우월성을 주장한 점이 나타났다. 「무설토론(無舌土論)」, 「진귀조사설(眞歸祖師說)」, 도의국사(道義國師)와 지원승통(智遠僧統)의 문답 등은 비근한 일례에 속한다. 이들 내용은 모두 선과 교의 차별을 논한 것이라는 점에서 공통의 특색을 보여준다.

또한 초전의 선법 전래자들은 의도적으로 당시의 교학보다 선법이 우월하다는 주장을 강조하였다. 곧 그것은 아직 선법에 대한 몰이해의 사회에서 당시로는 비교적 새로운 불법이었던 선법의 전승을 성취하기 위한 제스처이기도 하였다. 이에 당시의 교학불교와 다른 측면으로 선법을 홍통하고 전승하려는 것에 노력하였다. 이러한 모습은 당시에 화엄학을 비롯한 교학자들 가운데서 새로운 불교교학과 문물을 접촉하고 추구하려는 입당구법승들의 열망에 부합되었다.[71] 특히 선과 교학의 차이점을 의도적으로 부각시키

---

[71] 구산문의 형성시기에 입당유학승들의 경우는 국내에서 이미 화엄학을 공부한 사람들이 그 대다수를 구성하고 있었다. 김방룡, 「신라 諸山門의 선사상」, 『한국선학』 제2호. pp.118-129.

려는 사람들이 등장하였는데, 그것은 아직까지 접해보지 못했던 새로운 불법 곧 선법을 전승한다는 자긍심과 더불어 그 목적을 성취하기 위한 교의적인 장치의 주장으로 나타났다. 그 일환으로 등장한 것이 곧 당시 유행하던 화엄교학(華嚴敎學)과 조사선법(祖師禪法)을 비교하는 것이었다. 우선 도의와 관련된 내용에서 몰종적(沒蹤跡)의 선법은 "그 종취를 살펴보면, 수행은 있지만 그 수행은 수행의 상이 없는 몰수(沒修)이고, 깨침은 있지만 그 깨침은 깨침의 상이 없는 몰증(沒證)이다."[72]는 대목에서도 발견된다.

이처럼 조사선법의 몰종적한 내용은 서당지장(西堂智藏: 735-814)과 백장회해(百丈懷海: 749-814)의 선법을 수용한 것이었는데, 입당유학승들에 의하여 전승되면서 초기 선법의 전래부터 신라선의 한 특징이 되었다. 이에 조사선의 사상적 근거로 제시되었던 본래성불(本來成佛)의 선법과 무념무수(無念無修)의 몰종적한 선법이야말로 당시 교학의 주류를 이루고 있었던 소위 오교(五敎) 이외에 따로 전승된 조사의 심인법(心印法)으로 주장되었다.

이와 같은 초기 선법의 전래시기에 드러난 선과 교학의 차별은 진정천책(眞靜天頙: 13세기)의 『선문보장록(禪門寶藏錄)』(1294)을 통하여 그 절정에 이른다.[73] 이들은 모두 교학을 공부하고 난 이후에 비로소 궁극적인 선법을 통하

---

72) 天頙, 『禪門寶藏錄』 卷中, (韓國佛敎全書6, pp.478下-479上)
73) 天頙, 『禪門寶藏錄』 卷中, (韓國佛敎全書4, p.474上. 이하)

여 깨침을 추구할 수 있다는 것을 노골적으로 드러내는 내용들이다. 선과 교학의 이와 같은 관계는 고려 중기를 거쳐 고려 말기에도 지속되었는데, 교학에 대한 올바른 이해가 두드러지게 나타났다. 특히 원나라를 통해서 수입된 임제종의 법맥에 근거한 정통성의 의식은 달마 선법의 정전(正傳)이라는 우월의식으로 다져졌는데, 백운경한 및 태고보우 등을 통한 선주교종의 입장에서 전개된 선교융합적인 전통이 그것이었다.[74]

한국선법에서 이와 같은 선교융합의 모습은 12세기 및 13세기 고려 중기에 엿보인다. 지눌은 문자에 집착하여 경전을 열람한다면 대장경을 모두 읽더라도 헛수고라는 말로써 교가의 잘못을 지적하고, 언제나 눕지 않고서 참선하더라도 마음을 관찰하지 않으면 헛수고라는 말로써 선가의 잘못을 지적하였다. 지눌은 당시의 선과 교가 각각의 소견으로만 배척하는 모습에 통탄하고, 그 회통을 위하여 그 이론적 가능성을 제시하는 데에 노력을 기울였다. 그렇지만 결국 지눌의 경우도 선과 교의 회통을 완수하지 못하였다. 곧 지눌은 선과 교학의 관계에 대하여 근본적으로 교학을 통한 선의 완성으로 지향하고 있다. 그것이 바로 돈오점수(頓悟漸修)였다. 왜냐하면 주지하듯이 지눌이 돈오점수에서 강조했던 돈오는 경론을 통한 깨침이었기 때문이고, 또한 지눌이 말한 점수는 돈오점수의 점수로서 진정한

---

74) 김호귀, 「청허휴정의 선교관 및 수증관」, 『범한철학』 79, 범한철학회, 2015. 12. pp.114-117.

선수행의 행위였기 때문이다. 이것이 바로 교학을 통한 선의 완성으로 향하는 사교입선(捨敎入禪)의 모습이었다.

이러한 모습은 『선가귀감』에도 잘 드러나 있다. "세존의 삼처전심은 선지가 되었고, 평생의 설법은 교문이 되었다. 그 때문에 선은 부처님의 마음이고 교는 부처님의 말씀이라 말한다."[75]는 말은 선과 교의 입장을 가장 극명하게 보여주고 있다. 가령 "제불의 설법인 경전의 경우는 먼저 제법을 분별하고 나중에 필경공을 설하였다. 그러나 조사가 내보인 삼구의 경우는 의지에서 자취를 제거하고 심원에서 도리를 드러냈다."[76]는 이 대목은 선과 교의 차별이라는 점을 보여주고 있는데 진정한 선주교종(禪主敎從)의 주장이 아니라 단순한 선과 교의 입장의 차이점을 피력한 것으로서 지눌의 선교차별적인 선교융합의 입장을 계승한 것에 해당한다. 따라서 이 경우는 선교차별이 전제된 선교융합이라는 점에서 넓은 의미의 선교차별에 해당한다.

선주교종의 지향

휴정의 선교관은 위에서 살펴본 것처럼 선교융합의 측면

---

75) 如卺, 『緇門警訓』卷8, (大正新脩大藏經48, p.1040中); 圭峯宗密, 『禪源諸詮集都序』卷上(大正新脩大藏經48, p.400中)

76) 圭峯宗密, 『大方廣圓覺修多羅了儀經略疏注』卷上, (大正新脩大藏經39, p.533上)

을 잘 보여주고 있다. 그러면서도 한편으로는 선과 교의 차별이라는 입장에서 선주교종(禪主敎從)의 입장을 견지하고 있는 점은 여러 문헌에 잘 드러나 있다. 휴정에게서 선과 교의 차별에 대하여 대조시키면서 분별하여 설명한 내용은 『선교석(禪敎釋)』에 잘 드러나 있다. 휴정은 옛적의 글에서 인용하여 선과 교의 차별을 17가지 주제에 의거하여 선교차별을 설명하면서 간혹 주제에 대한 문답형식을 취하여 구체적인 해설을 가하여 선교차별의 전승을 수용하고 있다.

휴정의 후반기 저술인 『선교석』과 『선교결』의 내용은 생애의 전반기에서 보여주고 있는 선교의 융합적인 입장이 후반기에 들어서 다소 변화한 모습을 보여준다. 휴정이 만년에 묘향산 금선대에 주석하고 있을 때, 그 제자인 행주(行珠)와 유정(惟政)과 보정(寶晶)의 세 사람이 『금강경오가해(金剛經五家解)』를 가지고 찾아와서 그 가운데 선지(禪旨)가 있는지, 또 반야를 선의 종지로 간주해도 좋은지를 묻자, 선과 교의 차별에 대하여 대조시키면서 분별하여 『선교석』을 저술하였다. 그 가운데 12가지는 인용된 옛 문헌의 출처가 밝혀져 있는데, 이와 같은 형식은 고려시대에 출현한 『선문보장록』의 경우와 흡사할 뿐만 아니라 내용을 거의 그대로 인용하고 있다. 여기에서 휴정은 교외별전과 불립문자의 사상적인 배경에 대하여 설명을 가하면서 선이 교학보다 우월적인 입장에서 그 차별되는 점을 부각시키고 있다.

한편 『선교결』은 마찬가지로 휴정의 나이 70대 후반에 저술된 것으로서 선과 교의 차별을 비교하여 설명하는 점에서는 『선교석』의 경우와 입장을 같이하고 있지만, 선과 교의 각각에 대하여 올바른 이해를 전제로 하고 있다는 점에서 다르다. 따라서 선지를 잘못 이해하여 돈점문을 정맥(正脈)이라 간주하고, 원돈문을 종승(宗乘)으로 간주하는 자세를 질책하면서 교외별전의 바른 도리를 터득해야 한다고 설명한다.[77] 곧 선과 교의 이해에 대하여 나름대로 입장은 수용하면서도 각각이 근본적으로 지니고 있는 선과 교의 특징에 대하여 논의한 것이다. 가령 교외별전의 도리를 언급하면서 그에 대한 증거로서 세존과 가섭 사이의 일화로 전승된 삼처전심(三處傳心)의 교의를 비롯하여 달마와 양나라 무제 사이의 일화였던 확연무성(廓然無聖), 그리고 중국선종에서 전승되어 온 다양한 공안을 제시하고 있다.

이처럼 휴정은 『선가귀감』을 통해서는 부분적으로 선주교종의 융합을 보여주었고, 또 『선교석』과 『선교결』을 통해서는 선교차별의 주장을 보여주었다. 그렇지만 이들 저술의 이면에는 선과 교의 일치를 통한 융합의 측면을 보여준 것이기도 하지만, 나아가서 선과 교의 차별적인 특성을 통한 종교입선의 입장으로 결착되어 있다는 점도 아울러 파악해볼 수가 있다. 결국 선문에서 귀중하게 간주하는 것

---

77) 김호귀, 「한국선에서 선교차별의 전개와 그 변용」, 『한국선학』 36, 한국선학회, 2013, 12, p.26.

은 경절문의 활구를 통하여 남을 가르쳐서 깨우치고 자신
도 스스로 깨우쳐서 본분종사의 안목을 구비하는 것이라고
말한다. 이러한 점은 이전에 휴정이 『선가귀감』을 통해서
주장했던 선교일치의 주장도 결국은 명목상으로는 융합을
주장한 것이었지만, 실제로는 선교차별의 다른 표현이었음
을 보여주고 있다.

승풍의 각성

휴정은 선과 교의 관계에 대하여 한편으로 불법을 추구
하는 궁극의 목표에 대해서는 융합적인 입장을 보여주었는
가 하면, 한편으로는 구체적으로 그 방법에 대해서는 어디
까지나 선과 교의 차별성이 없지 않다는 점을 제시하였다.
이것은 선과 교의 관계가 일방적으로 융합 내지 차별이라
고 주장할 수 없는 입장을 보여준 것인데, 그것은 결국 출
가납자들의 출가정신과 관련된 것이었다. 휴정은 당시에
기울어져 가는 승풍의 진작을 위하여 세 가지 측면에서 각
성할 것을 촉구하였다.

첫째, 휴정은 『선가귀감』에서 『치문경훈(緇門警訓)』의
내용을 인용하여 출가자의 본분에 대하여 "출가하여 승려
가 되는 것이 어찌 사소한 것이겠는가. 일신의 안일을 추
구하는 것도 아니고, 등 따시고 배부른 것을 추구하는 것
도 아니며, 이익과 명예를 추구하는 것도 아니다. 오로지

생사를 벗어나고, 번뇌를 제거하며, 부처님의 혜명을 잇고, 삼계를 벗어나 중생을 제도하려는 것이다."[78]고 경계한다. 이 내용은 조선 중기 당시에 출가자의 타락되어가는 모습에 대한 각성을 촉구한 것에 해당한다. 당시 승가의 폐풍에 대하여 휴정은 세간의 명예를 탐하는 것에 대하여 부평초와 같은 세간의 명예를 탐하면 쓸데없이 몸만 피곤하고, 세간의 이익을 따르는 것은 업화(業火)에 섶을 보태는 것이라고 비판하였다. 한편 명리를 따르는 납자는 초의(草衣)를 걸친 촌로만도 못하다고 비판하였다. 그와 같은 출가자를 향하여 박쥐승려, 음매승려, 머리 깎은 처사, 지옥의 찌꺼기, 가사를 걸친 도적 등의 표현을 가하여 통렬하게 반성할 것을 일깨워주었다.

여래를 팔아먹는다는 것은 인과 과를 부정하고 죄와 복을 배척하는 등 몸과 입으로 물이 끓듯이 업을 짓고 끊임없이 애증을 일으키는 것을 가리킨다. 그리고 출가인이라고 말할 수가 없고 재가인이라고도 말할 수가 없는 경우를 가리켜서 박쥐승려라고 말하고, 입을 가지고도 설법을 한 줄도 펼치지 못하는 자를 음매승려라고 말하며, 겉모습은 출가한 승려인데 마음을 속물인 사람을 머리 깎은 처사라고 말하고, 지은 죄가 무거워도 너무 뻔뻔하여 조금도 참회하지 않는 사람을 지옥을 찌꺼기라고 말하며, 부처를 내세워 생활을 도모하는 사람을 가사를 걸친 도적이라고 말

---

78) 『禪家龜鑑』, (韓國佛敎全書7, p.641中)

한다. 결국 가사를 걸친 도적이라는 의미에서 이들 여러 가지 별명이 생겨났다고 비판하였다.

둘째, 당시의 시대가 불러온 부정적인 출가인의 모습은 일찍이 지눌이 지은 『권수정혜결사문(勸修定慧結社文)』에 잘 드러나 있듯이 언제나 존재했었다. 그러나 휴정은 비단 출가의 문제만 언급한 것은 아니었다. 출가자의 신분이면서도 이 땅에 발을 붙이고 살아가고 있는 이상 자신을 낳아준 부모가 살아가고 있는 속가에 대해서도 그 예를 다해야 할 것을 강조하였다. 그뿐만 아니라 국가가 전란에 휩싸였을 때는 국가의 안위가 바로 중생의 삶에 절대적으로 필요하다는 각성을 통하여 친히 칼을 들고 구국의 승군에 참여하여 적군을 물리치고 국가를 구원하는 일에 앞장을 섰던 것은 물론이다.

셋째, 그러면서도 휴정은 항상 출가인의 본분을 망각하지 말 것을 내세웠다. 『선가귀감』에 잘 드러나 있듯이 참선만 추구한 것은 아니었다. 선승이면서도 선수행에만 관심을 기울인 것이 아니라 불법의 모든 신앙에 대하여 긍정하는 자세를 보여주었다.

참선의 수행에 대해서는 특히 간화선의 수행법으로 화두를 참구하는 자세와 방법과 그 의의 등에 대하여 자상한 가르침을 제시하였다. 또한 기도 및 예배의 수행에 대해서는 자신을 굴복하고 타인을 공경하는 마음을 지님으로써 진성(眞性)을 공경하고 무명(無明)을 굴복시켜야 할 것을 말하였다. 비단 불보살에게만 공양하는 것이 아니라 진실한 불법의 일체에 대하여 공경하고 끝까지 추구할 것을 요구한 것이다.

또한 염불수행에 대해서는 입과 마음을 상응시켜서 나무아미타불을 염송해야 할 것을 제시하였다. 나무아미타불의 염불이야말로 윤회를 벗어나는 지름길이기 때문에 분명하고 산란하지 않게 집중하는 자세를 간곡하게 강조하였다. 간경수행에 대해서는 경전을 읽기만 해도 귀를 스치는 인연을 맺는 것이기 때문에 그 복덕이 사라지지 않는다고 하였다. 더욱이 자신의 본분을 기울여서 간경하는 것이야말로 가장 뛰어나다는 점을 일러주었다. 지계수행은 비구가 지녀야 하는 삼천위의(三千威儀)와 팔만세행(八萬細行)에 어그러지지 않는 정신으로 불법을 추구할 것을 제시하였다.

한편 주력수행에 대해서는 일상의 걷고 머물며 앉고 눕는 행위에서 하나도 흐트러지지 않는 마음으로 집중하여 다섯 가지 신주(神呪)를 지송할 것을 잊지 말라고 일러주었다. 그러는 가운데서도 죄를 지은 경우에는 반드시 참회수행을 통하여 자신의 몸과 마음을 정화하는 것이 납자의 본분임을 가르쳐주었다. 그것은 출가자의 일상생활에서 예배의 실천과 더불어 육바라밀에서 제시하고 있는 보시(布施)와 인욕(忍辱)과 정진(精進)의 수행에 이르기까지 일체를 권장하였다.

이와 같은 일련의 경책들은 당시의 승려들이 빠져 있는 퇴폐적인 분위기를 일소하고 진정한 견해를 지닌 본분납자의 모습을 회복하지 않으면 안 된다는 자각과 함께 불교의 위상을 재확인해주는 뼈저린 참회의 발로이기도 하였다.

24. 선리논쟁(禪理論諍)의 전개

선종의 논쟁

선의 종지에 대하여 불립문자(不立文字)이고 교외별전(敎外別傳)이라고 말하면서도 실제로는 불리문자(不離文字) 교내별전(敎內別傳)이라고 말해도 좋을 만큼 언설과 문자의 방편을 통해서 정법안장이 전승되었던 것이 사실이다. 그런 만큼 언설과 문자는 선의 종지를 표현하고 전수하는 방식으로 필요불가결한 요소이다. 이와 같은 언설과 문자로 이루어진 선문헌에는 선의 교의(敎義)를 비롯하여 선의 역사 · 문화 · 수행 · 행위 · 문답 등 다양한 소재가 담겨 있다.

따라서 선종의 역사와 사상과 문화는 선의 문헌을 벗어나서는 불가능하다. 그 때문에 선문헌에 기록된 내용에 따라서 그 영향을 받아 선의 역사가 전개되는가 하면, 다시 선의 역사로부터 선의 문헌이 영향을 받아 새롭게 간행되기도 한다. 또한 그 내용은 누가 기록했는가에 따라서 상반된 내용으로 기록되는가 하면, 상반된 내용으로 해석되기도 한다. 그 결과 동일한 선리(禪理)의 기록에 대해서도 그것을 해석하고 활용하는 견해마다 다를 수밖에 없다.

선리의 논쟁은 바로 이런 점에서 가장 첨예한 모습을 보여주고 있다. 선리의 논쟁은 인도선의 경우에 수많은 선법의 창출과 그 전승과 해석과 실천의 결과를 보여주었다. 그러나 보리달마(菩提達磨)로부터 시작되는 중국선의 역사에서는 더욱 분명한 이슈를 가지고 나름대로 선리의 논쟁이 일어났음을 보여주고 있다. 그것은 바로 법맥(法脈)의 정통(正統)과 방계(傍系)에 대한 기준이 되는 도구였을 뿐만 아니라, 자파에 대한 긍지와 타파에 대한 공격의 빌미가 되기도 하였다. 가령 달마의 선법을 누가 계승했는가 하는 점은 초기선종의 역사에서 가장 두드러진 논쟁이었다. 소위 8세기 중국의 선종사에서 불거진 북종(北宗)과 남종(南宗)의 정통과 방계의 논쟁이 그것이었다.

나아가서 남종의 역사에서 다시 당말(唐末) 및 오대(五代) 초기에 형성된 선종오가(禪宗五家)의 분립은 각 문정(門庭)의 교화방편에 따른 선리의 이해가 각 종파로 전승된 법맥의 문제와 결부됨으로써 자파의 우월성을 강조하는 전등사서와 어록의 출현으로 인하여 더욱더 다양하고 폭넓은 선리의 논쟁으로 드러났다.

가령 인도의 제27대 조사 반야다라(般若多羅)의 예언으로부터 비롯되어 마조도일(馬祖道一: 709-788)의 홍주종(洪州宗) 세력을 과시하기 위하여 출현한 천왕도오(天王道悟)의 날조된 법맥의 주장은 선종법맥에 대한 논쟁으로까지 불거진 것이었는가 하면, 조동종(曹洞宗)의 오위사상(五位思想)이 조동종 이외의 다른 종파로까지 전개됨으로써 오위의 정통논쟁과 오위의 교의에 대한 논쟁이 오랫동안 지속되었던 것도 또한 선리논쟁의 역사를 화려하게 장식해 주었다. 법맥 내지 선리뿐만 아니라 수행의 측면에서도 송대에 새롭게 출현한 묵조선(黙照禪)과 간화선(看話禪)의 수증관도 등장하여, 묵조선 측에서는 간화선 측을 향하여 대오선(待悟禪) 내지 제자선(梯子禪)이라고 비판하였는가 하면, 간화선 측에서는 묵조선 측을 향하여 암증선(暗證禪) 내지 묵조사선(黙照邪禪)이라고 서로 비판하였다.

한국선의 선리논쟁

이와 같이 다양한 중국선종의 선리논쟁 뿐만 아니라 한국선에서도 마찬가지의 선리논쟁의 역사가 등장하였다. 가령 나말 및 여초에 출현한 구산문(九山門)의 교의 가운데서 선과 교의 차별 · 일치 · 융합의 문제가 있었지만, 그것은 선의 측면에서 교학과 비교한 일방적인 방식으로 모습으로 전개되었다. 그와는 달리 본격적인 선리의 논쟁으로는 고려 중기 이후부터 임제종(臨濟宗) 중심으로 전승되어 온 까닭에 임제의 종지에 대한 이해와 해석과 적용의 문제가 두드러졌다.

그 연원은 물론 임제종의 세력이 주축을 형성했던 까닭에 『임제록(臨濟錄)』에 근거한 삼구의 해석과 적용에서 찾아볼 수가 있다. 임제삼구에 대하여 분양무덕(汾陽無德: 947-1024)의 어록에 보이는 이해와 그것에 대하여 각범

혜홍(覺範慧洪: 1071-1128)이 『임제종지(臨濟宗旨)』를 통해서 보여주고 있는 삼구(三句)와 삼현(三玄)과 삼요(三要) 등에 대한 중국적인 이해는 이윽고 고려 후반기에 진정국사(眞靜國師) 천책(天頙: 1206-1294)의 『선문강요집(禪門綱要集)』의 찬술로 계승되었다. 이로써 『선문강요집』에 보이는 삼구의 해석방식의 모습은 임제의 삼구를 중심으로 전개되었다는 점에서 중국에서 등장했던 선리의 논쟁에 대해서는 비교적 단순하고 분명하면서도 오랫동안 지속되었다.

『선문강요집』의 내용은 임제종의 종지와 운문종의 종지에 국한되어 있다. 그러나 특히 임제종의 종지에 대한 선리의 논쟁은 조선시대 초기 구곡각운(龜谷覺雲)의 『염송설화(拈頌說話)』에서 널리 인용 및 논의되었고, 이후 조선시대 후기에 이르러 크게 부각되었다. 백파긍선(白坡亘璇: 1767-1852)은 58세(1824) 때 『선문오종강요사기(禪門五宗綱要私記)』를 통해서 선종오가의 선리에 대하여 나름대로 견해를 피력하였다. 그리고 이후 60세(1826)에는 다시 『선문수경(禪文手鏡)』을 저술하여 임제삼구를 중심으로 삼처전심(三處傳心)과 삼종선(三種禪) 등에 임제삼구의 선리를 응용함으로써 그에 대하여 이후로 선리논쟁이 본격적으로 전개되었다.

백파긍선의 선리에 대하여 제일 먼저 비판을 가한 인물은 초의의순(草衣意恂: 1786-1866)이다. 초의는 『선문사

235

변만어(禪門四辨漫語)』에서 백파의 견해에 대하여 여러 가지 점에서 반박하고 그 증거를 제시하였다. 이후에 우담홍기(優曇洪基: 1822-1881)는 백파 문중에 속하는 인물이면서도 『선문증정록(禪門證正錄)』에서 초의와 다른 관점에서 백파를 비판하였다. 따라서 초의와 우담이 백파의 견해를 비판한 것은 전혀 별개의 것에 속한다. 그런 만큼 어느 한 사람만의 문제가 아니라 선문의 전체에 걸친 보편적인 양상으로 전개되었다. 그러자 다시 백파의 문중에 속하는 설두유형(雪竇有烔: 1824-1881)은 백파의 견해를 옹호하고, 초의와 우담의 견해에 대하여 다시 반박을 가한다.

이후에 다시 축원진하(竺源震河: 1861-1926)는 백파의 견해를 비롯하여 우담과 설두의 견해까지 언급하면서 타당하지 못한 점을 지적한다. 다만 초의의 견해에 대해서는 특별히 언급하지 않았다. 그런데 진하는 이전에 초의와 우담과 설두가 각각 강도 높게 비판한 태도와 다르게 비교적 미약한 비판을 가하고, 궁극에는 그 비판을 수용하고자 하는 건설적인 입장을 취하였다. 진하는 이전의 선리비판에 대한 종합적인 태도를 취함으로써 전체적으로 비판적인 계승을 지향하였다.

한국선종사에서 출현한 이와 같은 선리논쟁은 두 가지 관점으로 파악해볼 수가 있다.

첫째는 횡적으로 드러난 착종(錯綜)의 관점이다. 백파가 『선문수경』에서 임제삼구에 근거하여 선리에 대한 여러 관점을 내세운 것에 대하여 초의는 일곱 가지 주제에 대하여 비판을 하였고, 백파의 견해에 대하여 우담은 초의와 다른 시각에서 네 가지 주제에 대하여 비판을 하였으며, 설두는 백파의 견해를 옹호하며 초의의 견해에 대해서는 여덟 가지에 대하여 반박하였고, 우담의 비판에 대해서는 네 가지 주제에 대하여 반박하였다. 이후에 축원은 한편으로는 기존의 백파와 우담과 설두의 견해에 대하여 비판을 가하면서도, 또 한편으로는 백파와 초의와 우담과 설두의 사가(四家)의 견해를 종합적으로 수렴하는 입장을 보여주었다.

둘째는 종적으로 드러난 일관된 주제에 대한 구심점이다. 백파로부터 축원에 이르기까지 통시적으로 끊임없이 이들 논쟁을 관통하는 주제는 임제삼구, 삼처전심, 조사선 · 여래선 · 격외선 · 의리선의 관념과 배대, 살 · 활의 적용 등으로 연결되는 일련의 개념들에 대한 착종이다. 백파는 조사선(격외선, 제일구)과 여래선(격외선, 제이구)과 의리선(격내선, 제삼구)의 삼종선으로 분류하였다. 그리고 삼처전심 가운데서 제이처전심에 해당하는 염화미소(활인검)는 격외선으로 임제종과 운문종이 속하고, 제일처전심인 분반좌(살인도)와 제삼처전심인 곽시쌍부는 여래선으로 조동종과 위앙종과 법안종이 속하며, 의리선에는 선종오가 가운데는 해당하는 종파가 없다고 보았다.

백파의 견해에 대하여 초의는 삼처전심 모두 제일구에 속한다고 말한다. 그리고 인명에 의거하면 조사선과 여래선이고, 법에 의거하면 격외선과 의리선이라고 하여 백파의 삼종선에 대하여 양중의 이종선 개념을 내세운다.

초의의 견해에 대하여 우담은 백파의 삼종선 자체는 부정하지 않으면서도 그 의미에 대해서는 비판한다. 우담은 삼처전심을 모두 조사선이고 격외선이며 교외별전이고 제일구로 간주하기 때문이다. 그리고 제이구인 여래선은 여래가 증득하고 설법한 교내의 의리이며, 제삼구인 의리선은 교내의 언교에 빠져 교중의 여래선을 증득하지 못한 것이라고 말한다.

초의와 우담의 견해에 대하여 설두는 여래의 삼처전심의 경우에 제일처는 분반좌이고 살인도에 해당하고, 제이처는 염화미소이고 활인검에 해당하며, 제삼처는 곽시쌍부이고 살·활(殺活)를 함께 제시한 것이라고 말한다. 또한 백파의 살인도와 활인검의 개념을 수용하여 그것을 우열의 근거로 삼아서 살·활이 나뉘어 전수됨으로써 비로소 여래선과 조사선 이선의 우열에 대한 변별이 생겨났다고 말한다. 또한 인(人)에 의거하면 여래선과 조사선이고, 법(法)에 의거하면 의리선과 격외선이지만, 이 격외선 가운데에 여래선과 조사선이 들어있다고 말한다.

위의 사가(四家)에 대하여 축원은 의리와 격외에는 모두 여래선과 조사선의 이선이 갖추어져 있어서 조사선과 여래선을 각각 격외선과 의리선의 관계로 논할 수 없다고 부정한다. 왜냐하면 의리선이 의리(義理)의 지해에 불과할지라도 가히 의리를 가지고도 그것을 활용하는 측면에 따라서 여래선과 조사선으로 배대가 가능하기 때문이라고 말한다.

이처럼 조선후기에 촉발된 선리논쟁의 양상은 횡적으로는 인물들 간의 비판과 옹호와 반박으로 착종된 모습을 보여주었지만, 종적으로는 삼구와 삼처전심과 선의 분류와 살·활이 서로 일정 부분 관련된 모습으로 선리논쟁의 전체를 관통하는 통시적인 주제가 포함되어 있다.

이처럼 한국선의 역사에서 출현한 선리논쟁은 13세기부터 임제삼구에 대한 해석의 방식이 그 연원이 되어 20세기 초에 이르기까지 수백 년 동안에 걸쳐 전개되었다. 그러한 과정에서 단순히 임제삼구에 그치지 않고 여래의 삼처전심과 달마의 삼처전심, 그리고 삼처전심과 관련한 조사선(祖師禪)과 여래선(如來禪)의 배대, 삼구와 삼현과 삼요의 관계, 살인도(殺人刀)와 활인검(活人劍)의 적용, 삼구와 일구의 관계, 의리선(義理禪)과 격외선(格外禪)의 적용 등 선리논쟁의 범위에 대해서도 점차 널리 확장되어 갔다.

특히 중국 선종사에서 출현했던 남종과 북종의 정통논쟁 및 명말 청초에 전개된 법맥의 논쟁보다도 오랜 세월에 걸쳐 전개되었고, 또한 문정(門庭)의 우월의식을 중심으로 전개되었던 논쟁의 양상에 비하여, 조선 후기의 백여 년에 걸친 치열한 논쟁은 순수한 선리논쟁의 역사였다는 점에 그 의의를 부여할 수가 있다.[79]

---

79) 김호귀 번역, 『한국선리논쟁의 전개』, (중도: 서울, 2021) pp.2-5.

25. 선(禪)과 교(敎)의 전통

선교차별에서 선교융합으로

한국의 선종사에서 신라 말기 선법의 수입시기에 선법을 정착시키려는 과정에서는 선교차별(禪敎差別)의 모색이 두드러지게 보인다. 가지산문(迦智山門)의 도의(道義)가 승통 지원(智遠)에게 제기한 무념무수(無念無修)의 문답, 사굴산문(闍崛山門)의 범일(梵日)이 제기한 「진귀조사설(眞歸祖師說)」, 성주산문(聖住山門)의 무염(無染)이 제기한 「무설토론(無舌土論)」 등은 처음으로 소개하는 선법을 홍보하려는 궁여지책에서 비롯된 것이었다.

선교의 관계에 대한 이와 같은 태동은 고려 중기에 이르러 보조지눌(普照知訥: 1158-1210)에 의해 융합적인 전통으로 형성되었다. 지눌은 선사이면서도 다양한 저술을 통해서 선법의 이론뿐만 아니라 선수행법과 그 접화법에 대해서도 폭넓게 주장하였다. 이러한 전통이 조선 중기 청허휴정에 이르러서는 두 가지 양상으로 나타난다.

우선은 적어도 표면적으로는 선교차별을 주장하지는 않았던 입장인데, 청허휴정(淸虛休靜: 1520-1604)의 나이 40대 중반에 저술된 『선가귀감(禪家龜鑑)』에 잘 드러나 있다. 휴정은 기존의 선교차별에 대한 내용들을 바탕으로 하면서 결국 선과 교에 대하여 선 우위의 입장으로 회통하려고 하였다. 그러나 휴정의 이와 같은 선교융합(禪敎融合)의 태도는 그의 만년에 저술된 『선교석(禪敎釋)』과 『선교결(禪敎訣)』에서는 사뭇 달라졌다. 표면적으로는 선주교종(禪主敎從)의 융합적인 입장을 고수했던 『선가귀감』의 경우와 달리, 만년에는 선교차별의 입장으로 돌아섰다.

가령 청허의 저술에 나타난 일반적인 선사상의 특징 가운데 하나는 당시의 모든 불교에 대하여 교학과 선의 입장을 통합적으로 제시하려는 태도였는데, 그 하나가 선과 교에 대한 관점으로 나타났다. 선과 교는 우열의 차이가 없다는 것에서 선은 부처님의 마음이고 교는 부처님의 말씀이라는 고인의 말을 인용하여 그 일치에 동조하면서도, 어디까지나 선의 우월적인 입장에서 교학을 평가하는 자세가 주류를 이루었다. 곧 선과 교의 깊고 얕음을 피력하여 교문에서는 오직 일심법(一心法)을 전하고, 선문에서는 오직 견성법(見性法)을 전한다는 것이다. 그래서 제불의 설법인 경전의 경우는 먼저 제법을 분별하고 나중에 필경공(畢竟空)을 설하였지만, 조사가 내보인 삼구(三句)의 경우는 의지(意地)에서 자취를 제거하고 심원(心源)에서 도리를 드러냈다는 것이다. 그 자취는 조사가 내보인 언설의 가르침이었고, 의지는 선수행자가 지니고 있는 깨치려는 마음이었다.

선교융합에서 선주교종으로

휴정은 상근기를 지닌 지혜로운 자는 이러한 말에 한정되지 않지만, 중하근기를 지닌 자는 꼭 이와 같은 과정을 거쳐야 한다고 말한다. 교리의 경우는 불변(不變)과 수연(隨緣)과 돈오(頓悟)와 점수(漸修)로서 선·후가 있지만, 선법의 경우는 찰나에 불변과 수연과 성(性)·상(相)과 체(體)·용(用)이 포함되어 있어서 원래 동시이기 때문에 명안종사(明眼宗師)는 법에 의거하고 언설을 초월하여 직지일념(直指一念)으로 견성성불할 뿐이라는 것이었다. 휴정의 주장에서 교의를 초월해야 한다는 것은 바로 이 때문이었다. 결국 휴정은 선과 교는 부처님으로부터 비롯된 점에서는 동일할지라도, 선문과 교문을 통해 공부하는 사람의 수준과 그 행위 및 자취에는 분명히 차별을 인정하고 있었다.

이처럼 휴정은 선 우위의 선교차별의 입장이면서도 선교일치(禪敎一致)라는 주제를 바탕으로 하여 교학과 선법의 상호에 융통을 도모하였다. 그러나 그것마저도 궁극적으로는 선교차별을 위한 임시적인 제스처였을 뿐으로 선주교종(禪主敎從)의 또 다른 포석에 불과하였다. 이와 같은 전통은 해동에 선법이 전래된 이후로 선법을 주장하는 사람들의 보편적인 입장이기도 하였다. 일찍이 고려 중기에 출현한 『선문보장록(禪門寶藏錄)』에서도 그랬듯이, 휴정의 경우

도 선과 교학의 차이점 내지 선의 우월성을 강조하고 있다
는 점은 부정할 수가 없게 되었다. 곧 선문에서 내세우는
심인(心印)의 입장은 수행을 시작한다는 것과 깨침을 터득
한다는 것조차도 초월해 있다는 점을 강조한 것이다.

『선교석』에서는 선과 교의 차별에 대하여 대조시키면서
분별하여 설명한다. 청허는 옛날의 글에서 인용하여 선과
교의 차별을 17가지 주제에 의거하여 설명하면서, 간혹 주
제에 대한 문답형식을 취하여 구체적인 해설을 가하여 선
교차별의 전승을 수용하고 있다. 거기에는 「진귀조사설」,
성주화상(聖住和尙)이 『능가경』을 읽다가 그 한계성을 느
끼고 당나라에 유학했다는 내용, 도윤화상(道允和尙)이 『화
엄경』을 읽다가 마찬가지로 선법의 공부를 위하여 유학했
다는 내용, 무염국사와 문성대왕의 문답한 내용 등이 수용
되어 있다.

한편 『선교결』의 경우에는 마찬가지로 청허의 나이 70
대 후반에 저술된 것으로서 선과 교의 차별을 비교하여 설
명하는 점에서는 『선교석』의 경우와 같은 입장이지만, 선
과 교의 각각에 대하여 올바른 이해를 전제로 하고 있다는
점에서 『선교석』과 차이를 보여준다. 따라서 선지(禪旨)를
잘못 이해하여 돈점문을 정맥(正脈)이라 간주하고 원돈문
을 종승(宗乘)으로 간주하는 자세를 질책하면서 반드시 교
외별전의 바른 도리를 터득해야 한다고 설명한다. 이에 선
과 교의 각각의 특징에 대하여 선은 부처님의 마음이고 교

는 부처님의 말씀으로서, 말이 없는 경지로부터 말이 없는 경지에 이르는 것은 선이고, 말이 있는 경지로부터 말이 없는 경지에 이르는 것은 교라는 말로 단적으로 대변하고 있다.

결국 선문에서 귀중하게 간주하는 것은 경절문(徑截門)의 활구를 통하여 남을 가르쳐서 깨우치고 자신도 스스로 깨우쳐서 본분종사(本分宗師)의 안목을 구비하는 것이라고 말한다. 이러한 점은 이전에 휴정이 『선가귀감』을 통해서 주장했던 선교일치도 결국은 명목상으로는 선주교종의 융합을 주장한 것이었지만, 실지로는 선교차별의 다른 표현이었음을 보여주고 있다.

선주교종에서 선교융합으로

한편 부휴선수(浮休善修: 1543-1615)는 무자화두(無字話頭)를 통한 선지(禪旨)를 강조하였다. 그러면서도 부휴의 수행과 사상의 이면에는 항상 교학을 바탕으로 한 좌선의 수행으로 일관하였다. 선수는 널리 대장경을 열람하고 난 이후에 선법에 매진한 보편적인 수행자의 공부방식을 보여주고 있는 것으로 교학의 바탕에 근거한 선법의 수행이었다.

선수는 스승이었던 부용영관(芙蓉靈觀: 1485-1571)의 교화방법에 대하여 선지를 깊이 이해하고 선지식의 가르침

을 높이 받들어 선법의 가풍을 높이 드날리는 것으로 흠모
하였다. 이것은 먼저 바른 안목을 터득하지 않고서는 올바
른 결과에 다다르지 못한다는 자세를 나타낸 것으로, 격외
선지(格外禪旨)의 도리를 터득하기 위해서는 먼저 교법에
대한 이해가 필수적이라는 것이었다.

그래서 교와 선에 대한 구분은 무엇이 우위라는 것을 강
조하는 차별을 위한 구분이 아니라 명확한 안목을 갖추기
위한 방식의 입장이라는 점에서 교와 선의 각각의 측면으
로 분류한 것이었다. 그것은 불법수행의 길잡이인 교학을
통하지 않고서 선법에 들어가는 것은 마치 눈이 없이 길을
가는 것처럼 헛수고만 할 뿐이고, 더욱이 위험천만한 것으
로 잘못 사교(邪敎)에 치우칠 염려가 있으며, 또한 견성성
불(見性成佛)하는 선법을 체험하지 않고 교학에만 머물러
있으면 불법(佛法)의 진수를 터득하지 못하여 끝내 열반의
길에 나아가지 못한다고 경계하였다. 이것은 선법과 교학
에 대한 선수의 정통적인 입장을 드러내 준 것이기도 하
다.

한편 환성지안(喚惺志安: 1644-1729)은 선종오가에 대
한 일종의 강요서로서 『선문오종강요(禪門五宗綱要)』를 편
찬하였다. 이것은 일찍이 송대에 회암지소(晦巖智昭)가 선
종오가에 대하여 선리를 종합적으로 집대성한 『인천안목
(人天眼目)』을 바탕으로 하였고, 나아가서 천책(天頙)의 『
선문강요집(禪門綱要集)』의 내용을 참고한 것이기도 하였

다. 그렇지만 환성의 의도가 어디에 있었는가 하는 점에 대해서는 북해함월(北海涵月: 1691-1770)이 붙인 서문 (1749)에 잘 드러나 있듯이, 선문의 교의에 대한 명확한 이해에 근거한 것이었다.

한편 무경자수(無竟子秀: 1664-1737)는 『선교대변(禪 敎對辨)』에서 휴정의 『선가금설록(禪家金屑錄)』을 근거로 하여 선과 교에 대하여 논하였고, 또 『진각대사망정록(眞 覺大師忘情錄)』을 근거로 하여 대승원교 · 대승돈교 · 대승시교의 삼교에서 말한 바도 역시 선에는 미치지 못한 다는 것을 알 수가 있다고 보았다. 기타 『불조진심선격초 (佛祖眞心禪格抄)』와 『순정록(順正錄)』의 말을 통하여 교문 의 걸림이 없는 법은 바야흐로 일미로 돌아가지만, 그 일 미의 흔적마저 불식시켜주는 것이 곧 선가에서 일심을 관 찰토록 하는 것이라고 말한다. 이후에 백파긍선(白坡亘璇: 1767-1852)은 환성이 제시한 임제종지의 선리를 자유롭 게 활용하여 간화선 수행법의 주창을 강조하였다. 곧 임제 삼구(臨濟三句) 가운데 제일구에서 그 도리를 깨치고 수용 한다면 삼세제불과 역대조사의 스승이 될만한 대장부가 된 다고 하였다. 제이구는 제일구를 드러내고 그것을 파악하 고 실천토록 하는 방편과 본분의 기능을 함께 활용하는 것 이다. 그 때문에 백파의 설명에는 방편과 진실이 두루 드 러나고 실행되어 여러 가지 교의가 등장한다.

임제의 삼구에 대하여 백파긍선은 제일구의 성격을 조사

선(祖師禪)에 비유하고, 제이구는 여래선(如來禪)에 비유하며, 제삼구는 의리선(義理禪)에 비유하여 삼종선의 입장을 내세웠다. 한편 긍선은 본분(本分: 선천적으로 본래부터 갖추고 있는 품성)과 신훈(新熏: 후천적으로 훈습되어 형성된 성품)을 두루 보편적으로 제시하여 신훈만 있고 본분이 없는 경우를 의리선으로 보았고, 본분만을 여실하게 드러내면 조사선이라 보았으며, 본분과 신훈을 아울러 제시하는 것을 여래선으로 보았다. 그런 바탕에서 본분진여(本分眞如)를 개시하고 진공묘유(眞空妙有)를 직시하기 위해서 갖가지 방편을 내세우기도 하였다. 이와 같은 긍선의 입장은 선리에 근거한 선법의 강주였는데, 그 가운데서도 특히 선종오가 가운데서 임제종만 정통이라고 주장하고 기타 사종에 대해서는 모두 방계라는 입장을 취하였다. 이것은 휴정의 『선가귀감』을 계승한 것인데, 이후 용성진종(龍城震鍾: 1864-1940)의 어록에도 고스란히 계승되었다.

이처럼 한국의 선종사에서 선과 교의 관계는 때로는 차별 내지 차이의 전통이 주장되었고, 때로는 일치 내지 융합의 전통이 강조되었으며, 때로는 선을 중심으로 삼고 교학을 보조적인 입장으로 내세우는 선주교종의 전통이 강조되기도 하였다. 이러한 모습은 결국 한국선의 정체성을 이해하는 단서로 작용하기도 하고, 또한 한국선의 보편적인 입장과 특수적인 입장의 양면성을 드러내 주는 것이기도 하다.

26. 용성진종의 선어록

『용성선사어록』

한국선은 8세기 중반에 중국의 동산법문(東山法門)을 계승하여 해동에 전래한 법랑(法朗: 7세기)으로부터 시작되었다. 이것은 선종의 법맥에 근거한 경우로서, 선의 사상적인 입장에서 보자면 그 이전에도 흔적을 찾아볼 수가 있다. 가령『금강삼매경』을 주석한 원효의『금강삼매경론』의 경우만 하더라도 다양한 선사상이 엿보이며, 기타 이미 전래되어 유통되고 있던 화엄전적과 법화전적 등에도 선사상이 풍부하게 포함되어 있는 것을 볼 수가 있기 때문이다.

한편 법랑의 선법 전래 이후로는 소위 남종의 선법이 주류를 이루면서 전개되어 9세기 중반부터 10세기 중반의 나말여초 시대에는 구산선문(九山禪門)이 형성되었다. 그러나 구산선문의 개산조 및 고려 초기까지는 본격적인 어록이라 할 만한 것은 거의 출현하지 않았다. 고려 중기에 이르러서 비로소 순수어록으로는『진각혜심어록』이 처음으로 출현한 이후로 고려 말기에『백운경한화상어록』,『태고보우어록』,『나옹화상어록』등 몇 종류의 선어록이 출현되었다. 그러다가 조선시대에는 어록의 형태가 아닌 사기(私記)의 모습으로 널리 출현하였다.

이와 같은 한국선의 역사에서 조선 말기에 이르러서 다

시 본격적인 순수어록의 형식으로 등장한 것이 백용성 조사의 어록이다. 이런 점에서만 하더라도 용성조사의 선어록은 한국선에서 그 의의를 지니고 있다.

『용성선사어록』은 현재 『용성대종사전집』 제1권(351-579쪽)에 수록되어 있는데, 이에 근거하자면 1941년 9월 20일 삼장역회에서 발행된 것으로 간주된다. 여기에 수록된 것들이 순한문(純漢文)의 경우는 활구참선만일결사회(活句參禪萬日結社會)에서 찬집한 것으로 필사본이고, 선한문(鮮漢文)의 경우는 문인 동산혜일(東山慧日)이 찬집한 활자본이기 때문에 일괄적으로 편찬된 것이 아니라는 것은 짐작할 수 있다.

『용성대종사전집』 제1권 수록본의 경우에 전체는 상·하 2권으로 맨 먼저 김성근(金聲根)[80]이 붙인 순한문의 「전서(前序)」를 비롯하여, 본문 전체 13장의 주제, 「부록」[81], 그리고 김산태흡의 「후서(後序)」, 용성의 문인 동산혜일의 「발문(跋文)」 등으로 구성되어 있다.

구체적으로 말하자면, 전체 10장으로 구성되어 있는 상권의 경우, 먼저 해로당 김성근이 붙인 「전서」가 수록되어 있다.[82] 제1장 「선지식의 참문」은 용성선사(1864-1940)

---

80) 金聲根(1835-1919) 조선 후기의 문신이고 서예가이다. 본관은 안동이고, 자는 仲遠이며, 호는 海士이다. 판서 蘊淳의 아들로서 1862년 정시문과에 병과로 급제하였다. 이후 예문관검열에서 홍문관제학 등을 거쳐 1883년 전라도관찰사가 되었다. 1888년 이후 공조·형조·이조·예조 등 각 판서직을 두루 거쳤다.

81) 「부록」 가운데 마지막 부분의 「禪農歌」만 耘虛龍夏가 붙인 것이다.

의 수행과 깨침 등에 대한 기록이다. 제2장 「기연문답」은 경자년(1900)부터 기유년(1909)에 이르기까지 10년 동안에 걸쳐 편년의 형식으로 제선사들과 문답한 법어가 수록되었다. 제3장 「제종의 연원」은 불조의 상전에 대하여 통론(通論)과 별론(別論)으로 나누고, 「별론」에서는 선종오가의 연원에 대하여 답변한 내용이다. 제4장 「낙소만화」는 선법의 교의에 대하여 논한 것이다. 제5장 「총론선병」은 12종의 선병에 대하여 그 병폐와 해결에 대하여 논한다. 제6장 「낙초담화」는 불교와 관련된 일반적인 주제 및 유교와 불교의 교리에 대하여 그 차이점 등에 대하여 논한다. 제7장 「미혹과 마장의 식별」은 미혹의 원인과 마장의 다양한 모습 등에 대하여 논한다. 제8장 「외도」는 불교와 유사한 외도의 교리와 그 부당한 이유 등에 대하여 논한다. 제9장 「선종의 임제종파 강의」는 임제종지와 관련된 몇몇 선사의 교리와 임제의현의 문답과 관련된 몇 가지 일화 등에 대하여 설명한다. 제10장 「선문강화」는 선문에서 논의되어 온 기본적인 주제에 대하여 설명하고, 17가지의 화두를 들어서 각각에 대한 내용과 근본적인 뜻을 염롱하며, 끝부분에서는 나옹화상의 「공부십절목」에 대하여 설명한다.

전체 3장으로 구성되어 있는 하권의 경우, 제11장 「상당법문」은 안거를 비롯한 기타 행사와 관련하여 국내의 열

---

82) 이 「서문」은 純漢文의 경우에 국한된 것인데, 活句參禪萬日結社會에서 찬집한 것으로 필사본에 해당한다.

군데에서 행한 상당법문을 수록하고 있다. 제12장 「노파심설화」는 불교에서 말하는 심성의 의미를 비롯하여 세간에서 관심을 끌고 있는 몇 가지 주제에 대하여 설명해주고, 나아가서 유교의 도와 도교의 도를 논하며, 현대과학에서 논하는 뇌에 관한 설명 및 생명에 대한 불교적인 입장 등에 대하여 설명한다. 제13장 「여러 선사의 사조(寫照)를 찬함」은 13명의 선사에 붙인 찬문 및 용성선사 자찬 등을 수록하고 있다.

기타 「부록」과 「후서」와 「발문」으로 구성되어 있다.

「부록」에서는 당시 사회에 대한 용성의 활동상과 몇 가지 잡글을 비롯하여 용성선사 자신의 몽불수기(蒙佛受記)와 사리에 대한 연기, 포교를 위한 노래 및 게송 등을 수록하고 있다. 이하 김산태흡의 「후서」에서는 용성선사의 저술과 그에 대한 촌평이 수록되어 있고, 동산혜일의 「발문」에서는 용성선사에 대한 추모의 내용을 담고 있다.

『용성선사어록』은 선을 위주로 한 불교의 종합적인 어록의 성격을 지니고 있다. 나아가서 기타 교육과 포교 및 사회문제에 대한 용성 자신의 입장 등도 잘 드러나 있다. 특히 순수 선어록과 관련하여 형식에 대해서는 옛 선사들의 어록을 그대로 계승하여 그 구성체제를 유지하고 있다.

글의 표기에 대해서는 때로는 한문체의 어투로 표기되어 있는가 하면, 때로는 순한글의 모습으로 제시되어 있어서 옛날의 어록형태로부터 현대의 어록형태로 계승되는 과정이 드러나 있다. 내용에 대해서는 선종의 역사를 비롯하여 선의 근본적인 수행과 깨달음의 문제 및 마장(魔障)의 파악과 그 극복, 그리고 근세 한국의 고승들과 관련된 화두 및 일화 등을 수록하였고, 나아가서 현대사회의 과학과 시대사조를 반영하여 그와 관련된 다양한 주제를 포섭하고 있는 점이 주목된다.

『용성선사어록』의 주제와 내용

이러한 『용성조사어록』의 주제와 내용은 다음과 같다. 맨 앞에 수록되어 있는 「전서(前序)」는 정일품 보국숭록대부로 행(行)은 이조판서 판의금부사 홍문관제학을 역임하였고, 잉대는 보덕 단부도승지 검교직제학 독판내무부사 의정부참정 탁지부대신이며, 원임은 규장각제학 겸 시강원 일강관인 81세 해로당(海壚堂) 김성근(金聲根)이 붙인 것으로 순한문의 필사본이다. 여기에서 김성근은 용성조사의 어록에 대하여 그 의의를 다음과 같이 말하고 있다.

지혜와 식견이 뛰어나신 용성선사께서는 선과 교를 구족하시어 전술(傳術)과 창작의 저서를 대중에게 베풀어 주셨는데, 서사를 참으로 절묘하게 하셔서 문체의 격식이 편안하다. 평이한 곳에서는 기묘하고 근본 요체에서는 공교하므로 언어로 표현할 수 있는 것은 여기에서 다 했다. 경전의 조목 중에서 진수(珍秀)를 동일하지 않게 여러 저서에 나누어 찬탄하고 있다. 그 오묘한 뜻을 곰곰이 생각하면 거의 잃어버린 진주를 찾은 것과 같아서 언어의 표상(表象)에 의해서 선언되는 것은 아니지만 효시가 되기에는 충분하다. 그래서 총림에 법당(法幢)이 세워지고 지혜의 등불이 이어질 수 있었다.[83]

제1장의 선지식을 참문하는 대목에서는 용성조사가 태어나서 발심하고 출가하여 수행하고 오도(悟道)하기까지의 행장에 해당하는 내용으로 구성되어 있다. 선사는 23세[84] 때 조계산 송광사 삼일암(三日庵)에서 하안거를 보내고, 그해 가을 9월에 낙동강을 지나다가 다음과 같이 깨달음의 게송을 읊었다.

금오산에는 천 년의 달빛이요
낙동강에 만 리의 물결이로다
고깃배는 어느 곳으로 갔는가
여전히 갈대꽃 밭에 머물렀네[85]

제2장의 기연문답의 대목은 1900-1909년까지 10년에 걸쳐서 연차에 따라 문답한 50회의 법어를 수록한 것이다.

---

83) 『백용성대종사총서』1, (서울: 동국대학교출판부, 2016) p.25. "慧識超越之龍城禪伯 道經俱足 施倫述作 尤妙敍事體格 寧奇於平 圖巧於樸 要所能言者 盡于是耳 經目之珍 不一諸書 分爲之贊 佇思其奧 庶幾求遺珠者 雖非言象 所宣 足爲嚆矢矣 叢林中 法幢可竪 慧燈可續"

84) 한태식(보광), 「백용성스님의 大覺證得과 點檢에 관한 연구」, 『大覺思想』 제11집, pp.223-224.

85) 『백용성대종사총서』1, (서울: 동국대학교출판부, 2016) p.47. "金烏千秋月 洛東萬里波 漁舟何處去 依舊宿蘆花"

제3장 제종의 연원에 대한 대목에서는 우선 선종오가 이전의 종파에 대해서 말한다. 곧 이심전심의 방식을 통하여 전승된 선종의 정법안장은 달마가 중국에 도래한 이후에도 제4조 도신(道信)의 시대까지 그대로 전승되었다. 그러나 도신의 시대에 이르러 우두법융(牛頭法融)의 공종(空宗)이 출현하였고, 홍인(弘忍)의 시대에 이르러 성종(性宗)과 상종(相宗)으로 분파가 되었으며, 혜능(慧能) 시대에 이르러서는 살인도(殺人刀)와 활인검(活人劍)의 방식으로 나뉘어 전수되었고, 아울러 지해(知解)로 변론하는 종[86]도 출현하였다.

공종은 모든 법이 환영과 같다고 설명하는데, 이것은 공상을 아직 여의지 못한 것이다. 상종은 내 마음이 본래 청정한 것은 밝은 거울과 같지만, 망상에 덮여 나타나지 못한다. 그래서 고요함을 으뜸으로 삼아 마음을 살피고 청정함을 살피는 것으로서 망상을 배척하고 진성을 도모한다. 지해종은 사람의 자성을 신령스럽게 지각하는 지해인데,

---

[86] 가령 『壇經』의 다음과 같은 내용이 이에 해당한다. 『六祖大師法寶壇經』, (大正新脩大藏經48, p.359中-下) "어느 날 조사가 대중에게 말했다. '우리 모두가 지니고 있는 一物은 頭도 없고 尾도 없으며 名도 없고 字도 없으며 背도 없고 面도 없다. 그대들은 그것이 무엇인지 알겠는가.' 신회가 나서서 말했다. '그것은 제불의 本源이고, 또한 저 신회의 불성이기도 합니다.' 조사가 말했다. '아까 내가 그대한테 名도 없고 字도 없다고 말했는데도 불구하고, 그대는 곧 本源이니 불성이니 하고 들먹이는구나. 그대는 이후로 작은 암자나 지어놓고 단지 知解宗徒의 노릇은 하겠구나.'(一日師告衆曰 吾有一物 無頭無尾 無名無字 無背無面 諸人還識否 神會出曰 是諸佛之本源 神會之佛性 師曰 向汝道 無名無字 汝便喚作本源佛性 汝向去有把茆蓋頭 也只成箇知解宗徒)"

지해가 없더라도 그 본체는 본래 공이므로 공적(空寂)이라
고 하고, 지해의 본체는 밝고 신령스러우므로 영지(靈知)라
고 한다. 이 공적영지의 종파는 하택종(河澤宗)에 해당한
다.

　다음으로 선종오가 각각의 연원과 그 지류에 대하여 설
명한다. 여기에서는 임제종 조동종 운문종 위앙종 법안종
의 순서로 설명하고 있다. 용성어록의 이와 같은 순서의
배열은 청허휴정의 『선가귀감』의 경우와 동일하다.[87] 그러
나 청허 이후에는 선종오가의 기술에서 그 순서를 배열할
경우에 운문종을 조동종 앞에 배열하였는데, 환성지안의 『
선문오종강요』 및 백파긍선의 『선문오종강요사기』에서 임
제종 다음에 운문종을 배열하여 그 순서에 따른 교의를 논
의한 경우가 그에 해당한다.

　선종오가의 연원과 관련하여 또 하나 주목해야 할 점은
임제종의 경우만 정통으로 간주하고 나머지 4종에 대해서
는 모두 방계로 간주했다는 주장,[88] 그리고 조동종을 제외
한 나머지 4종이 모두 남악 – 마조의 법맥에서 유출되었
다는 주장[89] 등이다.

---

87) 이 대목에서 용성은 기존 『禪家龜鑑』에서 범한 법맥의 오류를 그
　　대로 수용하고 있다. 곧 馬祖道一의 법맥에 曹洞宗을 제외한 나머
　　지 4종을 포함시켜 두고 있다. 이 점은 『선가귀감』 이후에 『선문
　　오종강요』, 『선문오종강요사기』 등으로 계승되면서 조선후기의 선
　　문헌에 지속적으로 계승되어 있는 까닭에 재고해볼 필요가 있다.
88) 이 점은 철저하게 임제종 위주로 강조되어 기술된 청허휴정의 『
　　선가귀감』의 주장을 그대로 수용한 것으로 보인다.
89) 이 점은 일찍이 馬祖道一 문하가 천하의 선종계를 휩쓴다는 般若
　　多羅의 예언을 실현하기 위하여 당나라 시대부터 주장되어 오던

제4장의 낙소만화(落笑謾話)의 대목에서는 낙소만화라는 말에 어울리게 임제종의 선리에 대하여 가벼운 문답과 설명을 통하여 선법의 교의 내지 선가에서 소소하게 제기되는 의문과 그에 대한 명쾌한 답변으로 설명해두고 있다. 우선 불(佛)·조(祖) 및 선(禪)·교(敎)에 대하여 다음과 같이 대별한다.

> 대체로 부처님의 가르침은 여러 세대가 의지하므로 간곡하게 말하는 간절한 노파심과 같고, 제조사는 그때 그 자리에서 제도하여 해탈하게 하므로 우르르 쾅쾅거리는 천둥번개와 같다. 교학에서는 『금강경』의 반야사상이 대승에 들어가는 첫 번째 문이 되고, 화엄사상과 법화사상은 궁극적으로 달을 드러내는 손가락이 된다. 선은 화엄사상과 법화사상을 깨달음에 들어가는 첫 번째 문으로 삼고, 삼처전심(三處傳心)은 교외(敎外)에서 은밀하게 전승하는 종지이다.90)

그리고 『임제록』에 등장하는 삼현(三玄)과 삼요(三要)에 대하여 언급하고 그 결과로서 다시 올바른 인식의 문제와 관련하여 무심(無心)과 평상심(平常心)이 깨달음이라는 말

天王道悟 법맥의 주장을 답습한 것으로 보인다. 곧 青原行思 법맥에서 雲門宗과 法眼宗의 법맥을 출현시킨 天皇道悟를 대신하여 馬祖道一 계통에서 天王道悟라는 인물을 내세움으로써 雲門宗과 法眼宗이 모두 馬祖道一 계통의 법맥에서 출현했다는 설이다.(김호귀, 「청허휴정의 오가법맥 인식의 배경에 대한 고찰」, 『한국선학』 제22호, 2009.4) 이 점도 또한 『선가귀감』을 답습한 임제종 정통의 강조와 관련되어 있다.
90) 『백용성대종사총서』1, (서울: 동국대학교출판부, 2016) p.103.

에도 집착해서는 안된다는 것을 주의시킨다. 나아가서 삼승의 계차에 대하여 구체적인 비유를 들어서 언급하고 있다. 곧『금강경』의 '모든 현인과 성인은 무위법의 차원에서 차별한다.'는 구절에 대하여, 그 무위법이야말로 성문승의 경우는 사성제(四聖諦)가 되고, 연각승의 경우는 십이인연법(十二因緣法)이 되며, 보살승의 경우에는 육바라밀(六波羅蜜)이 되고, 부처의 경우에는 일불승(一佛乘)이요 최상승(最上乘)이 된다고 말한다.

그러나 선종의 경우는 이와 같은 교학을 초월하는 것으로서 삼현(三玄)·삼요(三要)·사료간(四料揀)·사할(四喝)·사빈주(四賓主) 등을 언급하여 설명한다. 이를 바탕으로 하여 모든 사람에게 간절한 마음으로 수행하여 일대사인연의 해결을 권유한다. 그것은 곧 미오론(迷悟論)을 분별하고 간절한 증오처(證悟處)를 터득하여 이사구절백비(離四句絕百非)의 대용직절(大用直截)을 실현할 것을 제시해주고 있다.

제5장 총론선병(總論禪病)의 대목에서는 간화선의 화두 수행에 대하여 의단을 가지고 간절하게 참구할 것을 권장한다. 특히 무자화두(無字話頭)를 참구할 때 참고해야 할 10가지 주의사항에 대하여 선병(禪病)이라는 항목으로 설정하여 언급하고 있다. 청허휴정의 『선가귀감』의 내용을 인용해서 "신령스런 광명 두렷하여 만고에 아름답게 빛나네. 여기에 들어오는 사람은 지해를 모두 내려놓게나."91)

라고 말하고, 여기에서 말하는 지(知)라는 한 글자는 모든 재앙의 문이기 때문에 깨달음을 장애하는 백천 가지의 문이 이로부터 생기는 것임을 말한다. 바로 그 장애물을 제거해가는 것을 무자화두 참구의 주의사항과 관련시켜서 대혜종고(大慧宗杲)의 어록에서 유래된 선병(禪病)92)으로부터 백파긍선이 진각혜심의 「무자화두간병론(無字話頭看病論)」에 근거한 「무자화두간병론과해(無字話頭看病論科解)」를 인용하여 '자세하게 그것을 말하면 십종병이 있지만, 간략하게 그것을 말하면 유심(有心)과 무심(無心)과 어언(語言)과 적묵(寂黙)의 네 가지를 벗어나지 않는다.'고 설명하고 있다.93)

제6장 낙초담화(落艸談話)의 대목에서는 용성조사 자신의 일상에서 제기되는 일반적인 일화 및 문답을 비롯하여 불교 일반의 관심사항과 의문점, 그리고 정토론과 정토왕생의 수행법 및 유교의 교리 그리고 당시의 시대상황과 관련된 월보(月報)에 대한 설명에 이르기까지 다양한 주제로 이루어져 있다.

---

91) 『禪家龜鑑』, (韓國佛敎全書7, pp.645下-646上) "神光不昧 萬古徽猷 入此門來 莫存知解"

92) 『大慧普覺禪師語錄』 卷4, (大正新脩大藏經47, p.829下) "유심으로도 추구하지 말고, 무심으로도 추구하지 말며, 어언으로도 지으려 말고, 적묵으로도 통하려 말라. 不可以有心求 不可以無心得 不可以語言造 不可以寂默通"

93) 眞覺慧諶 述, 『狗子無佛性話揀病論』, (韓國佛敎全書6, pp.69中-70中)에다 白坡亘璇이 분과한 내용을 인용하고 있다. 白坡亘璇, 「無字揀病論科解」는 『禪文手鏡』의 말미 부분에 해당한다.(韓國佛敎全書10, pp.524中-527下)

제7장 변혹변마(辨惑辨魔)의 대목에서는 혹(惑)은 잘못된 인식과 지식을 가리키고, 마(魔)는 생사를 즐기는 일체의 장애물이다. 이를 벗어나기 위해서는 분별식을 전환하여 반야의 지혜를 터득해야 혹을 변별하고 마를 변별할 수가 있다고 말한다. 마음을 간절하게 지니면 혹과 마를 초월할 수가 있다고 말한다.

제8장에서는 외도에 대해서는 10종의 색음(色陰)과 10종의 수음(受陰) 등 20종의 외도를 설명한다. 외도가 주장하는 상주론(常住論)과 유변론(有邊論)의 허망함을 지적한다. 그리고 만물의 변화와 유와 무와 유무 등에 대한 4종의 견해가 모두 전도임을 언급한다. 기타 외도들이 주장하는 다양한 설에 대하여 그것이 진실이 아님을 말하고 있다.

제9장 선종의 임제종파에 대한 강의 대목에서는 황벽희운과 임제의현의 관계를 비롯하여 임제의 사빈주(四賓主)와 무위진인(無位眞人) 및 주변 인물의 일화 등을 언급하고 그에 대하여 용성조사 자신의 견해를 피력하고 있다.

제10장 선문강화의 대목에서는 17개의 공안을 제시하고 그 각각에 대하여 주석과 해설을 붙이고 있다. 여기에서 용성조사는 교리적인 의미뿐만 아니라 선적인 의미까지도 덧붙여서 공안에 대한 폭넓은 비평을 가하고 있다. 공안집에 대하여 기존의 보편적인 형식으로서 수시(垂示, 示衆), 본칙(本則, 古則), 착어(著語), 송(頌), 평창(評唱)의 구조를

벗어나서 본칙화두의 제시, 공안에 대한 강화(講話), 종지(宗旨)의 제시 등의 구조를 활용하여 새로운 공안의 형식을 보여주고 있다.

제11장 상당법문의 대목에서는 결제를 비롯하여 주석했던 몇몇 사찰에서의 행했던 법문 등 총 10회에 걸쳐 있다. 이들 상당법문은 대체적으로 전통적인 소재 및 형식에서 크게 벗어나지 않고 있다.

제12장 노파심설화(老婆心說話)의 대목에서는 일상에서 불자들이 궁금하게 간주하는 주제와 철학적인 인식의 문제 그리고 불교 이외의 전통사상에 대한 문제에 이르기까지 다양한 내용에 대하여 자세한 설명과 비유를 들어서 이해시켜주고 있다. 특히 번개와 전기(電氣), 몸속의 신경, 기(氣)의 문제, 대뇌의 작용과 현상 등 현대과학과 관련된 지식을 비롯하여 인간 신체의 탄생과 관련된 생사의 문제 등에 걸쳐서 폭넓은 법어를 제시하고 있다.

제13장 여러 선사의 사조(寫照)를 찬(讚)하는 대목에서는 용성 자신뿐만 아니라 인파대선백을 비롯하여 당대 선백들의 진영에 대한 찬문을 지어 게송으로 찬탄하고 있다.

기타 「부록」에서는 선의 종지와 선종오가의 기초적인 교의를 비롯하여 해동의 선법이 계승되어 온 모습에 대하여 간략한 해명을 하였고, 만일참선결사회(萬日參禪結社會)의 창립에 대한 글 및 발원문, 불법에 대한 2회의 건백서(建白書), 선학원의 화상들께 드리는 글, 용성 자신의 「몽불

수기록(夢佛授記錄)」 및 사리(舍利)에 얽힌 이야기, 현대적
인 포교에 활용목적으로 제시된 노랫말 5가지 및 기타 잡
글 등이 수록되어 있다.

『용성선사어록』과 선사상

어록이란 조사들의 설법과 제자들과의 문답 등을 다른
제자가 수시로 듣고 수시로 기록한 것으로서 처음부터 계
획적으로 이루어진 것이 아니다. 자신이 직접 연필을 들고
저술한 것이 아니라 반드시 조사의 설법을 듣고 기록한 것
으로서 그 제자들에게는 일종의 성전과도 같은 성격을 지
닌다. 간혹 제자가 기록한 것에 대해 조사 자신이 직접 서
문을 기록하는 경우도 있는 것을 보면 생전에 이루어진 것
도 있고 사후에 이루어진 것도 있다. 따라서 어록은 자신
의 의도와는 달리 그것을 기록한 제자들에 따라서 약간의
수정이나 보완도 충분히 인정될 수 있다.

대체적으로 그 성격을 살펴보면, 법어 및 수시로 행해지
는 제자들과의 문답상량(問答商量) 등을 기록하고 있다. 그
때문에 전체 내용을 요약하는 성격이 강하여 어록의 내용
을 이해하기 위해서는 어록의 당사자에 대한 생애 이해가
아울러 수반될 필요가 있다. 그러나 오늘날 전해지고 있는
어록의 대부분은 특별히 어록 당사자의 일대기를 붙이고
있는 경우가 대단히 드물다. 어록이 어록으로서 충분히 이

해되기 위해서는 어록의 당사자에 대한 법맥(法脈)과 종파 (宗派) 내지는 당시의 사회 여건에 대한 이해가 수반되지 않으면 안 된다.[94]

선의 문헌이 어록이라는 이름으로 활용된 경우는 『송고승전(宋高僧傳)』(988) 권20 황벽희운전의 말미에 "그 어록이 세상에 유행하였다."[95]는 경우를 비롯하여, 같은 책 권11 조주종심전에도 "어록이 크게 유행하였는데 세상에서 존중되었다."[96]는 것으로부터 살펴볼 수가 있다. 또한 이보다 오랜 『조당집』(952)에는 행록(行錄) · 행장(行狀) · 별록(別錄) 등의 용어가 나타나 있기는 하지만, 아직 어록이라는 말은 보이지 않는다.

선어록은 선의 어록 또는 선종의 어록이라는 뜻임은 위에서 이미 언급한 바가 있다. 한국선에서 좁은 의미의 선어록은 위에서 말한 것처럼 5종에 불과하다. 이것은 중국 및 일본의 선종사와 비교해 보면 매우 빈약하다. 가령 한 · 중 · 일 각국에서 어록이 편찬된 13-16세기를 대상으로 살펴보면 한·중·일을 합쳐 총 200종에 달하는데, 그간 학계에 소개조차 되지 않은 것이 대부분이다. 현재 전해지는 선어록군 전체는 총 596종으로 중국 420종, 한국 103종, 일본 73종이다.[97]

---

94) 김호귀, 『선의 어록』, (서울: 민족사, 2014) pp.88-89.
95) 『宋高僧傳』卷20, (大正新脩大藏經50, p.842下) "語錄而行于世"
96) 『宋高僧傳』卷11, (大正新脩大藏經50, p.775下) "語錄大行為世所貴也"
97) 김종진, 「동아시아 불교계 어록 연구의 제언」, 『국제어문』 제58

중국의 선어록은 당·송대 이후에도 원·명·청대에 걸쳐 지속적으로 어록이 편찬되어 총 420종이 전해지는데 명의 『가흥대장경』과 일본 『만속장경』에 대다수가 수록되어 있다. 하지만 시기별 분포와 지역적 분류, 선어록의 구체적 내용에 대한 조사연구가 아직 이루어지지 않고 있다. 한국의 경우는 『고려대장경』에는 선어록이 수록되지 않았고, 『한국불교전서』에 선어록이라는 이름이 붙은 문헌 5종과, 넓은 의미의 선어록의 범주에 속하는 문집 형태의 자료 98종 등 합계 103종이 실려 있다. 일본은 『대정신수대장경』에 어록 37종이 실려 있고, 이와 별도로 『오산문학전집(五山文學全集)』에 문집 36종이 들어가 총 73종이 있다. 선어록의 발원지인 중국에서 가장 많은 선어록이 나왔는데 선종의 전성기인 당·송 시대의 유명 조사와 그 선어록은 어느 정도 알려져 있음에 비해 기타 13-16세기의 선어록에 대한 구체적 조사나 내용분석은 거의 이루어지지 않았다.

한국에서 선어록이 본격적으로 출현한 시기는 13-14세기로서 진각혜심(眞覺慧諶), 백운경한(白雲景閑), 태고보우(太古普愚), 나옹혜근(懶翁惠勤), 함허기화(涵虛己和)의 선어록 5종이 전한다. 다만 한국의 경우는 선어록보다는 'ㅇㅇ집(集)'이라는 문집 형태로 주로 편찬되었다. 일본도 가마쿠라에서 무로마치시대인 13-16세기에 선어록이

집. 2013. p.326.

집중되어 있는데 송말·원초의 혼란기에 중국 강남지역의 많은 선사가 일본으로 건너가 선종, 특히 임제종을 전하였고, 반대로 200명 이상의 일본 선승들이 원에 유학하여 선풍을 습득하였다. 그 결과가 오산문학(五山文學)의 성행과 선어록의 성립이었으며 일본의 독특한 선문화도 이 시기에 형성되었다.[98]

이와 같이 한국선에서 좁은 의미의 순수선어록의 출현이 드물었던 까닭은 조선시대 배불정책과 밀접한 관련을 지니고 있다. 이전 시대와 비교하여 공식적으로 법문할 기회가 적었기 때문이다. 그뿐만 아니라 공식적으로 선사 개인의 불교서적을 출판하는 것에도 제한이 있었기 때문이다. 이에 반하여 왕실의 후원이나 고관대작들의 후원을 기다리기보다 비공식적으로 틈이 나름대로 경론에 대하여 개인적인 의견을 제시하거나 내용을 풀이하여 강조하는 형식은 비교적 자유롭게 의견을 개진할 수 있는 문집(文集) 내지 사기(私記)의 형태로 출현되었음을 볼 수가 있다. 그것이 제자들로 전승되면서, 제자는 다시 그 스승의 사기(私記)에 또 제자 자신의 사기(私記)를 덧씌워 내려오기도 하였다. 이러한 문집 내지 사기의 형식은 조선시대 중기 이후에 두드러지게 등장한다.

이와 같은 시대의 전통에서 20세기 초에 이르러 출현한 용성선사의 어록은 전통의 형식을 갖추었다는 점에서 그만

---

98) 김종진, 위의 책, pp.326-327.

큼 주목할 가치가 있다. 곧 고려시대를 끝으로 조선시대 내내 종적을 감추었던 기존의 순수 선어록의 형식99)이 대한제국 시대 이후에 비로소 그 형식적인 맥을 계승했던 점이 돋보인다.

　나아가서 순수 선어록의 형식 이외에도 소위 공안집에 대해서는 용성선사 나름대로 기존의 형식을 답습하지 않고 새로운 스타일의 공안비평의 모습을 보여주고 있다. 기존의 공안집의 일반적인 모습은 본칙(本則)과 송(頌)이 중심을 이루고 있는 가운데 수시(垂示)와 착어(著語)와 평창(評唱)이 붙어 있는 5단의 형식이었던 것에 비하여, 용성이 공안을 비평한 모습은 본칙화두(本則話頭)에 대하여 거론(擧論), 강화(講話), 종지(宗旨)의 제시(提示) 등 3단의 형식으로 공안의 구조를 단출하게 보여주고 있다.

　한편 『용성선사어록』에는 좌선이 수행뿐만 아니라 염불과 주력과 간경과 예배와 참회 등에 대하여 일체의 수행을 수용하고 있다. 이와 같은 모습은 임제선종을 위주로 전개되었으면서도 청허휴정의 『선가귀감』에서 이래로 전승된 모습을 고스란히 계승하고 있다. 또한 「부록」에서 볼 수가 있듯이 선론(禪論)에 대한 분별, 건백서, 서신, 포교를 위한 가요, 가송 등 잡글을 통하여 당시 민중의 계몽을 위한

---

99) 순수 선어록의 형식이란 선사의 일상법문을 그대로 요약하여 기록한 형식으로서 小參, 上堂, 結制, 解制, 問答 등으로 구성된 경우를 가리킨다. 따라서 엄밀한 의미에서 순수 선어록의 형식에는 기존의 법어에 대한 비평 내지 주석, 나아가서 行狀 등이 포함된 경우는 포함되지 않는다.

즉시대적(卽時代的)인 보살행이 다채로운 모습으로 포함되어 있다. 이와 같은 용성의 선어록의 출현은 근현대에 한국선의 대중화를 위한 노력의 모습이기도 하였다.[100]

이와 같이 『용성선사어록』은 조선시대에는 일찍이 누구에게서도 찾아볼 수 없었던 종합적인 선어록의 구성을 지니고 있다. 그런 까닭에 선록(禪錄) 자체의 의의뿐만 아니라 그 이전의 고려시대부터 근현대에 이르는 시대적인 단층을 보상해주는 역할로서 그 의의를 충분히 보여주고 있다.

---

100) 한태식(보광), 『용성선사연구』, (서울: 감로당, 1981) pp.74-84.

27. 한국선의 정체성

선법의 출현과 그 기반

선의 시작은 붓다가 깨달음을 얻는 방식으로 채택한 것에서 찾아볼 수가 있다. 이 때문에 선의 역사는 불교와 함께 비롯되었다. 이후로 인도불교에서 선의 역할은 다양한 불교의 전개에 공통하는 수행의 행위로 작용했을 뿐만 아니라 깨달음을 추구하는 근원적인 기능으로 전개되었다. 그것은 선이 지니고 있는 보편적인 성격으로 인간의 마음에 내재하는 사유의 속성에 기인한 것이었다. 그 결과 인도불교의 역사에서는 항상 점수의 측면이 강조되었기 때문에 수행의 경지에 대해서도 차제적인 탐구가 깊이 천착되었다.

이러한 인도선의 성격은 이후로 불교가 성립된 지 일천년 무렵에 보리달마에 의하여 중국에 전래됨으로써 이전과 비교하여 크게 변용되었다. 특히 수행과 깨달음에 대한 수증관의 측면에서 가장 두드러진 변모가 나타났다. 그것은 바로 선법을 위주로 하는 소위 선종(禪宗)으로 형성되면서부터 본격적인 전개를 보여주었다. 인도불교의 경우와 다르게 중국불교에서는 선을 중심으로 하는 교단이 형성되면서 그 행위규범도 상당한 변모를 보이면서 차제적인 수증관과 판이한 결과가 새롭게 등장하였다. 곧 7-8세기 조계 혜능에 이르러서는 수행과 깨달음의 관계에 대하여 그것이

서로 다르지 않다고 설정하는 수증일여(修證一如)가 그것이었다. 그로부터 더욱 크게 발전한 남종의 돈오선법에서는 송대에 선의 새로운 수행법이 창출되는가 하면, 다양한 선의 문화로 전개되었으며, 수많은 선문헌을 통하여 선사상을 더욱 심화하고 확충하는 측면으로 파급시켜왔다. 그 결과 중국선은 중국불교의 특징으로서만 아니라 선종만의 고유한 정체성을 전개하였다. 그것은 발심과 수행과 깨달음 그리고 인가와 전법을 강조하는 문화에 이르기까지 가장 선적(禪的)인 주체성으로 형성되어 왔다.

이와 같은 중국선은 역사적으로만 크게 확대된 것이 아니라 한 지역을 넘어서 한자문화권을 근거지로 하여 동아시아불교의 전반에 걸쳐서 막대한 영향을 끼쳤다. 그 일례는 한국불교의 경우에도 예외가 아니었다. 한국선의 정체성에 대한 문제는 바로 중국선의 이와 같은 전개와 그 영향을 바탕으로 생각하지 않으면 안 된다. 그 까닭은 한국선의 수입으로부터 발전과 전개와 특수성에 이르기까지 거의 모든 측면에서 중국선의 영향을 받지 않은 분야가 없기 때문이다.

따라서 인도와 중국과 한국의 지역으로 나누어 선법을 생각하는 것은 그다지 큰 의미가 없을 정도로 한자문화권의 보편적인 속성을 지니게 된 것은 물론이다. 왜냐하면 선법의 역사는 불교의 역사만큼이나 항상 어디에서나 그 보편성에 근거하여 형성되고 전개되어왔기 때문이다. 나아가서 한자문화권이라는 공통적인 기반이야말로 선종의 발생과 전개에서 충분히 그 역할을 성취해온 것도 사실이다. 이 점은 선종의 특성을 논의할 경우 대단히 큰 장점이기도 하다. 그러면서 한편으로는 굳이 번역이 필요가 없는 언어의 통일성이라는 점에서 비슷하지만, 딱히 동일한 것만은 아닌 면모가 폭넓게 전개될 수 있는 여건을 지니게 되었다.

한국선의 정체성

이러한 한자문화권 가운데서도 온전히 발생하고 전개되어 온 한국선이면서 중국선의 정체성과 구별되는 특징은 여러 측면에서 다양하게 살펴볼 수가 있다. 한자라는 동일한 문자의 기반에 형성되었지만, 그것을 부단히 변용시켜서 활용했다는 점에서는 토착의 문화와 사상으로 인하여 본래의 선종의 특징과 구별되는 특이한 점이 배태되는 것은 지극히 자연스러운 현상이었다.

우선 중국선의 경우는 인도불교에서는 볼 수가 없었던 새로운 선법에 해당하는 소위 달마조사를 연원으로 하는 조사선을 형성하고 그것을 꽃피우면서 전개되었다. 여기에서 추구하는 조사의 개념은 선종의 특징을 가장 잘 보여주고 있는 개념이다. 그런데 한국선에서는 그와 같은 중국 조사선법을 직수입하고 그들의 법맥을 수용하여 전개하는 가운데서도 한편으로 여래선과 상대되는 의미로도 활용되었다는 점에서 중국선과 차별되는 모습을 보여주었다.

소위 조사선의 한국적인 선법의 창출로서 전개된 「진귀조사설(眞歸祖師說)」이 그것이다. 이 경우에 조사선은 달마를 연원으로 하는 조사선의 의미와 구별된다. 왜냐하면 그것은 경전을 바탕으로 하는 언어문자의 선리에 기반한 여래선(如來禪)의 상대적인 의미로 활용되어 있기 때문이다. 이를테면 선지식이 납자를 교화하는 경우에 활용하는 수단으로 일반적으로 파주(把住)와 방행(放行)의 방식을 들 수가 있다. 전자는 선지식이 지도하는 납자를 단도직입으로 깨우쳐주려는 조사선적인 방식이고, 후자는 노파심절한 방식으로 일깨워주는 여래선적인 방식에 해당한다.

그런데 한국선이 수입되던 초기시대에 출현한 진귀조사설은 바로 전자의 관점에서 출현한 선리로 신라에 선법이 수입되는 즈음에 부득불 필요했던 방편이기도 하였다. 따라서 진귀조사설은 이미 세련된 발전을 구가하고 있던 상황에서는 굳이 필요성이 미약했겠지만, 처음으로 선법이 수입되는 9세기 중엽의 신라불교의 상황에서는 가장 필요불가결한 수단으로 작용하였다. 이 점은 신라의 선법에 나타나는 특수한 상황이면서 이후로 한국선 수행의 전반적인 기저로 점철되어 오늘날에 이르기까지 선수행의 지도방식으로 계승되어 오고 있다.

한편 6-8세기 중국선이 형성되던 시기에 전개되었던 순수한 조사선법이 당나라 시대를 거치고, 점차 수백 년이

흐른 송대에 이르러서는 점차 폐풍의 모습도 함께 나타나
게 되었다. 그것은 조사선의 이념을 지나치게 중시한 나머
지 그에 수반되는 본래의 수행정신을 상실한 결과로부터
비롯되었다. 그와 같은 상황이 송대 중기에는 초기의 순수
한 조사선풍의 모습으로 회복하려는 자각이 싹틈으로 말미
암아 그 일환으로 묵조선(黙照禪)과 간화선(看話禪)이 새롭
게 출현하였는데, 이후 12세기 말엽에는 고려에 수입됨으
로써 한국선에 지대한 영향을 주었다. 중국의 선종사에서
는 당대부터 비롯된 공안선(公案禪)의 수행가풍 및 송대에
크게 발전한 문자선(文字禪)의 수행가풍이 변질되면서 발
생했던 의리선(義理禪)의 폐풍을 극복하려는 방법으로 묵
조선과 간화선이 등장하였다.

　그렇지만 고려의 선법에서는 오히려 묵조선과 간화선의
수입으로 인하여 새로운 문자선이 발전하게 되는 계기가
마련되었다. 그 결과가 진각혜심(眞覺慧諶)의 『선문염송(禪
門拈頌)』이라는 공안집의 편찬으로 나타났는가 하면, 백운
경한(白雲景閑)의 『백운화상초록불조직지심체요절(白雲和尙
抄錄佛祖直指心體要節)』이라는 전등록의 편찬으로 전개되
었다.[101] 이들 문헌이야말로 공안참구를 위한 문자선의 텍

---

101) 『白雲和尙抄錄佛祖直指心體要節』의 제명을 해석하면, 고려시대
　　白雲景閑(1298-1374)이 스승인 石屋淸珙(1272-1352)으로부터 받
　　은 『佛祖直指心體要節』 1권에다 경한 자신이 여타의 傳燈史書에
　　서 내용을 발췌하여 抄錄한 것을 덧붙이고, 또한 곳곳에 著語를
　　가하여 상·하 2권으로 편찬했다는 뜻이다. 이처럼 『직지』의 성격은
　　선종의 傳燈史書로서 총 145명에 대한 기록이다. 백운은 종파나
　　법맥 위주로 구성된 기존의 전등사서에서 벗어나 비교적 자유롭게

스트들이었다는 점에서 그 역할을 하였기 때문이다. 이런
점에서 고려시대 선수행법의 전개는 간화선과 묵조선과 문
자선과 공안선이 혼재하는 모습으로 드러나 있다. 이 점은
중국의 선법을 수입하면서도 고려선법에서만 볼 수 있는
특수한 면모이기도 하다.

또한 신라시대부터 고려시대와 조선시대를 거치면서 일
관되게 전개되었던 문제 가운데 하나는 선과 교의 관계였
다. 선법의 수입기에는 선의 정착을 위한 까닭에 의도적으
로 교학보다 선법의 우월성을 주장한 내용이 제기되었지
만, 그다지 큰 역할을 이루어내지는 못하였다. 그 가운데
하나가 소위 선교차별을 겨냥한 주장에 해당하는 「무설토
론(無舌土論)」이었다. 이런 성격의 부류와 관련한 구체적인
내용은 『선문보장록(禪門寶藏錄)』으로 집대성되어 출현하
였다. 그러는 가운데서도 보조지눌의 선교융합의 입장은
이후 한국의 선종사의 전개에 많은 영향을 끼치면서, 이후
조선 중기의 청허휴정까지 계승되었다. 그러나 휴정은 한
편으로는 선과 교에 대하여 이중적인 입장으로 선을 중심
에 두고 교를 보조적인 것으로 간주하는 사교입선(捨敎入
禪) 내지 종교입선(從敎入禪)의 입장을 보였기 때문에 결국

인물을 보입하였고, 나아가서 필요한 경우에는 재차 내지 삼차에
걸쳐 법어를 수록하였으며, 또한 석옥청공에게서 유촉받은 『불조직
지심체요절』 가운데 14곳에 해당하는 착어를 붙였다. 그 결과 『직
지』는 본래적인 기능인 전등사서의 의미뿐만 아니라, 이후에 이 책
을 열람하는 납자들로 하여금 公案集에 대한 안목을 심화시켜주려
는 의도까지 담겨있다.

선주교종(禪主敎從)의 견해를 보여주었다. 한국의 선종사는 중국선의 경우보다 더욱 지속적으로 오랜 세월에 걸쳐서 선과 교의 관계에 대하여 특수한 모습을 보여주었다. 상황에 따라서 때로는 선과 교의 융합을 주장했는가 하면, 때로는 그런 모습의 차이를 노골적으로 주장하기도 하였다.

이와 같은 선교의 관계에서 차별의 입장을 지니게 된 근원적인 배경으로는 선의 우월의식에 그치지 않고, 선종 내에서도 오로지 임제종만 정통이라는 문중의식이 깔려 있었기 때문이었다. 특히 조선시대의 선법은 선종오가 가운데서 임제종만 조계혜능 법맥의 직전(直傳) 내지 정전(正傳)이라는 의식이 여러 측면에서 의도적으로 드러나 있다. 그것은 청허휴정의 『선가귀감(禪家龜鑑)』을 비롯하여 환성지안(喚醒志安)의 『선문오종강요(禪門五宗綱要)』, 백파긍선(白坡亘璇)의 『선문수경(禪文手鏡)』 및 다양한 사기(私記), 용성진종(龍城震鍾)의 어록에 이르기까지 20세기 초반까지도 여전히 지속되었다.

이들 선종오가 가운데 임제종만 정통이라는 의식은 중국 선종의 법맥의식으로부터 영향을 받은 것이지만, 유달리 한국선에서 두드러진 임제종 자파의 전개와 무관하지 않았다. 고려 초기부터 수입된 중국선의 임제종은 고려 중기는 물론이고 후기에도 여전히 강력한 법맥의식의 발로를 보여주고 있었다. 그러한 과정에서 임제종에서 내세우는 간화선의 수행방도 대혜종고(大慧宗杲)와 몽산덕이(蒙山德異)의

지도방식이 혼재되어 계승되었다. 나아가서 화두의 참구방식에 있어서도 여러 개의 화두를 긍정하는 중국과 일본의 간화선과 차별되는 점으로, 한국선종 간화선법의 방식에서는 하나의 화두참구를 중시하는 풍조의 전통을 형성하게 되었다.

한국선의 특징을 담보해주는 이들 몇 가지 점은 한국불교의 역사에서 결코 우연의 결과가 아니었다. 그것은 멀리 중국에까지 유학하여 끊임없이 그들의 사상을 익히고 문화를 습득하여 중국선의 영향을 받고 그것을 수용하여 전개하면서도, 거기에 그치지 않고 한국이라는 땅에 토착화하려는 주체성이 독자적인 방식으로 발현된 것이었다는 점에서 한국선의 정체성이라고 말할 수가 있다.

한국선이 지니고 있는 특수한 면모를 보여주고 있는 특징은 비단 위에서 언급한 몇몇 경우에 국한되지는 않는다. 전반적인 한국선의 역사는 항상 중국선의 전파와 그 발전으로부터 시작되고 전개되었던 것도 사실이다. 단순히 그런 측면만 들추어 혹자에 의해서 한국선은 중국선의 아류라고 폄하된 평가도 있었다. 그렇지만 그것은 계승 및 발전의 과정에서 창출된 다양한 선법의 이면성을 간과한 견해에 불과하다.

중국선과 관련하여 한국선은 그 보편적인 다양성을 흡수함과 더불어 이 땅에서 피어난 특수성이 새롭게 착종(錯綜)되면서 성취된 결과였음은 물론이다. 이러한 모습은 국

내에서만 형성된 것이 아니라 중국에 유학하여 구법한 선
승 가운데는 끝내 귀국하지 못한 다수의 선승이 일궜던 선
법도 포함되어 있었다. 그런 까닭에 이런 경우도 한국선의
범주에 포함시켜 두는 것은 여전히 유효하다.

<참고문헌>

『首楞嚴經』, 大正新脩大藏經19

『大方廣圓覺修多羅了儀經略疏注』, 大正新脩大藏經39

『鎭州臨濟慧照禪師語錄』, 大正新脩大藏經47

『人天眼目』, 大正新脩大藏經48

『宏智禪師廣錄』, 大正新脩大藏經48

『緇門警訓』, 大正新脩大藏經48

『禪源諸詮集都序』 大正新脩大藏經48

『禪關策進』, 大正新脩大藏經48

『釋氏稽古略』, 大正新脩大藏經49

『續高僧傳』, 大正新脩大藏經50

『歷代法寶記』, 大正新脩大藏經51

『景德傳燈錄』, 大正新脩大藏經51

『祖堂集』, 高麗大藏經45

『看話決疑論』, 韓國佛敎全書4

『狗子無佛性話揀病論』, 韓國佛敎全書6

『宗門圓相集』, 韓國佛敎全書6

『禪門寶藏錄』, 韓國佛敎全書6

『懶翁和尙語錄』, 韓國佛敎全書6

『禪家龜鑑』, 韓國佛敎全書7

『淸虛堂集』, 韓國佛敎全書7

『通錄撮要』, 韓國佛敎全書7

『禪門五宗綱要』, 韓國佛敎全書9

『朝鮮佛教通史』, 大藏經補編31

『朝鮮寺刹史料』, 大藏經補編31

『東國僧尼錄』, 卍新續藏經88

고영섭, 『한국불교사궁구』2 서울: 씨아이알, 2019.

김경집, 『역사로 읽는 한국불교』서울: 정우서적, 2008.

김광식, 『한국현대선의 지성사 탐구』경기도: 도피안사, 2010.

김용태, 『조선불교사상사』 서울: 성균관대학교출판부, 2021.

김호귀, 『인물한국선종사』경기도: 한국학술정보, 2010

김호귀, 『선의 어록』서울: 민족사, 2014.

김호귀 역, 『통록촬요』서울: 하얀연꽃, 2014.

김호귀 번역, 『한국선리논쟁의 전개』서울: 중도, 2021.

김호귀, 『인물한국선종사』경기도: 한국학술정보, 2010.

김호귀, 『선과 선리』서울: 하얀연꽃, 2013.

동국대불교문화연구원, 『한국선사상연구』 서울: 동국대출판부, 1984.

대한불교조계종교육원 편, 『고·중세편』 서울: 조계종출판사, 2004.

대한불교조계종교육원 편, 『근·현대편』 서울: 조계종출판사, 2015.

『백용성대종사총서』1 「선사상」 서울: 동국대학교출판부, 2016.

오경후, 『조선후기불교동향사연구』 서울: 문현, 2015.

한기두, 『한국선사상연구』 서울: 일지사, 1991.

허흥식, 『고려불교사연구』 서울: 일조각, 1986.

황인규, 『고려후기·조선초 불교사연구』 서울: 혜안, 2003.

김방룡, 「신라 諸山門의 선사상」, 『한국선학』2.

김호귀, 「청허휴정의 선교관 및 수증관」, 『범한철학』79.

김호귀, 「한국선에서 선교차별의 전개와 그 변용」, 『한국선학』36.

김호귀, 「청허휴정의 오가법맥 인식의 배경에 대한 고찰」, 『한국선학』22.

김호귀, 「고승전」, 『테마 한국불교』7, 서울: 동국대출판부. 2019.

279

287

강좌 한국선

1판 1쇄 인쇄 / 2022년 5월 9일
1판 1쇄 발행 / 2022년 5월 15일

지은이 / 김호귀
발행인 / 향덕성
발행처 / 인쇄출판 토파민
주   소 / 서울 중랑구 용마산로 118길 109

이메일 / gsbus2003@hanmail.net
등   록 / 제 18 – 63호

ISBN 978-89-88131-80-0   03220

값 18,000 원